世家大族系列

○ 鄭宏泰　著

跨國企業的前世今生

仁生家族

中華書局

序

　　學術界過往有關世家大族與企業傳承的研究，總是把焦點集中在一代一人 —— 尤其發跡者 —— 身上，藉其由無到有打下江山的故事，闡述家族的起落興衰，有些更會藉此說明社會關心的「富不過三代」問題，以迂迴的方法批評其他世代的敗壞祖業或是坐吃山空。但是，一個眾所周知的事實是，家族的連綿不斷沒可能只有一代一人的辛勞和汗水，不同世代家族成員在截然不同的社經環境與時代條件下，亦應有過各自的努力與綢繆，惟他們的經歷和故事，卻總是被發跡一代掩蓋，變得不甚起眼，亦難以得到關注。

　　作為社會組織的最基本單位，家族的生命力長期得到肯定，代代相繼的自我實踐及爭取成就動力，是家族能夠保持旺盛生命力的泉源。本系列研究的展開，正是立足於這一分析視野和理論，藉着對世家大族不同世代成員在不同時代與社經環境下的努力與際遇，揭示社會急速變遷下的調適和掙扎，進而思考促使家族起落興衰的一些核心原因所在。

　　本書聚焦於余東旋家族五代人，藉其經歷說明代代相繼的連綿不斷。這個家族與胡文虎家族齊名，同為家喻戶曉的華人跨國大家族，他們均發跡於南洋，同樣打造了中藥品牌，又曾在近代風雲色變的歷史中飽經戰亂、政權更迭等挑戰。在當前中國大陸已經崛起成為全球第二大經濟體的背景下，這個家族的前進道路將有何轉向？可如何運用中國元素或中國市場以支持家族的開拓？其曾經走過的發展道路又可為其他華

人家族 —— 無論中華大地上的家族或是海外華人家族 —— 提供哪些經驗總結？

對於余東旋家族的研究，儘管為數不少，亦各有角度，但卻缺乏多世代的綜合分析，因此容易產生「見樹不見林」的問題，尤其低估了不同世代家族成員的努力與世代互動。本書或本系列研究的目的，則是從跨世代考察入手，藉着不同世代成員的人生經歷，梳理傳承接班與起落盛衰的特質與內涵，達至更全面了解如何才能富過多代的關鍵所在。

這系列研究能夠成功踏出第二步，實乃獲得各界友好及機構鼎力協助所致，謹向他們致以最衷心的感謝。首先要感謝家族企業研究團隊黃紹倫教授、孫文彬博士、周文港博士、許楨博士、王國璋博士及閆靖靖博士的支持。在大約每兩個月一次的討論會上，我們不但分享了搜集資料的苦與樂，還一起就華人家族的某些結構及特徵如企業家精神、家族內部矛盾及代際承繼等進行激烈辯論，交換看法。可以肯定地說，這種聚會對研究的啟發作用極大，不少觀察和理論的建立，都是在這些聚會中獲得靈感。

香港歷史檔案館、香港中文大學圖書館、香港大學圖書館、新加坡國立大學圖書館、新加坡國家圖書館、檔案館、博物館、文物局、會計與企業管理局的資料，均豐富了研究情節，謹此鳴謝。研究過程中，研究助理梁凱淇小姐出力不少，因為她不斷努力搜集資料，本書的內容才能十分充實。在此亦要感謝余仁生國際有限公司授權使用余東旋家族的檔案及珍貴照片、余義明先生提供余東旋家族樹的補充資料、Patrisha C. Lazatin 小姐及 Sit Man 小姐在新加坡各部門協助搜集檔案，以及張佩

兒小姐專業耐心的編輯工作，他們給予的支援，使本研究可克服種種困
難，達至今天的成果。

　　最後，亦要向太太李潔萍表示衷心感謝，她是第一位閱讀文稿的
人，並協助多次的校對及給予不少建言。她在我身心疲累時為我打氣，
令這項研究得以順利展開、維持和最終完成。至於本書出現的糠秕錯漏
或模糊不清的地方，則是筆者的責任，還望讀者有以教我，指正批評，
讓本系列研究可以做得更扎實、更豐富。如對本書有任何意見，請致函
香港新界沙田香港中文大學香港亞太研究所或電郵 vzheng@cuhk.edu.hk
聯絡。

鄭宏泰

家族世系圖

—————— 血緣

·············· 婚姻

- - - - - - 養了女

Zu Yi

十媽（離婚）

九媽（離婚）

八媽 黃瑞珍（離婚）

七媽 黃美珍（離婚）

六媽（離婚）

五媽 廖正而／廖麗珍／廖淑貞

七女 余清芳
十女 余慧明
九女 余慧英
余江月桂
Alice Eu
六子 余經侃
么女 余綺蓮
八女 余綺蘭
余甄惠卿
孫寶玲（離婚）
十三子 余經堯
Sandra Noy Mui Eu
十二子 余經緯
李掌珠
十子 余經典
八子 余經鵬
Diana Eu
七子 余經文
May Shum Swee-yee
四子 余經鉞
六女 余倩芝
陸卿嫻／陸京紅
董雯娟

余義海
余季芬
余義生
余義焜
Vicky Eu
Laurence Yee Lye Eu
余義方
余義盈
余義達
余義光
Mary Eu (NeeChow)
余義明
余在啟
Anthony Eu
Christopher Eu
Rececca Eu
余義仁
余義平

＊ 註：由於資料所限，本家族樹資料尤其是第四及第五代並不完整，請讀者留意。

資料來源：Sharp, Ilsa, *Path of the Righteous Crane: The Life and Legacy of Eu Tong Sen* (Singapore: Landmark Books, 2009); Yeung, Wai Chung, "Managing traditional Chinese family firms across borders: Four generations of entrepreneurship in Eu Yan Sang", in Douw, L. Huang, C. and Ip D. (eds.), *Rethinking Chinese Traditional Enterprises: Cultural*

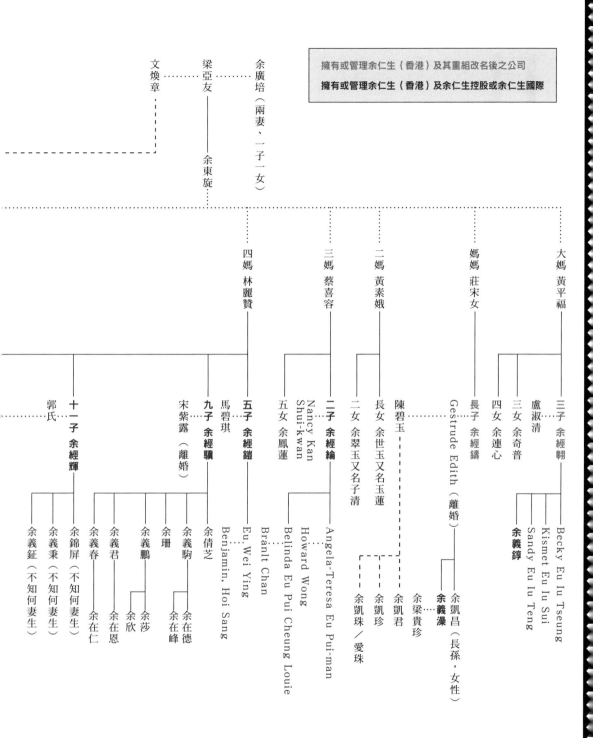

Affinity and Business Strategies (Surrey: Curzon Press, 2001), 184-207; *South China Morning Post, The Straits Times, Malaya Tribune, The Singapore Free Press*, various years; Probate Jurisdictions of the Eu's family members; 朱鳳婷，《東南亞華僑的匯款網絡》，碩士論文，香港科技大學人文及社會科學院碩士論文，2001；《南洋商報》、《聯合早報》，各年；余仁生國際有限公司提供。

目錄

風水與家族興衰的迷思

任何一份顯赫事業、一家跨國企業，均沒可能單憑一己之力，在一時三刻間建立，往往是各種條件與多方面因素相互配合之下，加上當事人或家族專心一意不斷努力，最後才可克服諸多困難和挑戰，登上成功寶座，贏得社會艷羨目光。正因如此，在檢視或歸納任何造就成功事業或企業的因素時，自然不應只着眼於目前和表面化的單一因素，忽略多方條件長期的積聚和助力。不少家族的發跡故事亦是如此，總是在多代人點滴打下基礎後，有了最終突破，發達致富，名揚天下；惟社會在理解其成功因素時，總從客觀科學角度出發，把焦點集中於那些具有事實證明的因素上，鮮有從唯心論的視野看，探討諸如命理、運氣或風水等無形影響。本研究主力當然亦從客觀科學分析入手，但同時希望從後者這個過去甚少被關注 —— 或被認為難以登上學術殿堂 —— 的層面上思考，尋找正統學術研究可能忽略、遺漏或無法解釋一些因素。

　　眾所周知，中國民間社會有一句流傳千古、歷久不衰的話：「一命二運三風水，四積陰德五讀書。」核心思想是指一個人或一個家族的起落盛衰，主要受先天的命、運、風水、陰德等因素制約，後天的讀書（或推而廣之為個人努力）則敬陪末座，只發揮很小的作用。這句諺語雖屬唯心之論，缺乏科學實證支持，但不少民眾卻奉為圭臬、深信不疑，尤其當面對困難挫折時，更會將種種不如意及諸多不能解釋的事情，推到命、運、風水、陰德這些充滿玄機的不由自身控制的因素上。至於學術界對這些唯心論述如何影響家族企業起落興衰的問題，過去亦一直缺乏實質的探索和討論。本書聚焦探討的余氏家族，其起落興替的故事，則染有不少風水色彩，如迷似

幻，令人津津樂道。因為這個家族的祖輩，據說乃功力深厚的風水師，是他把自己的先人葬於風水寶地，才令余東旋日後飛黃騰達、富甲一方。由此可見，在華人社會，命理、運氣、風水、陰德等唯心論述，具有一定市場，並歷久不衰地成為個人及家族起落盛衰的其中一項不容低估的因素，十分引人入勝。

家族企業起落興衰的唯心論述

在展開深入分析之前，我們顯然需要對世家大族的發展模式與興衰關鍵有一簡單了解。在西方社會，世家大族常被形容為「皇朝家族」（dynastic families），原因當然是家族的擴大版乃國族之故。從這個角度看，若細看中國帝制時代的皇朝更替，基本上亦是大家族的起落興衰故事而已，而在分析這些皇朝興衰更替的問題時，唯心論常被拿來作為其中一個重要論述。

最常見的例子，則指社會出現不同種類的奇跡異象，揭示舊皇朝已瀕臨沒落敗亡，究其原因則是本身無能失德、氣數已盡之故；而新皇朝或新君的興起，則是才德兼備、天命使然、得道於天的自然規律。其中劉邦、王莽、朱元璋等故事，則是常被引用且屬人們最為耳熟能詳的例子。就算到了滿清皇朝晚期，現代思想已經幾乎傳遍中華大地，皇室和不少飽學之士仍相信，只要擁有獨一無二風水格局的愛新覺羅家族的龍脈不被破壞，大清國祚仍可永續發展、不受挑戰。

回到世家大族的起落興衰問題，不同家族的故事自然有其說

法，有些是天命、運氣使然，有些只屬後天努力，而敗亡衰落又常
與不積陰德、多行不善相提並論，其中迷信風水者，更是大有人
在。最轟動中外社會的例子，則非人稱「小甜甜」的女巨富龔如心
莫屬，她竟然為風水之說不惜花費數十億元的費用，聘請風水師，
藉堪輿術數代尋遭綁架失蹤、生死未卜的丈夫王德輝。結果不但無
法尋回丈夫，還引來更多麻煩，甚至間接賠上了生命（明報採編組，
2010）。令人不解的是，閱人無數且馳騁中外商場的龔如心，實非
見識不廣的普羅婦女，她所處的年代更非民智未開的帝制時代，而
是教育普及、科學昌明、人類早已登上太空、資訊流通無遠弗屆的
年代。

　　事實上，命理及風水之說雖常被批評為封建迷信、迂腐落伍，
但對之頗為信服者，古往今來均大有人在，且歷久不衰，就算在香
港這個被視為十分西化、現代化或高度國際化的商業社會，相信風
水學說者亦為數不少。其中一個十分有趣的現象是，儘管近年印刷
媒體與書刊迅速萎縮，以命理風水為主題的書籍，卻仍然大行其
道，農曆新年將至之時，更總會成為大小書局及報攤的「搶手」讀
物。在香港，命理風水書籍據說是唯一能與「馬經」──專門報道
和分析賽馬資訊的報紙──分庭抗禮的最賺錢印刷刊物。農曆新年
前，人人爭相傳閱風水運程書，就如每逢「賽馬日」馬迷為賭馬下注
而人人一紙「馬經」般，成為香港的特殊社會現象。

　　在云云香港富豪家族的起落興衰故事中，亦有一些染上了命理
風水傳聞。舉例說，被冠稱為「李氏皇朝」的李國寶家族，在秦家驄
筆下，便有發跡始祖李家成死後葬在廣東鶴山「白銀山上」一個風水
寶地之說，其描述如下：

　　根據中國人普遍信奉的「風水」，這座墳地的位置大吉大利，當地人稱之為「五鬼運財處」。李家後代的成功，更使得很多人相信，這裏真是風水寶地。（秦家驄，2002：4）

　　香港另一位名揚四方的顯赫人物，是被冠上二戰前香港「首富」稱號的何東，他位於香港島西端摩星嶺山麓的家族墓園「昭遠墳場」，據說同樣屬於不可多得的風水寶地，只要安葬先人於其中，子孫後代便可大富大貴、名揚天下。至於現今香港「首富」李嘉誠，坊間很多傳聞指他篤信風水，並言之鑿鑿地以其家族企業旗艦物業 —— 長江集團中心 —— 的風水佈局大做文章，湧現不少多角度繪影繪聲的分析（《大紀元》，2016 年 9 月 25 日；加拿大風水命理研究中心，沒年份；《每日頭條》，2016 年 5 月 27 日）。就算是近年才剛崛起的內地「首富」馬雲，同樣被指對風水之說甚為迷信，而他本人那怕是在公開場合，亦毫不掩飾其對風水信仰的信服（《雪花新聞》，2018 年 7 月 18 日）。至於其他名人巨賈或影視明星，篤信命理風水者亦大有人在，可謂不勝枚舉（《聯合新聞網》，2018 年 2 月 9 日）。

　　換句話說，儘管風水只屬虛無縹緲的唯心之說，在科學層面上未必能站得住腳，但在「寧可信其有，不可信其無」心理的驅動下，尤其在「多買個保障」意識的影響下，乃受到不少民眾信納和接受，那怕是富豪巨賈或飽學之士 —— 部分人甚至不惜花費巨資與心力，亦要尋得風水寶地，作為陽宅或陰宅，可見這個說法確實具有一定「市場」，同時亦折射了科學解釋始終存在一定局限的現實問題。

文 化 特 質 與 風 水 源 流

　　《周易‧說卦》（黃壽祺、張善文，2001：613）云：「撓萬物者，莫疾乎風……潤萬物者，莫潤如水。」揭示先賢對自然界的風和水具有敏銳的觀察。但是，到底「風水」一詞是否來源於此，各種說法莫衷一是，亦並不可考。不過，一個不爭的事實是，在不少人心中，風水的確屬於撲朔迷離的學問，更被認為是中國文化獨有的東西。然則，風水學說的歷史發展與源流如何？對社會發展有何種影響？關於這些有趣的問題，社會所知不多，談論亦少。

　　所謂風水，又稱青烏術、青囊術，或文雅點說為卜地、堪輿、葬術等，是一門歷史悠久的「相地之術」（何潔軒、李根，2014），乃中國傳統玄術的一種，其特點聚焦於對一個地方 ── 無論是生者居住或活動的地方（如村落、民宅、園林），或是逝者下葬長眠與祭祀神祇的地方（如墳墓、陵園、廟宇）── 的生態環境及結構佈局等多方玄妙結合（劉沛林，1995），並相信若能找到一個具有良好風水的地方，相關家族或群體便可人丁興旺、事事順心、富貴顯達，尤其可以福延後代、蔭護子孫。相反，若然風水不好，則會諸事不順、災劫相隨（鄭曉江，1993）。

　　回顧歷史，古人以風水概念或理論擇地聚居，以利族群生活發展的行為，其實由來已久。考古發現，早在石器時代華夏先民結束游徙生活、走向聚居生活之時起，已注意到選擇有利生活的自然山川條件的重要性，風水意識開始萌芽。早期的風水知識往往只掌握在氏族首領或士大夫手中（溫文保，2004），日後才因社會不斷變化而逐步擴散，但仍只集中於知識階層；普羅民眾對於風水之說亦趨

之若鶩。

概括而言，風水之說發軔於先秦，淵源久遠，那時的關注點主要是如何選擇村落定居，同時亦有了興建房屋住宅時要關注的位置和坐向問題。到了秦漢魏晉時期，風水理論逐漸形成，五行、八卦、天干地支等思想與概念，開始被吸收到風水中去，並逐步建立了風水的思想體系，且由陽宅涵蓋陰宅 —— 墓地。正因如此，一些著作和分析開始出現，其中的關鍵人物，乃晉朝士大夫郭璞，他所著的《葬書》—— 一部專論如何以山川地理形態與氣象為圭臬選擇吉穴安葬先人的著作，則奠立了風水學說的思想體系（鄭曉江，1993；劉沛林，1995；何潔軒、李根，2014）。

到了唐宋兩朝，風水理論基本已經全面確立，並且有了不錯的發展，尤其因為儒釋道三教合流，更為風水學說注入更多內涵，既吸收了三綱五常和孝道以規範風水，又融入了佛家因果報應觀的福蔭子孫，更應用了道家的陰陽八卦理論（溫文保，2004），於是令風水之學大盛，甚至有了「形法」和「理氣」的不同門派之爭。由於風水之學流行，相關著作亦相繼湧現，李淳風注釋的《算經十書》、楊筠松著的《八宅明鏡》和《地理青囊經》、蔡元定著的《八陣圖說》、呂才編纂的《陰陽書》，以及作者不可考的《黃帝宅經》等等，便有不少風水學說內容，更成為常被引述和參考的經典，至於堪輿術精湛，並因屢點龍穴而名揚天下的賴布衣，更是家喻戶曉、廣為傳頌的名字。

進入明清時期的風水之學，更可說是理論與實踐同步前進，在社會愈發流行。一方面，有興趣於風水，甚至展開研究者可謂絡繹

不絕，所以這時期同樣湧現了不少重要著作，如《堪輿管見》、《葬經箋注》、《陽宅辟謬》、《地理大全》等，大大豐富了相關學術。另一方面，亦衍生了更多流派，因為視野、角度不同而呈現各自的見解，其中劉伯溫因精通風水術數，屢屢洞悉先機的事跡，尤其令人津津樂道（鄭曉江，1993；溫文保，2004）。

到了民國以後，由於中國綜合國力急速下滑，國家屢招外侮，加上西學東漸下科學與現代化理論和事物的衝擊，不但傳統文化被棄如敝屣，染有封建迷信與玄術色彩的風水學說，更被視為怪力亂神，乃不切合時代發展的東西。新中國於 1949 年 10 月 1 日宣佈成立以後，尤其在「文化大革命」時期，不但風水之說近乎絕跡，大宅、園林、墳墓、廟宇、陵園等更遭到大肆破壞，不少人因此認為風水之學應該一去不返。

可是，社會卻出現一個特殊現象：在港澳和海外華人社會裏，儘管那些地方深受西方文化影響，科學逐步普及，但對風水學說的興趣卻一點不減，前文提及諸多富豪巨賈迷信風水之術，便是一些說明。就算是西方學術界 —— 例如著名漢學家費爾德曼（Maurice Freedman），亦對風水之學興味盎然，甚至投入資源大力研究，指出了風水學說蘊藏的哲學思想、生活經驗積累和文化價值（Freedman, 1979），說明流傳數千年的風水學說雖然染有巫術的神秘色彩，容易令人掉進迷信泥沼，但同時具有不容低估的智慧結晶與生活經驗凝聚，尤其具有追求個人與大自然生態環境相結合的內涵，乃以農立國、重視血脈、慎終追遠的中華文化其中一項價值觀念折射（劉沛林，1995）。

正因風水結合了中國傳統文化的核心價值觀，同時又具有一些令人難以置信或不容小覷的巨大「功效」，古往今來上至帝王將相、達官貴人，下至販夫走卒、平民百姓，無不抱着「寧可信其有，不可信其無」的態度，十分重視。不少人更曾花盡心思、絞盡腦汁，甚至投入大量金錢於聘請風水師，以求改善家居或企業風水，或是為先人尋龍點穴，覓取寶地，作為長眠之地。目的自然是祈求藉風水助力，趨吉避凶，蔭護家人後代在方方面面的發展。

雖然風水之說讓人覺得有點虛無縹緲、難以捉摸，但在某層面上說，其歷久不衰與不斷發展，卻又揭示其能與中國傳統文化和哲學思想相契合的一面（溫文保，2004），就以陰宅風水為例，便與中國文化中的祖先崇拜理氣相通。這不只是對血脈先人的奠祀拜祭，更是視死如生，甚至像神般的敬仰信賴，在碰到災難困苦時祈求賜福幫助（Ahern, 1979）。

進一步說，由於中國文化重視血脈、視死如生，將祖宗先人與後代子孫視為命運共同體，榮辱禍福與共，因此十分認同先人長眠之地的位置和環境等極其重要，覺得會影響到後世子孫的吉凶禍福，因為「父母骸骨為子孫之根本，子孫形體是父母的枝葉，一氣相應」（施志明，2016：124），故重視擇吉地安葬先人，成為中國文化其中一項特質。

富裕人家更會特意聘請著名地師，到處勘察山川地理的脈絡，希望覓得龍穴寶地築墳，以求安葬先人，富延萬代。一個千古傳頌、廣被引述的例子，便是宋朝名儒范仲淹。他雖然童年喪父，跟

隨改嫁母親進入他姓家族，但到他考獲功名後，即因念及祖宗改回原姓，然後在自己名揚天下、事業有成後，既大花錢財於修葺祖墳宗祠，講求風水佈局，還創立了范氏義莊，目的既在於說明祖宗、自身與後代乃命運共同體的事實，亦以行動致力扶助宗親，恩披鄉里鄉黨甚至整體社會，為後代積聚陰德。

風　水　的　事　業　與　「　魅　力　」

　　現今社會中，有關風水具有神奇功效的說法，雖然時有所聞，但大多屬於風水師代人尋得吉穴好地後，讓人飛黃騰達、發財致富者，既甚少介紹以風水為事業者的發展，亦缺乏風水師如何利用其「秘訣」專長讓自己發達者。事實上，關於相信風水，或讓先人葬得龍穴而能顯赫發達的故事，社會上流傳頗多，不少人其實應是半信半疑，有些人更會提出質疑與挑戰，覺得若然風水龍穴具有那麼神奇的效果，為何風水師不據為己用？又會認為，若然風水師能夠洞悉天機，何不讓自己或家族先發達？甚至覺得，若然這種「秘技」那麼厲害，為何不傳給自己的子孫？

　　細心檢視以上問題，或者不難發現，社會上之所以沒有太多人願意投身風水行業，相信與它具有一定神秘性和專業性有關。想要成為風水師，一來入行不易，二來難以無師自通；也就是說，若果沒有熟人引薦，得到高人授業提點，難有突出成就，而泛泛之談則不易建立專業口碑，收入難有保證。至於風水師甚少發達的問題，雖有一定的「能醫不自醫」色彩，但亦可能與他們了解自身命理，那些能夠發達者隨後轉為低調，甚至刻意隱藏原來的風水師身份有

關。至於不少風水師不願意將風水之學傳授子孫後代的原因，據說是因為看風水有「洩露天機」之虞，輕者折福，重者招來天譴，禍延後代。

先說風水事業。正如上一節中提及，在帝制時期，不少對風水有深入鑽研和精闢見解的人士，均屬讀書人，甚至是擁有功名、曾經踏上仕途，或是位高權重的士大夫階層，郭璞、李淳風、楊筠松、呂才、蔡元定、賴布衣，甚至明朝開國功臣劉伯溫等等，便是常被引述，且讓人津津樂道的例子，揭示風水的入行門檻其實不低，並非一般百姓可以輕易為之。最主要原因是執業者既要有一定的教育水平，又要掌握陰陽五行玄學，甚至要精通天文地理、人文風俗等。正因如此，風水只能成為極少數人參與的行業。

儘管如此，在「上有好者，下必有甚焉者矣」風氣的驅使下，由於屬精英階層的士大夫對風水堪輿之學樂此不疲，乃吸引無數老百姓跟風學習，因此應該亦吸引不少讀書人投身風水行業，以此作為謀生搵食的工具，甚至讓自己或家族可趨吉避凶。然而，這個行業似乎又因本身的問題，制約其發展，或者說呈現了自身的發展特質與「魅力」。核心所在，又與民間傳說的因果報應有關。

命理風水之說雖有其神奇效果，但同時揭示另一些常被忽略的問題。簡單而言，風水師的「知名度」必然取決於其能否準確分析或預測，但據說準確的預測又會帶來所謂「洩露天機」的問題，為風水師招來災劫。於是，風水師在作出預測之時，總是不敢說得太多太透、過於直接。當然，真正能洞燭先機者少有，魚目混珠賺飯吃者居多，他們亦會利用那個不能說得太透的特質故弄玄虛，所以便令

風水之學顯得既神秘，如假似真，又良莠不齊。

　　正因風水之學染上了「洩露天機」必招天譴的色彩，這行業又呈現了另一個與其他行業不同的特質：不強調將「技巧或竅門」父子相傳，反而寧可授與外人。有關此點，前文提及擁有神機妙算能力的劉伯溫，他的遭遇和遺言，則乃最好的說明。眾所周知，劉伯溫協助明太祖打天下，厥功甚偉，但他的晚年並不如意。臨終前，他告誡子孫，劉家後代不要學習風水術數這門學問，並指出應修養道德，顯示他深深意識到「洞悉天機」可能會為後代招來災劫，反而修養道德則有助家族長遠發展。不幸的是，在他死後，兩個兒子最終還是不得善終，長子劉璉被胡惟庸逼死，次子劉璟則因敢言開罪明成祖，最終自殺身亡（王美秀，1995）。

　　在香港，近年最轟動社會，又令人談論不休的風水個案，相信非前文提及自稱風水師的陳振聰莫屬，他因看風水之故捲入了王德輝與龔如心家族的事務，其故事不但揭示了看風水令人咋舌的賺錢能力，而陳振聰最終鋃鐺入獄，除了顯露個人貪婪的一面，亦染上「洩露天機」招來報應的色彩，後者無疑是對具真才實學的風水師的重大制約，告誡他們既要行之正道，亦要謹言慎行。若然違背這些道德操守，則必然報在己身，甚至禍及子孫。

　　沿着風水作為職業的角度看，帝制時期當然是功名至上，多少人傾全家族之力，十年寒窗，一心要走上為官之路。當仕途不通或功名不遂時，則退而求其次，或在機緣巧合下踏上以看風水為業之路，爭取在另一條人生跑道上光宗耀祖。到帝制結束，受西學東

漸、現代資本主義重商風氣的影響，發財致富登上了光耀門楣的榜單，家族上下自然為操贏計奇費盡心思。不難理解的是，在「官本位」與「商本位」之外，其實還有各種各樣所謂「行行出狀元」的現實主義事業有成道路，揭示以家為本的中國文化，其實一點也不排斥不同事業，樂見其成。說到底只着眼於子孫後代要事業有成、出人頭地，時刻力爭上游，風水師自然亦成為一份不錯的職業。本書所要深入研究的家族，其祖輩 —— 余鶴松 —— 便是一位甚有名氣的風水師。

毋庸置疑的是，風水能夠在民間社會流傳數千年而熱潮不減，時至今日仍不乏信仰者 —— 那怕風水的解釋與效果令人存疑，而信奉風水又被指乃唯心或迷信之舉，甚不科學，顯然與其切合中國文化中以家為本、祖先崇拜、重視血脈和強調祖宗與後代乃命運共同體的信念不無關係。更直白地說，由於風水之說有助強化「祖宗與後代乃命運共同體」的思想，彰顯慎終追遠的風水觀念或行為，乃十分自然地融入了以孝道為主軸的倫常體系之中。

由此不難推斷，就算未必盡信風水之說，但為了讓先人獲得一處較好的長眠之地，後人為求心安理得，又能更好地體現孝道與紀念至親，自然會盡力為之，令風水信仰歷久不衰。唯一令人甚為不解的是，擁有突出風水技能者，卻不會如中國傳統信念般把秘技「只傳家人，不傳外人」，反而寧可傳授外人，甚至告誡自己的後代不要沾手。歷史上極少出現將風水之學在家族之內代代相傳，或是發展成家族事業的現象，這顯然又屬十分有趣，令人玩味，且值得日後再作深入研究的課題。

好風水能保富過多代嗎？

　　傳統上，雖然尋得風水寶地總被認為有助個人或家族發跡興起，但這樣便可一勞永逸，令家族長盛不衰、子孫綿延不斷嗎？無論是帝國皇朝的興衰、公侯將相的榮辱，甚至是販夫走卒、普羅百姓的飢飽貧富，均清楚揭示一條千古不易的定律：世上沒有恆久不變的東西，風水的好壞效應，顯然亦有「使用期限」，沒有用之不竭、包好不壞的情況。背後的道理，似要告誡世人那怕覓得風水寶地，子孫後代亦須積陰德，也要讀書，即是仍要個人上進的後天努力。

　　由此帶出的問題是：在怎樣的情況或條件下風水會失去效力，甚至產生反效果？這顯然乃風水界甚少觸及，但對民眾而言甚具意義的問題。有趣的個案說明，則非前文粗略提及的滿清皇朝在進入二十世紀後不出十年間全盤崩潰的傳奇發展莫屬。位於遼寧省撫順市啟運山的永陵 —— 被稱為「關外第一陵」，據說葬了愛新覺羅氏六位先祖，所以為家族帶來極佳風水；令其興起且取得天下的龍脈 —— 就算到了宣統繼位時，其實仍完好無損，沒甚變化，但為何國祚卻戛然而斬？當然，坊間亦有不少穿鑿附會之說，例如說啟運山龍脈只有十二個山頭，表示滿清只會出十二位皇帝（或享有十二個朝代），宣統朝剛好是第十二個，覆亡其實早已預見云云。

　　回到客觀科學分析的角度，促使滿清皇朝崩潰的遠因近由，扼要而言可歸納為如下多個方面：一是軍事力量急墜難以安內攘外。二是經濟生產凋敝，既令民不聊生又令國庫陷於空虛。三是政治社會制度落後，未能跟上內外形勢轉變作出有效的調整配合。四是西

方現代化與科技日盛的文化，把強調綱紀倫常但輕視個人自主與科技的文化比了下去……可是，滿清朝廷卻昧於形勢，雖在初嚐敗北後終於踏出改革的第一步，卻又因種種問題或阻撓而未竟成功，最終乃在革命力量爆發後全盤崩潰（郭廷以，1979）。

前文提及的一則民間傳聞是，當滿清面對外憂內患臨於崩潰邊緣時，部分皇室成員和大臣，竟然仍相信只要愛新覺羅家族的風水龍脈不受干擾，便能保持大好江山於不墜，其昧於世界大局與形勢，迂腐與無知，可謂表露無遺。這種目光短淺與思想狹隘，無異於智能平庸、不思進取，且只懂坐吃山空的紈絝子弟，怎能不令任何一份事業、一個家族或一個皇朝敗亡？

回到「一命二運三風水，四積陰德五讀書」的民間諺語上，其核心在於指出命、運、風水等先天因素，對一份事業或一個家族的發展而言，具有極為重要的影響，但並非完全否定積陰德、讀書等後天因素所能發揮的作用。任何個人或家族，以為憑着好命、好運與好風水便能永享富貴榮華，明顯只屬斷章取義或一廂情願的看法，過於片面。

較為合符現實的觀點，反而在於告誡世人，任何個人或家族，在打拼事業時就算全力以赴，亦總是難以登上成功寶座，或是碰到血汗付出與收穫回報不對稱的局面，所以提出命、運、風水等先天因素未夠好，並非個人所能掌握的論述，作為心理安慰，紓緩社會壓力；而認為只靠好命、好運和好風水，便可永享富貴榮華者，反而只屬十分短視與不切實際的觀點，並非社會主流。較為準確的信念，是表現出一種尊天敬祖、莊敬自強的哲學思想，即是明白到個

人或家族力量的不足或有限，接受天道自然（命與運），同時懂得思親敬祖，感謝先人為自己創造條件（風水），個人或家族則須努力讀書工作，更要點滴行善，達至光宗耀祖、保障家族，最後更能貢獻社會。

由是觀之，民間諺語高舉的「一命二運三風水，四積陰德五讀書」信念，其實是一種尊天敬祖、重視家族、強調孝道，並且重視道德修養與個人努力的獨特文化。這種文化，既有服膺自然天道的一面，亦有強調莊敬自強的一面，並非坊間所指的將一切推到命、運、風水等先天因素之上。由此推而廣之，就算擁有好命、好運、好風水，若本身不行善積德，不好好讀書、努力工作，最終還是難免敗亡，無以為繼。換句話說，任何個人或家族，若沒有積陰德和讀書的後天努力，那怕有良好的先天條件 —— 例如生於大富人家一生衣食無憂、家產豐厚，最終只會坐吃山空，難以久享。

這便回到家族研究的核心關懷中來：怎樣才能由貧而富、富而能貴，令家族壯大起來、子孫繁衍，且可保持永續發展，世世代代傳承下去？民間社會的智慧積累，點出了先天與後天兩種不同因素會同時發揮作用，並認為先天因素決定了大局，後天努力可讓事物發生變化，風水與積陰德明顯是介乎先天與後天之間的環節且彼此相互牽動，其內部邏輯與思想脈絡是：天道命理安排並非個人能掌握，不能成功或面對挫折時不用過於自責，只要透過個人努力，行之正道的積存善德，最終相信可以令事物向好的方向變化，家族便能永續發展、世代相傳。

即是說，個人或家族既不可單憑先天因素，亦不能忽略後天因素，而應兩者兼顧，同時注重。好命、好運亦要行善積德、繼續努力；同理，沒有好命、好運者，更應全力打拼，行善積德。只有那些同時兼顧先天與後天因素，又能擁有良好尊天敬祖與莊敬自強心理質素者，才能為家族的永續發展帶來較好的保障。回到本節的核心問題：好風水能保富過多代嗎？答案自然是十分顯淺的：「不可能。」事實上，不只擁有好風水者以為這樣便能富過多代是不切實際，就算以為好命、好運便可長期坐享其成，不用努力者，其實同樣不切實際；反而努力讀書上進、積累陰德，會令人心安理得，更為踏實。本研究的個案分析，則可為我們提供重要參考。

研 究 方 法 與 資 料 來 源

本書採用傳記研究（biographical research）方法，透過對一個家族多代人不同經歷的追蹤，了解其起落興替、親人關係、家業傳承等不同層面的糾纏、交疊，並從其在不同時代背景下的輾轉發展，梳理出社會、國家、民族，甚至是世界歷史的風雲變幻。

相對於其他不同類別的歷史記錄和分析，人物傳記無疑更能凸顯個人有血有肉、充滿感情和思想的一面，以家族為骨幹的人物傳記，尤其能反映數代人在貧困環境下的共同奮鬥、彼此扶持，或在富甲一方後的爭風呷醋、勾心鬥角，甚至可揭示家族成員選擇不同人生道路導致的不同際遇，當然還有重視血脈的命運共同體情懷等特質。正因人物傳記具有較其他歷史敘述更有思想與情感的優

勢，尤其可以折射相關人物與家族在政治激盪、社會變遷，甚至是天災人禍等外圍因素交互衝擊下的自處和應變，因此更具有特殊意義。

人物與家族傳記式研究雖然別具參考價值，其經歷尤其可以更鮮活地折射歷史與時代變遷，但要進行這方面的研究卻殊非容易。最主要的困難或挑戰，是研究資料的嚴重缺乏，其次是家族起落、親人情感，乃至於家業傳承、矛盾與分家等問題，其實屬於「私領域」範疇，公眾領域的記錄不會太多，亦不會有很多家族成員願意透露。即是說，就算找家族中人訪談，得到的回應很多時都是「吃閉門羹」。即使有些家族成員願意談，亦很難巨細無遺全盤托出，更不用說當中難免隱惡揚善、偏向褒揚家族成就等問題了。

有鑑於此，本研究選擇不依靠與家族成員進行訪談 —— 即俗稱「口述歷史」（oral history）的方法，而是從各種公私檔案，例如家族內部通信、俗稱「僑批」的匯款信函、公司註冊、商業登記、報刊報道，以及不同範疇的分析評論如回憶錄、傳記等入手。這些白紙黑字的文獻記錄，雖然難免存在不同層面的缺乏與不足，但同時亦有所引有徵、所論有據、分析客觀的優點。

扼要地說，本研究蒐集的檔案資料，主要來自馬來西亞、新加坡、香港和廣東省等地，部分乃政府文件，部分屬家族收藏的通信，部分乃商業營運的記錄，還有林林總總、不同形式與家族及其生意有關的報章報道與採訪等。必須注意的是，由於這些資料來源不一，收藏時缺乏系統，當中亦難免刪失或字體難以辨認等問題。

在眾多資料中，由余氏家族後人捐出，收藏於新加坡國家檔案館的〈余東旋私人信函〉（Personal papers of the Late Mr Eu Tong Sen, 簡稱為 ETS Personal Papers），無疑為研究余氏家族早期發展提供了極為寶貴的參考資料，尤其可讓讀者看到家族內部矛盾、情感厚薄、經濟狀況、親人關係等問題。但可以肯定的是，那批家族信函並不是家人間往來通信的全部，部分可能早已遺失，部分可能因為敏感之故被事先抽起，因此不能全面反映那段時期家族的遭遇、親人關係與生意順逆，我們在分析時尤應看到當中存在的問題，盡量避免資料分佈不均引起的缺失與偏頗。

更加必須指出的是，針對坊間研究過去大多只集中於余東旋一人身上，對其他家族成員或世代 —— 包括祖、父、母、子、孫、曾孫等 —— 的分析則極為表面，甚至只屬襯托人物般輕輕帶過，女性成員的聚焦尤少，所以令人難以對家族及企業的總體發展有較為全面與準確的了解。本研究以每一世代挑選一核心或骨幹人物作為重點分析的方法，一來兼顧多個世代家族成員的承先啟後，二來關注大家之間的互動與因果，尤其會梳理家族成員乃命運共同體的問題，因而能令讀者對家族在不同時期的前進軌跡與際遇有更為立體和透徹的認識。

結語

風水到底是否有助個人或家族興衰發展的問題，過去一直因為屬於唯心之說，沒有引起學術界太多注意，但其具有神秘效果、可以左右順逆軌跡的印象，卻總是縈繞於不少人的心間，歷久不散，

可見對某些人而言，風水之說始終有無可抗拒的吸引力。本書則以一個風水師的人生遭遇與其後代如何發跡壯大的故事，在系統分析家族起落興衰教訓的同時，從某個角度窺探風水曾經發揮的作用，填補現時學術界缺乏這方面研究的問題。

　　無論是家族研究或風水研究，資料缺乏無疑屬於最大挑戰。就如前述，儘管透過深入訪談來蒐集資料的「口述歷史」方式近年大行其道，但對於一些世代久遠的家族，就算能夠訪談，後人對祖輩的了解相信亦不深，更不用說他們未必願意接受訪問，以及訪問時難免有不少主觀感受及隱惡揚善等問題了。所以本研究寧可採用從檔案入手的方法，在不同地方和不同層面上蒐集檔案記錄，尋找答案，然後再結合歷史發展與社會變遷，拼湊出家族在不同時代的發展圖像。這樣的研究方法，雖然亦有其不足之處，但相信更能開闊視野，讓讀者對家族與社會的發展有更全面、較中肯的認識和了解。

第二章

風水大師

余鶴松

有國鶴廣東

經義在其中

傳家守正道

立志可成功

要述說曾經富甲一方,在香港、中華大地,甚至東南亞叱咤一時的余仁生藥業余氏家族故事,自然不能忽略祖輩余鶴松的心血和綢繆。雖然他不被家族後人看作發跡始祖,但卻是他的努力與安排,令子孫有了截然不同的發展空間,日後帶來突破。至於其中一個令人津津樂道的關鍵節點,則是唯心之說的風水,因為余鶴松乃一位頗有名氣的堪輿風水師,他不但憑其所學養家活兒,據說還為自己的先人覓得風水寶地,因而能為孫輩帶來發財致富的好運,日後便有了子孫們的輝煌事業,可以富甲一方、名揚天下。

當然,從科學的角度看,因風水而致富之說實在毫無根據,不值一提;但作為分析家族起落興衰散聚因素的一個切入點 —— 尤其在了解家族背景、職業待遇及社會階層流動方面,則無疑具有一定作用。因為在古代社會,除了憑功名出仕為官,取得向上流動的機會,光宗耀祖,其他層面的社會階層流動似乎一片空白,那怕是今天社會重視的專業人士如醫生、律師、工程師、建築師等。事實上,正如宋代名相范仲淹的名言「不為良相,願為良醫」,社會上有不少讀書人,本來一心考取功名,期望金榜題名,但當出仕為官夢碎,他們的學識,應該促使他們走向一些專業或半專業,例如成為醫師、狀師,甚至風水師,顯示這些要求具備一定學識的專業或半專業,亦應成為不少人通往光宗耀祖之路的重要途徑或選擇。當然,相信亦有一些人選擇下海經商,例如子貢、范蠡等,各種例子其實均不容忽略。正因如此,我們認為,若要更全面認識余氏家族的興衰故事,明顯要從被指乃風水師的余鶴松的人生經歷說起。

踏 上 堪 輿 風 水 的 事 業 道 路

　　到底余鶴松的故事和經歷可如何說起？透過拼湊坊間各方殘缺不全的資料，我們可粗略勾勒出他的家族背景與人生經歷。扼要地說，余鶴松應生於 1822 年，卒於 1886 年，自稱喬生，祖籍應是江西南康縣潭口鎮（即今江西省贛州市南康區），雖出身貧苦之家，但年幼時曾入學讀書，粗懂文墨，惟十一歲時喪父，被迫輟學，與寡母相依為命（Sharp, 2009: 7-9）。[1] 所謂「窮家孩子早當家」，為得三餐溫飽，童年時期的余鶴松被迫到大戶人家當侍從。

　　雖然少年失學，卻因對風水學說興趣濃厚，亦甚有天賦，故每天再忙再累，仍孜孜不倦地自行研讀堪輿知識，且能學有所成 ——此點尤其可從他能詩能文，又寫得一手好字中反映出來（詳見下文分析）。到了 1846 年，覺得已掌握一定風水知識的余鶴松決定拿起羅庚，踏上堪輿風水事業的道路，開始「執業」為人看風水，成為一位「江西地師」。

　　所謂「江西地師」，是風水學的一個流派，主要特點在於根據地形、地貌、方位（分金）等因素，為僱主覓地選址，建屋築墳。明代《青岩叢錄》曾記錄：「建都邑立家室，固未有不擇地者。而擇地以

1　有關余鶴松的出生背景，坊間說法有不少出入。例如據鍾寶賢分析，余鶴松出生時，家道中落，到其叔父去世後（應即暗示余鶴松父親早逝），年紀輕輕的余鶴松更要以為人看風水為生，賺取收入，而余鶴松的風水知識，則來自他的兩位兄長，他們均是風水師（Chung, 2005: 261）。可惜，鍾寶賢並沒進一步說明余鶴松兩位兄長的事業、與余鶴松的聯繫，以及日後當余鶴松遷移家族墳墓到鶴山時他們有何反應等問題。

葬，其術本於晉郭璞……。後世之為其術者分為二宗，……一曰江西之法，……其為說主形勢，原其所起，即其所止，以定位向，專指龍穴砂水之相配。」（王禕，1991：16）而余鶴松所從的江西學派，在廣東福建一帶相當流行，「江西之法，……其學盛行於今，大江以南，無不遵之者」（王禕，1991：16），他的足跡自然踏遍了粵閩一帶的河流山川、阡陌田野，甚至大小鄉鎮的街頭巷尾。

由於個人在看風水方面確實眼光獨到，且有深入鑽研的功底，無論在分析山形地貌時，或是闡述陽宅陰宅的坐向分金與水脈時，均能條理明晰、引經據典，令人信服（詳見下文討論），因而令他在行業中聲名鵲起，逐漸闖出名堂。到了年近三十歲時，余鶴松已有一定經濟基礎，於是成家立室。到他三十一歲時（1853年），其妻為他誕下長子余廣培，之後再在1857年誕下一女余潔英（Gie Yin，譯音），然後在1860及1863年分別誕下兩子余廣德和余廣晉（下文按他們出生的次序稱余廣培為長子、余潔英為次女、余廣德為三子、余廣晉為四子），顯示家族的人丁逐漸壯旺起來（Sharp, 2009; Chung, 2005），而余廣培與兩位胞弟的年齡則甚有距離，尤其余廣晉，相差達十歲之多。

到底祖籍江西的余鶴松在粵閩一帶看風水有何遭遇和經歷，又在何時選擇移居廣東鶴山？他的那些舉動怎樣影響家族日後的發展？對於以上問題，坊間資料十分零碎，有些更屬傳聞。下文的一個說法，更被認定左右了家族發展，算是埋下家族日後富甲一方的種子。

這個傳聞是這樣的：有一次，在看風水和點穴上名聲漸響的余鶴松，據說受一位廣東富商聘請，南下為他尋龍點穴。余氏在廣州

泌涌沙貝村附近的山林，覓得一個名為「風吹羅帶」的風水穴，推薦給富商，但富商受另一風水師影響，覺得該穴不一定如余鶴松所說那麼好，拒絕採納余鶴松的建議。余鶴松雖然感到失望，卻在幾經思索後決定辭別富商，回到江西，將祖父余有鳳及祖母姚賴氏的山墳遷移到那個「風吹羅帶」的風水穴中，於是有了 1861 年將其祖父母葬於該吉穴的舉動，而他亦因此決定移居廣東鶴山，家族的發展狀況自此便發生奇跡般的丕變（亞洲電視，2012）。

歷史上，因為出仕為官、天災人禍、逃避戰亂，或為了謀生尋求出路等緣故，決定遷移者，其實頗為普遍，但因為搬遷先人墓地，而跟着遷移居所者，實在十分罕見，余鶴松的例子可謂十分特殊，這可能與他乃風水師，對移居地有助發展事業的問題有獨特看法與盤算有關。姑且不理余鶴松當初決定移居鶴山的真正原因為何，他本身的事業和家族的命運，自此之後發生微妙變化，則屬毋庸置疑的客觀事實。

不過，從該墳墓碑的資料看，1880 年曾經重修。墓碑中間位置刻有「皇清顯祖考有鳳余公妣賴氏安人合墓」，右邊三行刻有「咸豐十一年辛酉歲仲秋自江西南康縣潭口司洋山甲南康貝村遷祖妣合葬於南海潯峰土名風吹羅帶巽巳雙向永遠勿改此誌」，左邊刻有兩行，第一行為「祀孫鶴松曾孫廣培德晉元孫東旋拜」，第二行為「光緒六年歲次庚辰孟秋重修立石」。咸豐十一年為 1861 年，光緒六年為 1880 年。即是說，自 1861 年遷移祖墳十九年後，余鶴松又重修那個「風吹羅帶」祖墳，並甚為嚴肅地在碑石刻上「巽巳雙向，永遠勿改，此誌」，規定子孫後人不可再作改動。為何如此？背後有何考慮？雖然坊間有不少臆測，但卻與現實不符，例如指因余廣培妻子想念身在

南洋的丈夫，促使余鶴松曾因此改了墓碑，令余廣培回鄉與妻子相會，之後乃有了 1881 年的重修行動云云（文觀龍，1993）。[2] 不過，家族在那個時期的遭遇，或者可以提供一些思考線索（詳見其他章節討論）。

回到余鶴松的風水事業上，他無疑擁有一定知名度，所以獲得一些曾經與他接觸的朋友進一步推薦，〈余東旋私人信函〉可提供不少資料佐證。在一封寫於「癸未（1883 年）四月」，由居於江門石龍的「陳子彬」致余鶴松的信函中，便可看到朋友「力為推薦」的例子。該信函尊稱余鶴松為「老伯」和「老先生」，並祝願他「福祉與年壽俱增，瑞氣祥符駢集」，尤其盛讚他「閱歷有年，不愧為再生郭璞」，而「茲者江門源德油糖店東主，欲訪堪輿先生」，所以便大力推薦余鶴松給那位東主，對方同意，他便寫信邀請余鶴松到江門，「倘日間餘暇，祈即裝束就道」。

在另一封署名「另肅」的信函中，[3] 同樣可以看到那些曾經與余鶴松交往的友人 —— 即相熟者，對他風水術數才能的高度肯定。在那封信函中，「另肅」同樣高度稱讚余鶴松，一方面認為他為人「度量恢宏」，有容人之量，另一方面則形容他為「再世楊公，[4] 推倒一時豪

2　　令人意外的是，相信是由余氏後人支持研究和出版的余東旋傳記 *Path of the Righteous Crane*，亦採用了這一說法，令人不解。

3　　由於信函破損難辨，沒法分辨信件年份，但相信寄自江門。

4　　應是指唐朝著名風水大師楊筠松，又名楊益，曾在朝廷為官，任光祿大夫，黃巢之亂後避走虔州，一度隱姓埋名，以看風水為生，因此令其獨特敏銳的堪輿之術名揚民間。據說，楊筠松著有《撼龍經》、《疑龍經》等風水書傳世（林達，2009）。

傑」，即是認為余鶴松看風水的能耐，比那些享有一定知名度的「豪傑」更加獨到，更有過人眼光。

　　風水雖屬高深學問，又屬歷經千年的文化沉澱，但以風水為職業賺錢糊口者，卻往往會被貼上負面標籤，認為他們很多只是「無料充有料」的侃侃而談，甚至信口雌黃，鮮有真才實學。踏上風水之路的余鶴松，早年顯然曾經遭遇這種冷嘲熱諷，尋得「風吹羅帶」墓穴推薦給客人，卻反被「退貨」的例子，十分鮮明地道出「熱臉貼上冷屁股」的滋味。至於他決定千里迢迢把祖父母山墳由江西改葬到那個墓穴的舉動，與其說是深信自己的風水眼光與才學，覺得那個吉穴必然可為後代帶來富貴，不如看作他不忿遭人看扁，嘲笑他沒有真才實學，以此實際行動反駁他人，證明他推薦的必然是他真心相信的，否則不會把自己祖父母的墳墓遷移其中。這帶有藥店老闆推薦某種治病良藥給客人，自己同樣吃那種藥，以證明對藥效深信不疑的色彩。

事 業 路 上 的 順 逆 遭 遇

　　由於風水的效果不易證明，亦並不直接，要在行業中闖出名堂、突圍而出，其實一點也不容易，所以事業路上難免碰到挫折辛酸。但余鶴松把先人改葬於被顧客懷疑不要的吉穴，這舉動相信讓他贏得行業或圈子間的美名，自此之後，生意應該逐步改善。儘管如此，事業路上還是時有順逆。前文提及的〈余東旋私人信函〉檔案，收藏了不少余鶴松看風水的函件，當中有一些甚為有趣的故

事，尤其可加深我們對他替人看風水時碰到的問題的了解和認識，以下且列舉一些例子作為說明。

第一則是余鶴松風水才能深得肯定欣賞的例子。一封寫於光緒七年（1881年）孟秋的信函顯示，一位龍門黃氏的老婦，一直為了覓地安葬亡夫而費煞思量，最終因得到余鶴松的協助，才得償心願。黃氏指出，自丈夫去世後，她找了不少風水師看風水，但均沒法找到合適墓地。為此，她採用求神問卜的方法，到當地的洪山聖爺廟參拜，祈求神明指點迷津。她這樣寫：

> 今年孟夏，誠心禱於洪山聖爺台前，求卜靈簽指示，堪輿得第四十簽。云：「謀望人多色不可伴赤黃，青衣人作福只可共商量。」旋聞江西余鶴松先生復來江村，詳其姓名，有〇（不清楚，下同。可能指「松」）字之形，應青衣人作福之句。再禱神前，杯卜是此人否？連得三勝以是，即聘先生至舍，與看新舊墳塋，明如指掌。

接着，黃氏還提及她的兒子（林傑）詢請余鶴松，有否已經「相定」（即已找到）的具好風水的寶地？並在「再三懇求」後獲告知一個「土名知府窿虎形」的吉穴，該穴「高山來龍，穴結平坡，龍虎歸降，垣局團聚」。黃氏拿余鶴松告知的吉穴再到洪山聖爺廟求簽，這次得第二十八簽。該簽云：「高山一穴葬平陽，兩旁龍虎盡歸降，葬下兒孫多富貴，家中金玉滿囊箱。」黃氏大喜，覺得「果合此地之形勢」。並再求一簽，詢問能否買成那吉穴地皮，所得的回應是：「折桂蟾宮近求謀，也稱情終。雖名利就，只怨不堅心。」黃氏對余鶴松

的任何建議，均言聽計從、深信不疑，並且立志堅定要買下那個風水吉穴，「故此極力營謀」，而最終則得償所願，「垂手而得，毫無拮据」。然後，可以「得此吉地，以妥先靈」。

故此，黃氏更對余鶴松的風水識見與才學敬佩不已，並在完成整個尋龍點穴、安葬亡夫的過程後，在洪山聖爺廟中「特懸一扁」，致以謝忱，同時寫下那段神奇遭遇和經歷，以示對余鶴松的「佩服不忘」，而整個過程，則讓人看到余鶴松確實有其令人佩服的風水造詣。

第二則是余鶴松為人看風水後遭拖欠酬金的經歷。在一封寫於癸未（1883年）三月的信函中，余鶴松向一個統稱為「盛族」的鄉村宗族看風水，惟當年並沒立即支付酬金，而是答應在風水見效後再支付。但到十多年後，該村發展雖然轉好，但當年答允的酬金卻沒當一回事，就算余鶴松開口了，還是左推右搪，於是他乃致函追討。

在信中，余鶴松指，同治二年（1863年）仲春，得盛族（接洽人名「通貫」）邀請，代看陽宅風水，「其時未有謝金，但有謝帖一紙，擬定十二年後丁財勝前願謝銀壹百兩正」，那時他提出的風水建議是：祠堂「挑涌壹條，改內涌之水由左歸右，又於東方涌外多種樹掩蔽烏沖制煞之峰，劫不生，又擋去一沙反流之水，則風藏氣聚。此護衛陽宅之風水」。該鄉族採納其議，全鄉發展勢頭漸變。他這樣寫：「果然，改後丁財勝前，子弟安分，各尋生業，而飄洋之人亦有發財而歸鄉里。」

　　雖然「十二年後（即到了 1875 年），丁財勝前」，算是應驗風水之效，但鄉族中人卻未兌現承諾，原本答應「願謝銀壹百兩正」一事，則拋諸腦後。再拖到 1878 年（光緒四年）六月，余鶴松再到該鄉親自追討，見了不少鄉中耆老，雖獲招待，但酬金一事仍是支吾以對。他這樣寫：「見列位紳耆，言及昔年改陽宅風水之事，各皆歡喜。」眾人亦請他大吃大喝，但對酬金一事則沒有提及。到余鶴松開口追討，他們的回應則是：「待盛族眾父老富戶人等籌定銀兩，然後寄信請先生到來重謝云云。」

　　他於是返回家鄉等待消息，但一等又便是「六年之久，未見音信」，於是只好在 1883 年「修音達知」，繼續追討。該信抬頭給「列位紳耆大人」，但同時抄送相信是當年接頭人的「通貫仁兄、傳章仁兄」，以及「通日、達熊、宏煜、閏松」四位曾經與他接觸的人，並在信末附加如下一段文字：

> 通貫兄台經手，祈與族中父老及發財之家，該如何打算此壹百兩謝金之數？早日交妥，亦不枉僕（他本人的謙稱）昔年一片好心，為盛族改陽宅風水之功也。通貫兄作為一鄉之體面，有福有量，此等小事易為。此禱。

　　到底這次追討是否成功，受資料所限，不得而知，但多個特點則值得玩味：一、他的風水酬金不低，為「謝銀壹百兩正」。二、他的風水建議產生一定效果，「改後丁財勝前，子弟安分，各尋生業，而飄洋之人亦有發財而歸鄉里」。三、他先獻議後收費的做法，表現出對自己的風水才學很有自信。四、他看來採取了「先看風水後收費」的做法，但這樣便有「走數」或「不認數」的風險，難怪行內會

風水客戶黃氏感謝余鶴松的書信

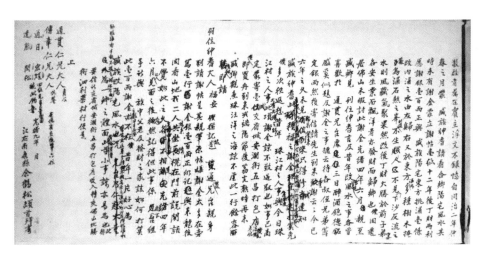

余鶴松向風水客戶追討看風水費用的書信

有「相金先惠,格外留神」的行規了。

第三則是余鶴松看風水時特別注意一則民間藥方。在一封相信寫於甲申(1884年)八月初八,致「乙階、香田二位仁兄」的信函中,余鶴松談及一則與藥方相關的逸事。他表示,在「天堂曹宅新庄」看風水時,曾無意間看了該地一戶人家的祖墳,「斷其雙生女後,合房大敗」,他並沒詢問或是忘記了那人的姓名,但卻「憐其人貧」,所以給了他一些意見,並且指出只要按他的指示更改,應尚可有一番新景象。他續道:「教其將錯之庚向兼酉,改庚向兼申,只未曾寫定分金線路,未知其改向否。如立向分金合法,仍可望為發福之地也。」

然而,他接着筆鋒一轉,指「是夜其人談及有一跌打丸方,十分應驗,因次日搭渡返籬竹,未曾求其傳方,一恨事也。茲特修音拜候,賢仁昆仲,想一善法,求其傳方,得傳之後,轉授與弟」。不但如此,他還特別提到:「本地之人,恐其不肯傳真方,言明弟欲(得)此方,該送利是,多少倘明年親到天堂傳授亦可。」可見無論他本人,或是當地人,均對那道秘方甚為重視。在信函上方的空白位置,他更粗略寫下該配方,以及他的通訊聯絡方法,可見他對於取得配方十分着緊:

> 是晚言此跌打丸方,要用金鑽匙,此一味是草藥,又用金邊黃蜞,此一味在水的,俗名蜞嫲,問其黃蜞,要蠣灰存性否(原文如此,不明),問真如何製法,祈寫信一封,交佛山北勝街泗利行收。

受資料所限，余鶴松最終能否取得配方實在不得而知，但從那種着緊態度看來，他無疑顯得志在必得，所以既表示要「想一善法，求其傳方」，又不排除可能要「送利是」。為甚麼他這麼着緊這道民間藥方呢？其中的解釋，可能與仁生號經營中藥有關，因兒子余廣培那時在南洋經營的仁生號，中藥乃其中一項重要生意（詳見下一章的討論）。即是說，身為風水先生的余鶴松，除了踏遍粵閩等地的山川田野，精通天文地理，應該亦對中草藥及中成藥有深厚了解；其子在南洋開辦中藥店應該亦受其影響，他似乎一直在物色傳統中藥配方，助其子開發更多產品。

以上三則例子，無疑只是余鶴松替人看風水的事業經歷中的一鱗半爪，但卻可粗略拼湊出前進路上的曲折與風水造詣不虛的圖像。可惜的是，由於缺乏研究資料，不少事件的發展未能讓人知悉結果，而由此牽扯出來的問題，就如風水學說般，總是帶有電影或文學作品的「蒙太奇」色彩，讓人如夢中看花，無法得到確實答案。

風水觀點與人生哲學

既然是一位擁有真才實學的風水師，很多時又能獨具慧眼地看到風水的來龍去脈、氣象變化，余鶴松必然有獨到的風水見解與理論。事實上，從〈余東旋私人信函〉找到的一些僅有資料中，不但能夠看到余鶴松風水理論和修養的水平，更可粗略看到他待人接物的態度和人生哲學，讓人對其所思所想、舉止投足等，有更為立體多面的了解。

首先，在風水學說或觀點上，余鶴松對陽宅的看法頗有自己一套，尤其重視在不同層面的配合。在一封日期看不清楚、大約寫於光緒六年的信函中，便曾提出個人對陽宅的一些核心看法：

> 竊惟陽宅之道，察龍神之起止，觀地勢之融和，相其陰陽，觀其流泉，然後定其坐向分金，詳河洛之根源，推卦爻之配合，加以裁〇（可能是「決」字），成輔相之功，應幾安居樂土，人傑由此而生，功名由此發者也。

在另一封沒有注明年份的信函中，他對被民間社會視為財富源頭的流水去向和格局問題，尤其有　番見解，並提出更為詳細的觀點：

> 夫陽宅放水之法，必須形局理相配，方為全美。而天井放水以向論，放出左右之街，流出街口者居多，或歸村前之橫渠，或歸於田，或歸於塘。然後擇吉方放去，此水來宜生旺，流於囚謝，斯盡善矣。

一封相信寫於光緒六年的信函亦提及流水去向的問題：

> 竊惟陽宅之法，先觀來龍之起伏，次察水神之源流，而穴場融結〇，宜推其向道，以龍配〇，〇向配水，而水口為歸〇之處，件件合法，庶幾丁財興旺，世代可真綿遠者也。

還有一則沒有注明年份的風水信函，余鶴松亦提到流水如何影

響風水格局的問題。他提出了如下見解：

夫水者實操風水福禍之柄。水聚則人財聚，水散則人財散，此
一定之理也。前時盛族（即某家族）涌水一，由珠浮岡出口以
為振響樓之纏水也，一由蘇氏舊祠前出口，以為大宗祠之纏身
水也，南方尖沙朝入，作為進田之筆。此前人之識見，今人不
能及也。今者盛族涌水變遷，潮水長退，不由舊口，有由聚龍
沙而長退者，有由珠浮岡之下而長退者，有由蘇氏舊祠而長退
者，有由振響樓之北而長退者，四邊分流，恰似雷岡。今時水
神一樣，若不早日改正，其退敗不況言。

除了陽宅，余鶴松自然亦談及陰宅的風水。一封在光緒九年
（1883 年）十一月廿八日寫給客戶的信函中，他這樣寫：

竊惟地理之道，尋龍雖易，栽穴甚難。昔董德章先生點閃乳格，
三遷始得真穴。茲托村金龜下田形，僕始點於頭，見落脈無分
水，繼點右肩方合。大臨弦來斜受之法，門金之處土色〇紅，
乃南方火龍之真穴也。

在 1884 年（光緒十年）的另一封信函中，他亦談及如何看陰宅
風水，並且提到自幼開始學習風水，認為自己有深厚的風水閱歷，
表現得十分自信，甚至「自誇高明」：

竊惟相地之法，先觀龍神之起止，次察穴情之融結，詳砂水之
交媾，找理氣之〇〇，再看明堂朝案，天門地戶，件件合法，

山川雖秘，豈能逃其明察哉。僕幼學堪輿，[5] 閱歷山川形勢，四十餘年之久，敢自誇高明，然承主人不鄙學術淺陋，其龍穴砂水之形局，據理定斷，主人之識見超常者，方知余言之有據也。

還有，在另一封相信寫於 1884 年（甲申年），應是寫給新會江門長興街一戶人家為其尋找墓地後作出評點建議的信函中，余鶴松因應那位先人乃一「惜」（識）字女性多加稱頌，並詳述那個推薦的墓穴的風水特點。他首先指出女性能受教育的可貴：

竊惟積德為求地之本，惜字為求福之基。男人敬惜字紙者處處，有其人多。婦人敬惜字紙者，未之見也。令先繼室姚施氏安人，生前勤拾字紙，風雨不間，其慈祥孝義，不問可知。

接着談到找到合適墓穴的經歷，以及該墓穴的座向、分金及特點等資料：

茲安人仙遊已六載矣，聘僕卜吉地以妥其靈。適到樹仔頂遊山玩水，見正穴尚存，是以即點與買受，擇於甲申六月十二甲申日未時，以妥安人之靈。上天留吉地，以葬福人，良有以也。詳看此地，人盤辛龍，起頂速咽入首，坐五乾五亥，向五巽五巳，

---

5   此點印證前文提及他年幼時開始學習風水。若以他在 1884 年時說自己學習風水已「四十餘年之久」粗略推斷，則他 1840 年前後開始學習，此與他生於 1822 年，1840 年時未滿二十歲的情況相去不遠。

用天盤戊戌戊辰分金，坐赤道盤壁，宿四度未，向軫宿三度初，定線。此天然之向，不可移馬者也。

信末他還特別提到，能找到那個吉穴，實乃「令先繼室妣施氏安人惜字惜福，發後人之所致也」，進一步突出女性能受教育的可貴和福氣。

有趣的是，對於某些好風水的墓穴，他還會作詩以留紀念，或是作為送給相關客戶的贈言。且列舉三則例子如下：

其一
吉榴嶺上下偏坡，借頂安墳生氣多。
流水灣環堂局聚，群峰四面總包羅。

其二
乾龍巽向理猶積，卯水朝堂天婦明。
福蔭快時真樂事，螽斯衍慶振家聲。

其三
虎爪天然好穴場，兩旁龍虎盡歸降。
橫樓後擁擎華蓋，天馬前朝獻太陽。
環繞山重人俊傑，三元水去富倉箱。
辛龍墳位貪狼秀，科甲聲名姓字香。

看陽宅陰宅風水只是余鶴松的兩項主要「生意」而已，他明顯還會看全村全族的風水格局，或是提供改正風水的建議。例如在光

緒九年九月廿六日致「盧府列位翁耆大人」的信函中，他便既指出原
來大宗祠風水出現的問題，又提出個人見解與補救方法，認為若按
他的指示補救，則可成為「丁財兩旺，功名顯達三元不敗之居也」。
在一封寫於「光緒六年歲次庚辰夏四月廿六日」的信函中，更可看到
余鶴松就興建廟宇、書室、流水方向、社稷神位，甚至廁所等宜忌
問題的綜合分析，而且闡述得十分清楚透徹：

> 一、欲建廟宇，宜在祠堂之辛方，仍立坐癸向，丁魚子午分金。
> 現在未有廟宇，擇吉探修，此處權請文武二帝安座，將來全村
> 人民安樂，神靈顯赫，再建廟宇以為一村風水之佐輔。書云：「神
> 廟宜居水口，信有徵矣。」廟前築牆一度，以蓄內氣。
> 二、富德書室，坐癸向丁兼子午分金，天井放乙水，合吉位，
> 以滿水簷前安羅經合式。
> 三、東方東南方南方生旺之位，不得立廟台。
> 四、村前塘渠，現放辰方出口，歸於塘外之涌，作左水歸右合吉。
> 五、風水基，南方樹木理宜斬伐，以免障蔽外陽主外方利。
> 六、社稷，在巽方合吉位。
> 七、東北方未龍之處，不可做廁坑污穢獻神。

除了風水堪輿，在那些與余鶴松有關的信函中，我們還可在不
同段落或字裏行間粗略看到他的為人與處世哲學，某些內容尤其發
人深省。例如，在一封寫於丙子（1876 年）十二月初三的信函中，
余鶴松針對某家族一名子孫「舉止出於規矩準繩之外，未置家入花
林，生成一身瘡癩」，余鶴松除了要求其家長帶他求醫治療，還「望
其改過」，並建議給他找一份工作，「看有那行，不論顧工手作，須
叫其學習，以顧目前糊口之計」。

在另一封信函中，他又在講述風水道理後附以一首「戒賭詩」，表達對沉迷賭博的反感，認為賭博影響個人與家族，告誡賭徒及早戒除惡習。

男人百藝可安身，賭博場中莫去親。

能使英雄為下賤，卻教富足作饑貧。

衣衫襤褸親朋笑，田地消磨骨肉嗔。

不信但看鄉黨內，眼前輸敗幾多人。

在一封寫於「光緒六年歲次庚辰夏四月廿六日」，致「江門長興街源德油糖店黃澤棠」的信函中，余鶴松在提及風水酬金一事時，明顯表現出甚為慷慨的一面。他這樣寫：「宋范純仁麥舟之誼盛德事也。為朋友葬事，當且如此疏財仗義，況為祖宗父母墳塋大事，費用金多少，何須計較。」

同樣有趣的是，他還曾經寫了一首「秋日送友人之桂林讀書」的七言律詩，一來進一步揭示他喜好詩文，二來讓人看到他十分重視友情：

君乘畫舫粵西行，萬派青山作送迎。

象郡風光秋覺冷，珠江月色夜同明。

才華自足傾時彥，雅度人皆仰令名。

功業文章堪並美，應知後起是賢英。

雖然以上有關余鶴松風水觀點與人生哲學的資料並不完整，不少更屬一鱗半爪，但基本上仍可揭示他在風水學上的才華與待人處

余鶴松送友人詩　　　　　余鶴松的風水心得

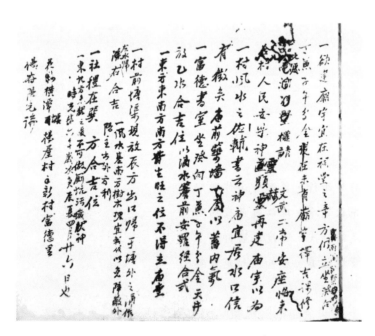

余鶴松對鄉村風水與祠堂廟宇等可如何重新佈局的綜合分析

事的態度，同時亦隱若讓人看到他隨和忠厚的性格。單就風水觀點而言，他重視山川河流自然環境與相關人物、家族和村落的配合，實在甚有今時今日強調適應保護，而非破壞環境的原則，同時亦有講求個人、社區、生活模式應與大自然相結合的哲學意味，這相信又是除下迷信外衣的風水之學其中一個常被忽略的重要特質。

晚年仍常奔波於山林田野之間

雖然乃頗有才學的風水師，又有一定知名度，先人更葬於「風吹羅帶」的風水寶地，但這些因素看來並未為余鶴松帶來很好的生活。一來他在晚年時要安排兒子離鄉別井，遠赴南洋另尋機會；二來是就算已經年老，他年過六十之時，仍要拿起羅庚，奔走於山川田野與大街小巷之間。這到底是怎麼一回事？又帶出了哪些家族遭遇的問題？

一切且從余鶴松的出生年份說起。簡單而言，生於 1822 年的余鶴松，到了 1873 年時已經進入「知天命」之年，若是在富有家族，屬於享受天倫、弄孫為樂的階段了。可是，並不很富裕的余家，到了 1876 年左右，出現兩大重要變化。其一是長子余廣培完婚，其二是隨後長子、長媳和四子余廣晉一同遠赴南洋，尋找更好的發展機會（詳見下一章分析），而兩者相信花掉家族的不少積蓄，為家族經濟帶來不少壓力可想而知。

面對這個局面，余鶴松顯然仍然不能退下火線，而需繼續執業，為人看風水賺取收入。事實上，從現存於新加坡檔案館的〈余東

旋私人信函〉資料看，自 1873 年後，余鶴松仍需經常奔波於山林田野街巷之間，1881 年更重修「風吹羅帶」墓穴，顯示家族應該碰到一些發展不太順利的地方。因為根據習俗，若果安葬先人之後家族的發展一帆風順，是絕對不會再作任何改動的，只有當發展不順，甚至交上惡運時，才會利用重修或搬遷等手法作出變動。下文先看看他為生活奔波的情況。

撇除前文提及 1873 年以後的一些看風水經歷與遭遇不談，余鶴松還頻頻出動，到不同地方為客人看風水。舉例說，光緒三年（1877年），余鶴松跑到「順邑龍潭鄉西草坊安懷里」，為「陳尚赤、陳尚沛、陳尚泌」的先人看陰宅風水。光緒五年（1879 年），他又到花邑新街為客戶看陰宅、陽宅、祠堂、門樓、廟宇風水。光緒六年（1880年），花邑新街的常府亦邀請他看風水，他同樣有求必應。再接着的 1881 年（辛巳三月），他應友人徐元達邀請，再次踏足花邑，這次是往三輞村，主要是該村計劃修建廟宇，當地地保梁群帶等覺得此乃全村大事，應找有名的風水師先看風水，以保日後風調雨順，他乃在徐元達的推薦下成為修建計劃的風水「話事人」。

進入 1883 年，余鶴松已登甲子之齡，相信健康未必一如壯年之時，但他仍馬不停蹄，四處奔走。例如，在 1883 年中秋，南海西樵霍府（可繼堂）想找人看祠堂風水，改善運氣，余鶴松欣然答應。翌年（光緒十年），他又應邀到「開邑（開平）龍塘」的何府（思成堂），代其看祠堂、廟宇的風水。除此之外，在 1886 年去世之前，他還先後為番禺慕德里司高唐壚江夏鄉的寶芝堂、番禺沙灣司大石鄉的何氏家族、南海西樵林村的潘繼洪家族、江門長興街源德油糖店的黃澤棠家族，以及花縣橫潭壚楊屋村富德里的楊氏家族等看風水。總

之，那怕他年紀已大，在那個交通極不方便的年代長途跋涉甚為辛苦，他身在南洋的兒子余廣培亦曾於 1885 年寫信勸「吾父切不宜落鄉遠出，以當跋涉之苦，只可在家閒養」（參考下一章討論），但他顯然還是要為生活奔波，原因應該是他覺得家境並不充裕之故。

到底余鶴松晚年的家境有何困難或遭遇呢？正如前文粗略提及，1876 年長子攜同長媳和四子遠赴南洋，希望在當地發展事業，家族看來亦與那邊的華人華商有聯繫網絡（Chung, 2005; 鍾寶賢，2009）；翌年，長媳更為他誕下長孫余東旋，令他甚為欣喜，但兒子們事業的前進道路卻並不順利，多項生意投資（包括 1879 年創立了仁生號）更是虧本連連（參考下一章討論）。這些問題或困難，很可能便是他晚年仍要四出奔波賺錢的主要原因，亦可能因而促使他重修那個「風吹羅帶」墓穴。

在一封年份不確定、估計在 1880 年收到的信函中，一位名叫孫惠光的友人致函告訴他：「令郎世光，[6] 匯回大銀叁百員（三百圓），尚仁兄到泗利，着人至排草街廣同仁蠟丸店，邀弟一並同往省領銀是也。」在那個年代，「大銀叁百員」實在不是一個小數目，兒子們當時匯回那麼多錢，應該有重大舉動。另一方面，余鶴松顯然與「泗利」和「廣同仁蠟丸店」有交往。在其他信函中（例如癸未年三月），余鶴松曾提及「泗利」的地址及全名是「佛山北勝街泗利藥材行」，而廣同仁售賣的蠟丸，則主要用於藥物包裝，兩者明顯與經營中藥

6　余鶴松長子余廣培，又名世榮。這裏的世光，可能是筆誤，或可能是余廣培在那個時期由余世榮改為余廣之後，「光」與「廣」發音相似之誤。

有關；前文又曾提及余鶴松對某道民間跌打丸配方十分感興趣，連串跡象均揭示他應該對兒子當年在南洋開辦仁生中藥店一事有一定影響。

且說回 1880 年。就在那一年，收到「大銀叁百員」匯款的余鶴松，作出了重修「風吹羅帶」墓穴的舉動，長子余廣培更在翌年帶同妻室及已經四歲的兒子余東旋返鄉，相信是要看看重修的墓穴及拜祭。之後，余廣培重回南洋，妻室及兒子則留在鶴山生活。即是說，自那時起，日後富甲一方的余東旋便與祖父一起生活，相信會在余鶴松身上學到一些風水術數知識和做人的道理（詳見下一章討論）。

重修墓穴後，余廣培旋即返回南洋，而他的人生際遇與事業確實開始發生轉變，但余鶴松應該覺得家境尚未擺脫捉襟見肘的困境，所以仍堅持四出為人看風水。在另一封相信寫於 1886 年（丙戌）2 月的信函中，他向友人表示本身的風水生意欠佳，甚至抱怨兒子在外又沒寄錢回鄉：「弟自去年堪輿生意冷淡異常，只望大小兒寄回家用，但山遙水遠，匯兌民錢求人不易。」他甚至在友人面前埋怨兒子：「阿德阿晉不曉積聚。」但就沒有埋怨余廣培（參考下一章討論）。

就在 1886 年，余鶴松去世，享年六十四歲，家族上下自然十分悲傷。值得注意的是，由於當時未找到合適的風水寶地，兒子們沒有立即為他舉行大葬，而是一直等到 1890 年初，最終覓得較理想的吉穴後，才為余鶴松風光大葬。不幸的是，余廣培返鄉為亡父舉行大葬後重回南洋，不久即染急病，並在醫治無效下去世，令家族

的發展道路再次出現波折。惟這是後話，就留待我們在下一章中討論了。

　　從家族發展史的角度看，余鶴松一生的事業和舉動，明顯為後代子孫能夠作出突破奠下重要基礎。雖然他走上堪輿風水這條非主流的事業道路，但卻憑着個人才學、努力和隨和忠厚的性格，既為子孫後代締結善緣和人脈社會網絡，同時積下俗語所說的陰德。當然，他一直珍之重之的風水，在他心目中肯定佔了關鍵位置，但功效畢竟難以證明：「風吹羅帶」吉穴在 1861 年葬了之後，並未令家族立即興起，甚至曾有波折，1880 年的重修便是很好的證明。即是說，對於風水問題，我們宜以平常心視之，求個心理平安就好，後天努力與行善積德其實更加不容忽略，亦更加實際。就算人到老年，雖然認定祖先已葬於風水吉穴，余鶴松仍四出奔波，為客人看風水，這種舉動恰恰說明他其實也認同不能等運到、只靠風水，而應不斷努力、積極打拼，他自己便作出了最好的示範。

結語

　　帝制時代的中國，雖然分士農工商不同等級，但以家為本的文化內核、強調子孫力爭上游以光宗耀祖的觀念與精神，則在某程度上降低了職業樊籬，不少堪輿風水師乃讀書人，有些甚至曾有功名、曾當大官，甚至曾經著書立說，這揭示了職業樊籬其實並不僵硬，重點反而在於強調任何崗位均應全力打拼、全力爭先，尤其將自身的遭遇起落與祖先的陰德等緊緊地連結在一起，成為命運共同體，風水則成為這方面觀念與精神的一個有趣交接面。

　　要述說今時今日仍深入民心的中藥品牌「余仁生」的故事，雖然余東旋扮演最吃重的角色，但明顯不能不談其父余廣培闖蕩南洋的經歷；而余廣培當年願意踏出這一步，又不能不提其父余鶴松的指示；當然還有各種各樣有關風水或命理的傳說，如前文提及余鶴松找到「風吹羅帶」吉穴，以及用算命方式推斷南洋有利余廣培發展事業等。至於令各個故事變得如迷似幻的，則因余鶴松乃風水師之故：風水師給人的刻板印象，只是為客戶指點迷津，助其發達；余鶴松能憑其風水學識，在某程度上扭轉家族命運，令兒孫輩富甲一方、名揚中外，這實屬古往今來少見的例子，因此特別讓人嘖嘖稱奇。

第三章

闖蕩南洋

余廣培

近代中國歷史發展的重大轉捩點，是已經率先走上工業化道路的歐洲人，於十九世紀初中葉踏浪東來，以其船堅炮利打開了中國的大門，迫使滿清皇朝簽訂連串喪權辱國、割地賠款的不平等條約，並開放沿岸港口的對外通商，因此掀起了一浪接一浪華南沿海鄉民飄洋出海謀生的大潮。余鶴松諸子：余廣培、余廣德和余廣晉，則是在那個特殊的年代離鄉別井，前赴海外。

相對於大多數飄洋海外的鄉民，余廣培兄弟的目的地並非因「淘金」聞名的舊金山或新金山，而是名氣不大，但在地理位置上與中華大地較近，關係亦更為悠久的南洋（東南亞）。採用的方式亦不是如多數鄉民般淪為「豬仔」——即「契約勞工」（indenture labour），意思是借錢作旅費，到旅居地後靠出賣勞力償還欠債（陳翰笙，1980-1984），而是能夠自付旅費，所以可自由供職、自謀出路，有較大的獨立自主性。至於余氏兄弟的闖蕩南洋，則改寫了家族的命運——雖然過程波折重重，充滿困難辛酸。

攜 妻 帶 弟 闖 南 洋

對於余廣培在十九世紀七十年代左右闖蕩南洋一事，坊間的傳聞頗多，一般認為乃其身為風水師的父親余鶴松的一手安排。此說染有不少迷信色彩，余廣培之所以決定離鄉別井，據說是父親的主意，因為余鶴松經過風水算命推斷，兒子遠赴南洋，更有利其事業發展（Sharp, 2009: 21），所以才有余廣培遠走檳城，在馬來半島打

拼事業的舉動。不論促使余廣培下南洋的真正原因何在，有兩點尤其值得注意和思考：其一是當時余廣培只有二十三歲左右，而且剛剛迎娶了來自佛山的梁亞友過門，而他竟然不是如大多數鄉民般把新婚妻子留在家鄉，代其侍奉父母，自己孤家寡人到外謀生，反而是攜同年輕妻子共赴一個完全陌生的地方；而較他年輕很多的四弟余廣晉（只有十三歲），亦一同前往。其二是他和妻子及胞弟飄洋出海，並非如大多數貧苦鄉民般要先行借貸旅費，淪為「豬仔」，而是能夠負擔起三人的旅費，在目的地更有相熟者，所以到埠後有人幫助，更可自謀事業，不用受到「蛇頭」或債主的操控。

對於攜同新婚妻子與尚未完娶的胞弟遠赴南洋這充滿冒險的舉動，余廣培在日後寫給岳父的信函中，曾多次表示歉意，同時亦剖白當初決定踏上那片異地謀生的一些原因和經歷。以下讓我們以收藏在〈余東旋私人信函〉的資料為根據，從家人關係的角度，粗略了解余廣培等人在異鄉的遭遇與經歷，以及當地的商業與社會狀況。

在一封相信是余廣培抵達檳城後，於 1876 年（丙子九月初十）寫給岳父的信函中，我們可以粗略看到，雖然一行人平安抵達檳城，但商業環境並不太好。他這樣寫：

> 婿於八月廿七日由港揚帆至九月初七抵店，一路藉福平安……令嬡均在和源居住，身體六合平安……舍弟亦在和源學習生意，但今歲華工生意甚淡，[1] 各行難獲大利，現因初到，事多未能細稟。

1　一般而言，「華工生意」是指招聘及經營「契約勞工」的生意，不知余東培初期是否真的染指「契約勞工」的生意。

　　即是說，他們和當地一家名為「和源」的公司頗有交往，所以一行人能在那裏居住，胞弟更可在店中學習做生意。可惜的是，那時「華工生意甚淡」，因此不能獲得甚麼利潤。大約兩個月後（丙子十一月三十日），他再寄上一函，這次提及的內容與經歷更多，引述如下：

> ……婿自中秋後聯袂與舍弟令嬡南遊，幸各平安抵店，至今忽覺數月，屢欲修音問候，奈賤務紛紛，請原宥所煩。令嬡自到店以來，身體亦叨康泰，水土甚合，可毋遠慮。但來示所囑，代尋生意壹節，婿亦曾三思，惟現南洋生意每多微末，非大有本錢者，難得機會，欲作些小生意，與禪山無異其難。至欲維工（應是「為工」或「打工」筆誤），則年守亦不過數十元而已。如此遠涉，所賺不多，故不如在禪守候俟。婿或有機會，然後方致信通知為高況。大人遠出家中，只有岳母大人與舅台二人，似此亦難放下。祈高明成酌便是。倘禪或有路，暫可棲身，亦不宜遠遊也。

　　由是觀之，余廣培在檳城安頓下來之初，明顯未能大展拳腳，生意並不如意。他同時提及，岳父原來託他在當地代尋生意，顯示他亦有意前赴南洋謀求發展。惟身在檳城的余廣培覺得，若果沒有大資本，只做小生意的話獲利極微，就算退而為人「打工」，一年的工資亦「不過數十元而已」，反而不及留在禪山（即佛山），更不用說飄洋海外，親人分離，妻小無人照料了。雖則如此，從其岳父也醞釀到南洋謀發展的舉動看來，那時華南一帶鄉民應該收到不少從海外傳來的正面消息，所以產生期望，覺得外面的世界較困守鄉里好，余廣培相信也是受到那種信息影響，才有了闖蕩南洋之舉。

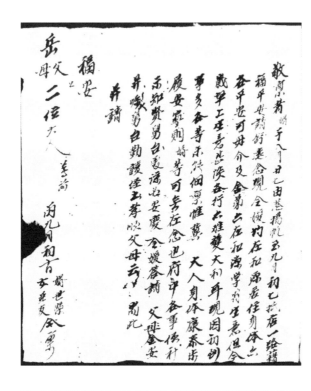

余廣培聯同妻子給
岳父母的書信

余廣培自己一人署
名給岳父母的書信

　　在檳城生活一年後的「丁丑八月」下旬，余廣培寫了一封長信給岳父母。[2] 在這封可以視作「一年大事回顧」的長信中，余廣培既講及更多生意遭遇，亦提及妻室為他生了一子，是為余東旋。他這樣寫：

……憶自客歲中秋節後拜別尊儀，揚帆抵嶼，忽經壹載，自愧碌碌庸才，毫無善狀。本欲株守家鄉，不至遠遊異國，晨昏定省或可小展孝思。但念余親老家貧，白首高年尚同奔馳早夜，而婿等年當少旺，又豈可不志圖營（或是「奮志圖強」筆誤）？故攜眷遠遊，有慮（應為「累」筆誤）令嬡受此風波之苦，情雖不已，無可如何。幸自抵埠以來，各均藉庇，身體平安……今歲初夏，得接家父手書，始知大人新創燒臘生意於大瀝墟，定卜生意滔滔、財進源源也……但婿命不逢時，因見舍弟到嶼以來，欲尋些生意，為彼安身，故於今歲初春做壹麵包店，誰料麵粉乍貴，做至八月秋，缺去本艮一千六百六十元，真有難對人言之嘆。更遇和源布店靛貴布賤，兼有壹舊伴因今年他退股不做，在外喧揚云婿麵包將本錢舌（應是「蝕」筆誤）盡，連布店亦難支持，故各店均要迫收艮，一時束手……現婿着友人承頂，改號和泰。俟後有信，祈交唐人街和泰轉交便妥……友約婿做回股份，但見布店生意家數多，（利）且微末，欲另

2　　在此之前的 1877 年（丁丑四月十五日），余廣培曾寫了另一封信函給岳父，交代三項重大消息。其一是表明沒有能力出資入股岳父籌劃開辦的生意，因他早前「與伴承理和源（號）生意數百元」，成為該店股東，所以手上再沒資金了。其二是指出岳父計劃到南洋一遊的構思並不可行，因「遠涉波濤艱辛莫狀，恐貴體未慣苦境」。其三是告知岳父「令嬡於去歲經身六甲……俟六月方能產下」。

尋什貨店，現酌開，尚未成盆，俟有定音，然後達知。現今嬡
與友人蘇以和之妻同住，身體藉賴平安，請無念慮是荷。再者，
婿於六月十三日產下壹男，今已兩月有餘，幸令嬡及外孫均賴
平安，請毋綿念……

　　這封「周年回顧」的長信，帶出多個問題或經歷：一、余廣培
剖白心跡，說出當年決定闖蕩南洋的原因，是家貧令老父仍要「奔馳
早夜」，而他覺得自己「年當少旺」，不應「株守家鄉」，所以立志
奮發圖強往外闖。二、岳父原來也是生意人，且在 1877 年夏天開辦
了燒臘生意。三、余廣培在 1877 年初春經營麵包店，但卻遇上成本
驟升的問題，導致巨大虧損達千多元。四、禍不單行，他佔有一定
股份的和源號布店，同樣碰到「靛貴布賤」的成本驟升問題，加上舊
生意夥伴退股，同時在市場散播不利余廣培麵包生意的消息，令他
「腹背受敵」，境況不佳。五、決定將和源號改名為和泰號，繼續經
營，但市場競爭激烈，利潤微薄，仍怕難有發展。六、正計劃開辦
雜貨店，但尚未敲定落實，而這家籌劃中的雜貨店，即 1879 年草創
的仁生號，此乃日後的余仁生中藥店。七、妻子於 6 月 13 日誕下兒
子余東旋，母子平安。

　　由結婚不久便攜同妻室與胞弟下南洋，在檳城站穩腳跟後「參
股」親友的和源號布店，然後又自立門戶，開辦麵包店，意欲大展拳
腳，結果卻是兩者均令他鎩羽而歸，虧損甚為嚴重。雖則如此，生
意念頭看來不少而鬥志又十分頑強的余廣培，似乎沒有氣餒，而是
立即想到和友人合夥經營雜貨店，再戰商場，大有不獲全勝不收兵
的氣魄與毅力。

連番挫折中的掙扎求存

　　古典創業家理論其中一些重點，指創業家一般來自較窮苦的家庭，且多處於多重不利環境之中，例如低學歷、缺專業、受歧視、乏資本等等，移民背景更成為走上創業之路的較突出現象。其次，無數創業家的創業之路，總是充滿風險、崎嶇曲折，不少人嚐盡苦難與失敗，仍然鍥而不捨、不屈不撓地繼續奮鬥，最終才有機會登上成功寶座。余廣培創業之路的規律，顯然亦沒有擺脫這種窠臼，更不用說他到檳城這個完全陌生的地方，才不過一年時間而已。

　　當然，自 1876 年抵達後不斷摸索前進，到一年後余廣培已為人父，有了更大的家庭責任，生意上的發展卻未能如意，反而碰到連串失敗，這種局面難免令他有「自愧碌碌庸才，毫無善狀」之嘆。幸好，那股為了改善家族生活狀況，不忍父親年老仍需為生活奔波不斷，或者說是為了光宗耀祖的奮發圖強精神與鬥志，顯然並沒熄滅，所以驅使他時刻想方設法以尋求突破，而且不斷努力。應友人之邀籌辦雜貨店，則是面對連串失敗挫折時其中之一的綢繆。

　　再過一年後（1878 年）的農曆八月中秋，余廣培明顯因應岳父早前給他寫信，所以他作出回覆。在此信中，余廣培一來表示對岳父尋求財政資助的有心無力，二來亦流露對個人事業過去一年裏足不前的失落：

　　……生意之事，婿命值時乖，以至生意不前，亦因不佃（意思不明，可能是「不慎」），故有此失。本欲另尋別業，但本短難成，後蒙各友見愛，招婿入裕生僱工，每月工艮約有十元，雖非大

有振作，但君子守命聽天，亦暫為棲身之所⋯⋯日前接到家信，內云及大人家居困守，景況不堪，婿深為憂慮，但遠隔重洋，未能致慰，且婿亦遭時蹇，正是無力春風，惟有奈何之嘆而已，請見諒。但得稍有寸進，定然憂戚相聞，方成子婿之職⋯⋯並付回艮一十大元，祈以查收入，以作家用之資，倘有欠各友之資，祈寬限，將此艮留為薪水，是為至要⋯⋯不妨對家父說知，俾得安心，因他常有信，着婿寄艮與大人做家用等語⋯⋯

由此帶出的鮮明信息是，岳父生意發展不順，他自己的事業亦好不到哪裏去，可謂同樣「生意不前⋯⋯亦遭時蹇」，所以表達了「無力春風」的無奈之嘆。尤其值得指出的是，他本來打算「另尋別業」，但卻因沒有資本而放棄，最後朋友介紹下只好轉到「裕生」店做「僱工」，即是放棄從商，轉為打工，做個「打工仔」，月薪則為十元。他在信中尤其透露，每月租金三元，「其餘薪米等項亦要五元之多」，所以每月「難望有餘資」，生活條件明顯欠佳，內心鬱結可想而知。

或者是身為「打工仔」之故，而裕生在新加坡應該有業務，所以他大約在 1879 年時被派到新加坡工作。在那年「已八月中秋」寫給岳父的信中，便交代了這個重大變化。「⋯⋯現蒙各友見愛，在裕生僱工，雖無大振不遇，暫得枝棲，使妻子衣食有賴，安命待時。」之後在 1880 年（庚辰六月）的書信中，他以「今春仍在裕生僱工」為重點，顯示人生事業仍處低谷。

同年（1880 年）農曆六月廿三日，余廣培還寫了一封信給父母，談及更多家人關係與生意事宜，顯示那時的家族環境雖有不少

變化，但困難依然，而三弟余廣德雖到了南洋與他一起生活，但他的才智與行為，則令余廣培甚為頭痛。

> ……德弟現在店，藉賴平安，兒常加教訓，亦望其學習有成，不失兒手足相顧之義。但其品性極愚，有些惰志，毋論書寫算盤，銀水及買賣，隨機應變均不及人，況加以惰性，故難望其出人頭地，不過盡人事教訓，至於發財則在命運耳。今幸東人照顧，使其得所棲身，工銀多寡亦可知，每月出店亦有叁元左右，兒將來與其做會壹份，俾得積少成多，免似上數年之工艮，任他買生菓與及看戲，諸般無謂之事用去……和源股金，有些賬目未清，又要填還多少，是至時加拮据……欲明年春初與東人借過多少，以作盤費之用，帶媳婦與小孫回家，以慰高堂之望。至阿德或帶仝回家，或候再多一年，積有百餘金，然後旋家，成其親事……至晉弟欲來庇等語，俟兒留心，看有何合式（應是「適」筆誤），即去信通知，然後來嶼，免至先來久候，俟兒難做。或俟兒回家數月帶仝來嶼亦可。

由此可推斷如下數個重點：一、在余廣培陷於人生低潮期，四弟應該返回家鄉，反而三弟則來到南洋與他一起，並一同在裕生店工作。二、余廣培覺得三弟才智能力平庸而且懶惰，難望出人頭地，當然亦難望成為自己的助力。三、三弟工資每月只有三元，但過去卻亂花費，所以他以「做會」方式，限制其使用。四、他們承擔了和源號的一些債務，所以難有積蓄。五、打算在 1881 年攜同妻兒回鄉，惟旅費則計劃向老闆借貸。五、其父想四弟余廣晉重回檳城（此點反映余廣培生意失敗後，余廣晉返回鶴山），他亦同意，但認為不妨讓他於 1881 年回鄉後再帶四弟一同返回南洋。

　　以上兩封信寄出大約兩個月後的「八月廿八日」，因應工作的轉
變，余廣培又再致函其岳父，一來說明近況，二來告知收信地址的
安排，揭示由於工作地方轉變，通信地址亦已不同往日。所以，他
提醒岳父，日後寄信給他時，應「交省城長壽里安和打包店內陳俊軒
先生收啟，內寫家信」，並要求他把家信「加封」，然後請陳俊軒代
為「轉寄新埠裕生大寶號收入，轉交與余廣收啟」。同時，余廣培更
提醒「不可寫世榮，因愚行單名也」。即是說，轉到新加坡後的余廣
培，在店中不再用「余世榮」一名，而是改用「余廣」，此點可視作
余廣培人生進入另一賽道的印記。

　　正如上一章中提及，1880 年秋，余鶴松重修「風吹羅帶」祖墳，
並在墓碑上刻下「巽巳雙向，永遠勿改，此誌」的規定。翌年，余
廣培按前信所言，帶同妻子及幼子返鄉，並留下妻兒與父母一起在
鶴山生活，自己則攜同四弟重返南洋，繼續打拼事業。那時的落腳
點，當然還是新加坡的裕生店。在 1881 年（辛巳閏七月廿七日）寫
給父親的信函中，他報告了人生事業上開始出現變化的一些細節：

　　……晉弟現蒙東人看顧，准其在裕生學習，得以時常教訓，幸
　　喜他亦勤力任事，故東人亦無嫌氣（應是「棄」之筆誤），俟
　　其再學數月，兒必力荐他仝居壹店，一則兄弟易於照應，即使
　　工艮少些，亦勝別處……前數日，裕生隔鄰之廣貨店祥和號，
　　其店東姓崔名顯，係番禺員岡人，欲想明年請兒幫，每月願出
　　工金艮十五元，以三年為滿。初時數日，兒見其工價格外增高，
　　亦欲應允，後對蘇以和說及。他云不可，待予與裕生東人說知，
　　或可增多，不宜出店，倘不允增高，然後應他未遲。兒自思若
　　明年過舖，則東人決不復用兩弟，他二人自難尋僱工，之所則

得一失一，未見其佳。至前數日，東人古元卿力留，今年願加
多工艮，明年再增些等語。兒見舊東數年以來實主相得，況德
弟與晉弟亦蒙見用，即使工錢少些，亦勝他店。此事亦蒙蘇以
和力荐，東人力留，故今年方能加多數十元耳……兒自到嶼以
來，與蘇以和相交親同兄弟……兒回店以來，問及他山田之事，
伊云「近今廿年以來，家運衰頹，人丁微弱，雖欲安葬先人，
則錢財束手」。前數年，伊每欲返唐，請求吾父到伊處看山，
但未能遂願。昨兒有云及都司關禮堂，請吾父往天堂，惟必經
勒竹，[3] 故他欲求吾父到伊處，與其兄仝往看他祖山，倘有壞及
并（意思不明），求指點些少吉地，葬妥先人，倘伊處難尋吉地，
兒前聞吾父云，高要白士處，有吉地壹穴，惟自己嫌遠洩（應
是「涉」之筆誤），不能去安，現今無人欲買，況此地在遠處，
清明拜祖往返為難。兒欲與吾父商量，倘伊勸左右有地，則與
他尋壹穴，倘或難尋，則將予高要之地轉送與他……

　　在以上這封長信中，可以甚為清楚地看到余廣培既有心思縝
密的一面，亦有為人重情厚道的一面，當然亦有善於經營、辦事勤
快、能力出眾的特點。更為重要的是，他的人生事業，已經出現俗
語所謂「谷底反彈」的跡象了。余廣培在裕生工作，能吸引鄰舖老闆
垂青，出較高工資「挖角」，實乃善於經營、辦事勤快的最好證明；
而工資增加近五成，不但意味生活水平必可提升，同時反映日後會
有更大發揮，應可逐步走出低谷。對於人家的「挖角」，余廣培初時

3　日後，余鶴松按兒子要求前往該處看風水，並無意中聽到一跌打丸配方。具體情況，可
參考上一章的討論。

為之心動，但經過深入思考，尤其想到兩名胞弟日後的出路問題，以及原東家的恩情，乃作出了「一動不如一靜」的決定，這一決定不但反映他心思縝密，亦折射了重情重義的個性。蘇以和對余廣培有恩，他的家族碰到風水問題，余廣培乃請求父親助他一把，作為報答，實在又表現出知恩感恩與為人厚道的一面。

這裏順帶一提風水問題。雖然身在外地，但對家鄉的風水仍然牽掛，祖宗先人的陰宅，看來尤其觸動海外遊子的心。余廣培好友蘇以和的情況，恰是一個重要說明，當面對人生挫折、發展不順時，往往會把某些因素推到那些先天因素上。至於父親余鶴松在風水上擁有名氣，則成為余廣培與親朋戚友和生意夥伴強化聯繫的其中一個重要因素，情況就如醫生、律師等專業人士，在朋友圈子中總會受到歡迎，因他們能在某層面上提供支援協助之故。由此延伸的一個推斷是，無論闖蕩南洋，或是能與包括和源號、裕生號等老闆有深入交往，余鶴松「風水能量」的助力，應該不容忽略。

本來是雄心勃勃，新婚後攜同妻子、胞弟闖蕩南洋，以為可以有一番作為，光宗耀祖，但投入所有積蓄，經營多項生意均時不我與、虧損連連，甚至欠下債務，最終只能棄商打工，在別人的公司「暫為棲身」，藉此「守命待天」。在那個人生低谷時期，老父要繼續奔波為人看風水，岳父同樣境況困苦，需要他的協助，但他卻自身難保，無力他顧，那種巨大的身心壓力，可想而知。在替人打工的那段時期，由於他鬥志頑強，而且盡心盡力，終於贏得賞識，不久終可走出困境；在遇到機會時緊緊抓住，因而可為個人與家族書寫傳奇。

人 生 事 業 開 始 出 現 突 破

　　所謂「人有三衰六旺」，逐步走出人生低谷的余廣培，自1881年將妻子和年幼的兒子留在家鄉，自己「輕裝」重返南洋繼續打拼事業後，開始有了與前不同的際遇。一方面，殖民地政府為了加快當地的經濟發展，推出新政策，觸角敏銳的余廣培立即洞悉到機會所在，並且緊緊把握；另一方面，他又因為工作發生變化之故，遇上了生命中更能在事業上助他一把的女子，而他同樣緊緊抓住，兩者成為他人生和事業從此不再一樣的極重要因素。

　　先說那個令余廣培事業從此不再一樣的發展機會。近世紀以來，歐洲列強向全球擴張拓殖，其舉止並不是為了分享利益、輸出科技與教育，而是以不同方法侵略與掠奪，壯大自身國力。然而，受交通地理等天然環境制約，加上統治權力一時難以伸入到被殖民地方的各個角落，如何更好地攫取被殖民地方的利益，乃令其費煞思量。十九、二十世紀期間在南亞、東南亞及東亞引入「餉碼」（tax farming）制度，便是其中一個讓自己更有效地榨取利益的重要方法，而這個方法則成為余廣培取得事業突破的關鍵。

　　甚麼是餉碼？用今天的話說，是一種「專利經營」，即是統治者藉授與獲授權商人獨家經營或開發某種生意、資源、服務或行業的權利，讓他們按實際情況自行投資發展，自負盈虧，政府則可在不花費任何人力物力及腦筋的情況下，收取豐厚而穩定的稅收，同時可達至提升市場或企業的積極性，開發相關行業，既締造就業機會，又可推動經濟發展。即是說，餉碼其實是一種稅收承包制，目的是藉承包者的資本投入，加上刺激其積極性和主動性以開拓經濟

資源，同時又可穩定政府稅收（沈燕清，2013）。

當然，餉碼這種借力打力推動經濟發展的方法雖然由來已久（Johnson, 2003），先秦與漢初亦曾出現類似的方法，就算到晚清時期亦有相似安排（Li, 2003），但由歐洲人引入到東南亞一帶，則在十九世紀時較為流行起來。至於掌控了新加坡、馬六甲、檳城、雪蘭莪、霹靂、森美蘭、彭亨等大多數馬來半島土地的英國統治者，在那時推出了每三年投標一次、價高者得的餉碼政策，目的則是希望利用當地民間的力量，助其加快資源與疆土的開發。到底余廣培如何察覺這個發展機遇？之後又如何取得那個發展機會？他在那時寫給父母的信函裏披露了當中的關鍵。在一封相信寫於 1882 年年中的書信裏，余廣培提及他如何察覺餉碼機會、參與競投，以及成功中標的過程，當然還有若然經營成功的預期回報了。他這樣寫：

> ……兒自今（1882）春往大唄叻收賬，見其埠生意甚好，況初旺之埠，生意利息比新埠大勝，故至前六月又復往收賬，留心訪察後，聞其內埠與皇家承當餉、酒餉、賭餉，甚為好利，現此項之餉，係由地人承做，並將期滿，皇家出字開投，兒聞得，即與內埠各友商酌，欲承此餉，又蒙古五妹一力應承，願出本艮數若干，故兒於八月初旬入埠落票，至九月初八方回店。現內埠此三條餉項生意，係出裕生號余廣名字票得，要至十一月〇〇（看不清，可能是「下旬」），方能交貨，兒准十五日入埠，與紅毛皇家做合全，故近此數月多事，未暇修音回家。此項生意若成就，真乃祖宗有靈，將來三年期滿，或可獲數仟之資。現此項生意蒙古五妹過愛，舉兒司事，月中工艮均有數拾元，另有紅股份，待至章程定實，再信遂慰就是……

　　同年農曆十一月，他在信函中再次提及餉碼指「蒙東人照顧，承擔大唄叻之酒當餉，定期於本月廿二日受盆」。由是觀之，負責為老闆到處收賬的余廣培，在霹靂州時眼光銳利地看到該地生意較新加坡興旺的現象，進而指出「生意利息比新埠大勝」，而當時的「皇家」（即英國統治者）計劃招承新的「當餉、酒餉、賭餉」專利，他認為這些生意「甚為好利」，所以便「與內埠各友商酌」，參與競投，最後競投成功，由「裕生號余廣名字票得」，然後在同年年底簽訂協議，投入餉碼經營。在這項生意中，他不但工資大幅增加了，還有一定紅利，事業有了巨大發展，工作和責任亦從此同時增加了。當然，對於能夠順利投得餉碼，他特別強調，「此項生意若成就，真乃祖宗有靈」，讓人看到他內心深處那份祖宗崇拜與信仰。

　　開始參與經營餉碼的同時，余廣培的人生亦同步發生重大變化，主要是他於 1881 年重返南洋生活時，其實已是單身寡人，因此結識了一位名叫文煥章的峇峇女子（即華人僑民與馬來人通婚後所生的後裔）。而文煥章不但能說本地馬來話，又能操中英語（Sharp,2009；鍾寶賢，2010），這對余廣培經營餉碼不時要與英國殖民地統治者和本地馬來人打交道無疑有很大幫助，所以他便納文煥章為妾，視之為發展事業的左右手。

　　在一封相信寫於 1882 年初的信函中，他這樣解釋這段情緣：「舊歲冬（即 1881 年底），一時矇昧，在庇（即檳城）立有一妾，罪過難逃，惟望雙親原情寬宥。」為甚麼尚未取得父母及元配夫人同意便再娶？他有如下說明：「兒年輕識少，遠別家鄉，在初時亦作為〇（看不清，可能是「引」）路人」，並指「妾立念未思及家中父母妻兒」。接着，他還指責自己「過無可辭，難免妻子怨恨」。為此，他

希望母親可幫他與妻子「調停教訓」。

　　在那個帝制年代，千里之外的余廣培，在沒有取得父母與元配夫人同意下納妾，雖然於禮不合，但總會讓人覺得「情有可原」。事實上，余廣培納妾背後，顯然亦有「協助個人發展事業」之慮，而日後又確實證明文煥章乃一位很有才能的奇女子，不但生意經營上頭頭是道，語言與社交上顯然亦給予余廣培很大助力，更不用說心靈與精神上的多方面支持和配合，令余廣培在接下來打拼事業的日子裏或路途上不再孤單。

　　雖然自己的人生和事業出現重大突破，工作擔子尤重，但兩名胞弟那時的舉止或工作，卻又令他心煩困擾。原本，他只提及三弟的才智與行為，但自 1882 年起，他指責四弟余廣晉同樣有問題，令他分神和擔憂。在一封寫於壬午六月初（1882 年 7 月左右）的信函中，余廣培指余廣晉重回南洋後在裕生號任事，學習做生意，但他卻嫌工作辛苦，在余廣培到霹靂州出差期間「私自告辭出店」。為此，作為兄弟的他之後乃「多方籌策，荐往大唄叻（即霹靂）友人處顧工」。可是，余廣晉仍是桀敖不馴，連早前買給他的衣服，似乎亦因「手緊」拿去當了，「衣物當盡」，令余廣培相當困擾。

　　另一方面，余廣德的行為問題亦甚為嚴重，所以余廣培在 1882 年寫給父母的信函中批評尤重：

　　德弟仍留在裕生僱工，惟近此一二月，兒出外居多，他聽人惑亂，有往花林飲酒數夜，兒得知亦經面責其非，並知其用去艮數十元。兒經囑古五叔不可支艮與他使用，要留來供會，因舊

歲年晚兒與其做十元會壹份，月月將工艮供養此舊事，或欲執此會，得艮百元做此股，仆差無人管理，任其橫行，定難成器也。祈便中寫信責他，自後均勿復往，恐東人嫌疑，至工亦無傭也……

綜合這些信函可以粗略看到，自 1881 年起，余廣培的人生與事業出現了重大變化，但他的兩位胞弟雖然同樣在裕生號工作，但卻沒有相同的柳暗花明經歷。相對於自己全力打拼事業，兩位胞弟不是「往花林飲酒數夜」，便是嫌工作辛苦而「私自告辭出店」，而他們對事業發展與金錢運用的思考與追求亦大相逕庭。於是，我們个難看到，三兄弟之間的事業道路，從此開始出現明顯的不同。

進入小康家族的置業買屋

在資本主義社會，民間順口溜常有「金錢並非萬能，但沒有金錢則萬萬不能」的說法。對個人或家族而言，金錢或者學術點說──經濟基礎──乃事物發展的核心條件，所以自余廣培在事業上取得突破，家族逐漸富起來後，他乃同時增加給父母家鄉的匯款，目的自然是供奉父母、養妻活兒，讓他們可以擺脫貧窮，然後是買屋置業，改善家人生活環境。

由於家族與故鄉情懷強烈，海外華人總是視旅居地為臨時居所，家鄉桑梓才是落葉歸根之地，所以常把工作和投資的大部分收入匯寄回鄉，供奉父母，撫養妻兒，再有盈餘則會買田買屋，作更長遠的規劃打算。事業取得突破的余廣培，那時將大部分收

入匯寄回鄉的舉動，明顯乃屬海外華人時刻以家族故鄉為念的真實寫照。

先說余廣培投得霹靂州餉碼之後的事業發展。綜合各方資料顯示，他在取得專利權的稅田之內——即劃作經營餉碼經濟作業的區域，乃如一般餉碼經營者般，一方面開採錫礦，另一方面經營當、酒、賭等生意，因而大舉招聘勞工，主力則是華人勞工。但他走多一步，在稅田區域內，針對華人勞工的各種要求，經營雜貨生意，此即 1878 年籌劃，到翌年開業的仁生店。由於這一生意頗為切合華工需要，生意甚旺，而此生意又不用向殖民地政府繳納專利稅，所以反而成為最大的收入來源，餉碼則因要向政府支付高昂專利稅而變成雞肋，無利可圖。

結果，在霹靂州的整段專利經營期內，儘管餉碼收入平平無奇，尤其錫米價格那時處於低位，令利潤不算豐厚，但仁生店生意的「暗渡陳倉」，則令裕生號和余廣培得嚐甜頭（Sharp, 2009; 鍾寶賢，2010）。由此帶出的核心問題是，余廣培在生意經營上，實在有其獨具慧眼之處，看到別人看不到的地方，或者說能找出某些發展層面的機會，這解釋為甚麼他在「落標」時願意多付稅金，擊敗對手，然後可以突圍而出。

有了不錯收入的余廣培，並沒吝嗇手中財富、獨享成果，而是一如無數海外華工般，將大部分收入匯寄回鄉，支持當地親人的生活。自 1882 年起，余廣培在信函中曾多次提及匯款，數目更明顯呈現日漸增加的趨勢，與 1881 年之前有時每次匯款只有數元或數十元相比，實在相去甚遠。其時，匯款的數目已大幅增加至

數十元、數百元，甚至過千元；款項的用途亦由過去用作生活費或償還債務，擴大至買屋、聘用（買）妹仔，或給胞弟娶妻時作聘禮等等。

　　就以買屋為例，在 1885 年底寫給父親的信函中，他曾這樣提及：「至於買屋一節，如有合式（應是「適」的筆誤），着不妨看，合與他商價，如妥當，則先言明：打限三五月，然後交易。至好尋觀音堂舖左右，有六七個房間、三兩個廳，天井各樣周全⋯⋯」即是說，自那個時期開始，他們已因應自身經濟條件改善，開始構思購買房屋，並着手尋覓，藉此提升生活水平。在同年的另一封信函中，余廣培又再提及買屋的進展、思考與具體安排：

> ⋯⋯茲值陳灼基翁旋唐，順付回艮式佰元，本欲如示寄足五佰元，因刻下艮緊，且公司亦存艮有限，故先付式佰元，隨後壹月半月俟有艮到手即再付三佰元便是。出手買屋之事，必須隨時查察，如有合式者，即走音示知，因刻下之屋係租的，倘晉弟完娶之後，定不足用耳⋯⋯吾父切不宜落鄉遠出，以當跋涉之苦，只可在家閒養，使遊子免夢寐不安，家中使用，兒每年亦有付轉，如不敷用，則付信〇取，亦可免奔走之難耳。

　　不難發現的是，一方面，他匯給父母的款項多達二百元，但原來他答應的數目高達五百元，可見手上的資金已日見充裕。另一方面，他又提及要密切留意買屋之事，尤其指出「刻下之屋係租的」，在胞弟結婚後必然「不夠住」的問題，反映他那時覺得置業十分重要。更加不容忽視的是，由於他對自己的經濟能力有信心，所以勸其父「切不宜落鄉遠出，以當跋涉之苦，只可在家閒養」，更補充說

「如不敷用，則付信○取」，充分表現了作為兒子的一份孝心，以及在經濟條件改善下對家族開支的勇於承擔。

在接着的一年多時間裏，他尤其在置業買屋方面花了不少筆墨與財力。在 1886 年農曆八月三十日的信函中，更有具體說明：

> 月前得接七月廿四日來示，領悉壹切，知已買就香街陳廊式姓之屋，欲本年修整進伙，此正機會偶逢，兒不勝欣幸之至，並着匯艮返家以為修屋置枱椅遷居之用理宜籌足式仟元付返。只因速難湊足，故即先匯晉泰，交港友珍茶葉店，轉交泗利收艮壹仟元……俟來月或十月再行籌算，倘可抽出即再付返壹仟元……但云屋左林氏之業，亦祈留意，倘可到手，即速信示知，以得籌辦艮兩付回，俗云：「千金難買相連地也。」倘修屋與置業，艮錢不足，祈暫與好友轉移，俟兒匯到，然後還回，以免措手不及。如有合意之地，祈父親着奪，倘能移備，亦祈買就為高。至刻下楊同叔之屋，懇他相讓如何相就，先訂實價艮，交定之後，限明年三月交易，待兒打算艮錢回家，自然買就，因此屋乃吾家住後暫見勝意，即使多壹佰幾拾，亦無甚相干，倘出租與人亦易收租也，至緊與同叔商酌……

此段文字可以讓人看到如下多個特點：一、余廣培對於購入「相連地」感到高興，背後揭示了大家族居住在同一屋簷下的追求。二、相信財力已豐，所以一來寄了一千元回家鄉，主要用於裝修、添置傢俬和搬遷新居等事宜，更開始流露出俗語所謂「財大氣粗」的口氣，對買屋要「使多壹佰幾拾」亦表示「無甚相干」。三、看來甚為重視運氣風水問題，所以特別強調該屋「住後暫見勝意」，揭示他的

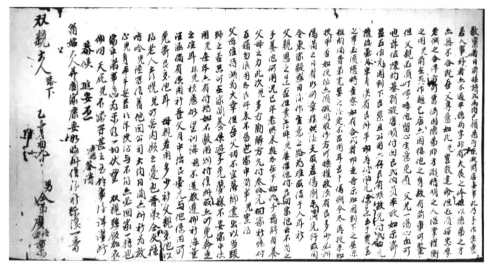

余廣培聯同胞弟余廣晉給父母的書信

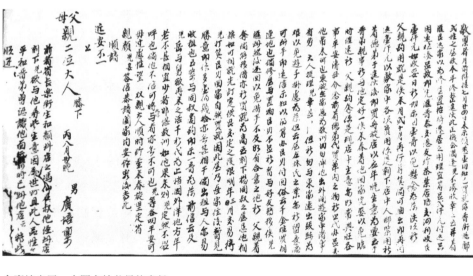

余廣培自己一人署名給父母的書信

唯心思想濃厚。四、他提出「先下訂，後成交」的方法，表示可以「先訂實價艮，交定之後，限明年三月交易」，帶有現代社會物業「摩貨買賣」（confirmor sale，即持貨買賣）、爭取較長交易期等色彩。可以十分肯定地說，自從事業發展向好、收入大增之後，余廣培時刻以父母家族為念，把大部分收入匯寄回鄉，相信因此大大改善了家族親人的生活水平。

雖然個人事業日見上揚，為改善家族生活耗盡心力，但兩位胞弟似乎仍令他大傷腦筋，因為他們的行為舉止讓他大失所望。他在寫給父母的信函中亦經常提及，流露了不滿和憂慮。對於三弟余廣德，他在 1884 年的信函中指：「細思其行為，不獨不能與人僱工，即便有本營生（意），亦難保不敗。」又指他在裕生行打工時「弊端不可勝言，店中事務全不關心，又且詐稱出街收賬，日中亦往娼寮，每夜至九點鐘即去遊蕩日辰不眠」。

從字裏行間看，那時的余廣德應該不再留在南洋，而是返回家鄉鶴山了。可是，就算回到鶴山，或者留在父母身邊，他的行為仍沒太大改變。其父或者因此為他的出路絞盡腦汁，其中一個方法是讓他習醫，認為這樣能夠讓他有一技傍身；另一個方法是讓他自立門戶做生意，以為這樣他便能自食其力。然而，這些建議都被余廣培「潑冷水」。首先，對於父親打算讓余廣德學醫的建議，他在 1884 年底的回信中曾這樣說：

> 德弟學醫道，但恐非其人難以上手……因他品性庸愚，恐難精通，亦誤人耳。兒本欲使他棧南洋，因他前在檳嶼行為太過，又見雙親年邁，家中無人照料，況兒與晉弟亦遠離膝下，故俟

亞德在家，以得時加定省，兒心頗安。倘兒生意順遂，則他在家閒食，亦所費有限耳。

至於讓余廣德下海經商的建議，余廣培在 1885 年的回信中亦持反對態度，但表示若然父親堅持，他亦不便反對，但提醒應選擇忠厚老誠的夥伴作為其輔弼。他這樣寫：

……所示做帽店壹事，此乃手作生意，若人事好者，亦不過平穩兩字，非有大展之體。但以德弟之才，亦無不合，既吾父專意如此，兒豈敢違命。但必須擇忠厚老誠之合伴，方可靠倚，因德弟非才識精明之人，堪掌權衡之用。兒前在嶼作麵包店，亦因棲他之身，故有前車可鑒。但父親必須叮囑他留心生意，免負父兄一場心血可也……

對於四弟余廣晉，他的看法略有不同，覺得可能因尚未成家立室而「未定性」，所以早在 1882 年寫給父母的信函中已提出，要為余廣晉覓得好人家的女兒，為他完婚。可惜，家人看來卻一直未能為他完婚，他的行為似乎亦愈見偏差。例如在 1884 年的信函中，余廣培提到：

晉弟……今歲在務邊（Gopeng），再羞愧之事，是騙脫人錢財，他竟敢做這至無銀還人私走出檳嶼，又欲做娼寮生意，將父兄體面全然不顧。後至兒重責他一番，竟若罔聞者，真如啞老食黃蓮也。

在 1885 年的信函中，余廣培對四弟的進一步批評是：

……晉弟自當留心教訓，但此子性多狼戾，不聽父兄教導，任意亂為，現他在檳嶼欲往別處尋路，不願跟隨兄長。昨有信來云「世情不甚」，但未曉他作何生意也。如傭期滿日看他行止若何，倘聽教訓，則帶他回家完娶……今歲與他填還數目，不下二百元之多……兒所賺工艮，每年數佰，除寄回家用與他填賬，所存有限……

儘管余廣培對兩位胞弟批評甚重，但明顯還是出於「恨鐵不成鋼」的心情，他亦同時表現出對他們的照顧。例如，覺得余廣德「在家閒食，亦所費有限」，對余廣晉更「與他填還數目，不下二百元之多」。對他們日後的事業仍然甚為關心，例如在 1886 年的信函中，余廣培曾表示：「刻下人腳緊用，祈着德弟於進伙後，即買舟旋店，以年晚生意為要。至於晉弟，親事祈與他定好，一俟來春，着他回家完娶，以免臨時催速（應是「促」的筆誤）。」

可以清晰地看到，自 1881 年以後，事業開始順遂的余廣培，工作日見繁忙，收入亦大幅增加。他一方面將大部分收入放在改善家人生活之上，另一方面仍很關心兩名胞弟 —— 那怕兩名胞弟時常犯錯，不但未能作為他發展事業的助力，反而給他帶來不少負累或麻煩，但他仍不離不棄，對他們照料有加，實在相當難得。

父親與本人先後去世的衝擊

世事發展總有難以預料的一面。全心全力打拼事業的余廣培，在初步取得一些成就，不惜花費大部分收入於買屋置業以改善家人

生活，尤其讓年老的父母可安享晚年之時，其父余鶴松卻在那個時刻走到了人生盡頭，於 1886 年底溘然長逝。此一變故，雖然令余廣培等一眾家人傷心不已，但基本上沒有影響家族內部關係，例如導致分家析產、兄弟反目等問題；因為家族當時並沒有太多財富，生意亦剛起步，加上余廣培是長子，有足夠權威與能力維持大局與團結。

從信函資料上看，余鶴松去世後，由於並未找到合適的風水墓穴，家人沒有立即為他舉行風光大葬，只是作了臨時存放安排，相信一直等到 1890 年左右，才最終敲定卜葬於筲箕崗（參考下文討論）。惟令家族備受衝擊的，是余鶴松入土為安不久，余廣培卻突然染病不起，並於 1890 年去世，其時他只有三十七歲。這一巨變，為剛剛崛起的家族和生意帶來沉重打擊。

到底在余鶴松與余廣培父子先後去世期間，家族和生意的變化有何特殊之處？家族最終又如何克服這個重大危機？以上這些問題，需從 1885 年完成第一次餉碼生意後的發展說起。如前所述，第一次霹靂州餉碼的初試啼聲，令余廣培的才華和眼光得到驗證，於是他再接再勵，並同樣得償所願。在 1885 年（乙酉）寫給父母的信中，他提及參與餉碼競投的情況，並透露自己亦有一些股份：「至於碼期，今冬再投，未知投中否。如投得，亦須做回股份，方可操權，故須有艮多少在。」即是說，他已不再純粹是「打工仔」。前文提及經營雜貨的仁生店，余廣培其實也是股東之一，所以他已經再次成為老闆了。

確定取得 1885 至 1888 年的餉碼專利後，余廣培於 1886 年應該

曾回鄉一趟，可能是探望年老病重的父親。同年，余鶴松去世，他
在悲傷中辦好喪事後，乃將心力投入到餉碼生意中。與上次營運相
若，無論在開礦採錫，或是經營當押、煙酒、雜貨，基本上還是維
持着「拉上補下」的格局。到完成第二次餉碼生意後，余廣培再下一
城，拿得了 1888 至 1891 年的專利，手法當然還是盡量提高競投金
額，再藉雜貨等其他生意支持業務發展，維持整體利潤。

　　一如不少生意經營般，過程總是難以一帆風順，不時會碰到一
些阻滯與困難。例如在 1889 年（己丑三月十八日）的信函中，他提
及「客歲店中因火災一事，生理亦平常，餉偈（即「碼」，下同）生
意初做，各事未定，故刻下未能返家」，揭示在 1888 年底，店舖曾
招祝融，而當時剛進入第三次餉碼專利經營期（「生意初做」），所
以「各事未定」。

　　大約一個月後（己丑四月初十）的信函中，余廣培提及店舖再
遇火災，這次更說到火災造成的損失：

**本月初八晚，務邊又遭回祿，當偈、〇偈均被燒去，幸失艮有限，
不過一二千元耳，仁生幸無事，此皆天數，得失有定耳，兒之
舖已被燒去四間，此乃茅舖，每間均百餘元。**

　　從「舖已被燒去四間」的說法看，應是兩次火災的合計；而從
他指「失艮有限」的角度看，他並不覺得事態嚴重，但那句「此皆天
數，得失有定耳」，則既讓人察覺他唯心思想頗強，尤其可能預測那
年的生意會有波折。具體地說，他覺得生意尚未到真正「結賬埋單」
之時，仍待進一步發展與觀察。他這樣寫：「本年（1889 年）店中生

意亦未見如何，大約錫價平些，決無上年之多賟（應是「賺」之別字），但必須候至秋冬之後，方能定奪也。」

生意經營雖不易，但仍要繼續，家鄉的事務又讓他不無牽掛。其一是其父去世後一直未正式安葬，其二是胞弟及家中各種事務。先說後者，這可具體地反映在三個層面上。第一點是四弟余廣晉完婚的問題，早在 1882 年，他已提及要讓弟弟成家立室，到其父去世後，在「長兄當父」的年代，他明顯更覺責無旁貸，所以在 1887 年（丁亥二月初八）寫給母親（並特別注明「德弟台收看可也」）的信函中再次提出此事，指「若能抽身，定全晉弟一齊返家，與他完娶」，關顧照料幼弟之情，顯見筆墨，並指各種安排（可能是嫁娶儀式等）「須照信而行」，甚為決斷。

第二點是家中應有婆媳妯娌爭鬧的問題。在 1887 年的信函中，余廣培向母親要求，將「家中諸事，示知為要」，暗示家中應是出現不少糾紛。又說「若有合意妹仔，祈覓一名，供母親使喚，以免老人○○」，暗示其母或者不能使喚媳婦。接着在 1889 年的信函中，尤其指出「惟家中各事，全賴母親主持教訓眾媳，勿使嘈鬧為重。古語云：『家和萬事興』，望母親將兒言說與他等得知可也」，揭示家族內部婆媳妯娌之間，應該甚有矛盾。

第三點是家中財政經濟混亂不清的問題。余廣培把大部分收入匯寄回家，數年間「有萬餘元」── 在那個年代實乃十分巨大的數目，但他卻遭人「追債」，令他對家中財政狀況甚為疑惑。他在 1889 年的信函中寫道：

日前，接到泗利及黃文興之信，均云尚欠他艮數佰之多，兒不勝愧甚，但自父親在日，付回買屋至今，共付來有萬餘元，僅買得屋一間耳，餘均無所存，未知三弟在家如何○○，祈母略示……兒付往之艮，貯在泗利開支一艮部，必須母親經手支取，別人不能，方為上策全要。

回到其父親在去世多年後一直未能安葬的問題，主要應是他們希望尋得好風水的墓穴，但看來卻總是難如理想。在 1889 年（己丑三月十八）的信函中，余廣培曾這樣寫：

兒所慮者，父親未安葬耳，茲喚楊同叔回唐，欲設法買沙貝遊魚林慈田世伯之地，未知可能到手否。倘能如願，祈母親即信示知，俾出打厚艮付返。若係合○，選擇吉日，通知定必抽身回家，以妥此大事，如用盡人事而求不得此地者，在兒愚見，就用筲箕崗之地先葬妥為○，迨後再有大地（可能是「吉地」之筆誤），然後遷葬便是。兒見若此，未知母親之意合否，但該如何，祈示覆為要……如用筲箕崗之地合適，擇定吉日並通知兒，定必回家以妥此事。

就連余廣晉亦在信函中曾提及亡父遲遲未能安葬的問題。在1889 年（六月十五日）寫給母親的信函中，余廣晉說兄長余廣培曾寄二十六元回鄉，他亦寄二十六元，並提到早前已寄了家書，提出「回家尋買先父山地一節，並查先父生時，所尋落各處之山地，有無合向否」的問題，但一直未見回覆。由此可見，家族應是一直在尋覓風水寶地，以妥葬其父。信末，余廣晉補充指「二兄或於年尾回來一轉也未定」。

敬稟者前三月楊桐叔回家由　大兄手交銀此佚男

手交銀此佚共列佚着帶返之壶　母親收用想必早已

收妥集弁混桐叔四家尋買　先父山地一節并應

說父生時所導茂各電之山地有無合向含之个未

見音信　示復男等甚為遠念現此先云要僕十月

左右尸州根于元之請付回家支用可、男弟等在

外均報平安舖中生意如常追想　母親各天、嫂

人等均台康泰遠望　母親時當教訓男凶人孝順

為懷和合嫂姆是、現年舖中影伴人少事務紛

繁是以男先等均不暇抽身回家為此順達并请

　魏安

　　再者　兄或惟年尾四來一路宗生还着東誼娃勤力攻書可也

母親大人膝下

己酉十五日　男廣晉叩稟

余廣晉給母親的家書

綜合各種資料，由於覺得一再拖延安葬之事並非妥當之法，到了 1890 年初，家人最終支持余廣培的看法，讓余鶴松遺骨卜葬於筲箕崗，算是完成了家族的一個心願。另一方面，由於胞弟余廣晉一直尚未成家，余廣培顯然藉着那次回鄉為他完婚，所以那次返鄉之旅，余廣晉亦一併同行。換言之，在 1890 年，余廣培不但完成安葬亡父的心願，亦為余廣晉成家立室，[4] 算是處理了家族內部兩個令他困擾的問題。然後他於 1890 年 4 月間獨自重回南洋（Sharp, 2009），繼續打拼事業，余廣晉則因新婚之故留在鶴山。

進一步資料顯示，在余廣培心目中，父親安葬和胞弟完婚二事雖然得以解決，但生意上的問題卻不容易處理，他早前採取「以本傷人」搶高競投價「奪標」的方式，畢竟並非良策，因為這頂多只屬「殺敵一千，自損八百」的自毀長城式策略，尤其當本身並無雄厚資本，便很容易在營商環境稍有轉變時陷於財政虧損泥沼。事實亦是如此，在 1890 年間，他明顯因為經營條件變化而大傷腦筋，甚至出現投標金額過高、積累欠債過大的問題，面對着巨大壓力。

為此，由鶴山回檳城後，他常常奔走於英國殖民政府不同部門之間，爭取減輕稅金；在某次奔波周旋的路途上更不幸染上急病，並且一病不起，英年早逝。對於這個突如其來的巨大打擊，一直在

4　有關余廣晉的年齡，坊間說法不一，有指他生於 1863 年，即與余廣培相差十歲；1876 年和胞兄一同闖南洋時只有十三歲。按此推算，1890 年結婚時，他已二十七歲，年紀不輕了，這可以解釋為何余廣培一直希望為他完婚。

余廣培身邊的文煥章，在一封相信寫於 1890 年農曆五月廿六日，寄給家婆的信函中有如下筆墨：

> 奶奶膝下：
>
> 大少自四月廿二到埠，即往公○衙講減傌銀事，每月講得減傌銀八千元。大少返埠時，面身起有紅癩之般，即請先生醫治，值洋人醫生端天到坐，說是酒濕毒，即拈藥來調治。過三日，滿身盡起黃水瘡，再請唐人先生醫治，亦不見效。臥病十餘日不能起，至五月廿四日午時身故。（臨終）先（前）七日，大少自知病難愈，已將生意家業盡掛沙與庶媳，上衙門事掛沙與紅毛人孖吉，[5] 生意事交與崔同卿管理。至大少各事亦囑咐清楚，生意依舊一樣做，無庸遠慮。

　　由此帶出如下三個重大信息：一、由於為餉碼一事在殖民地政府部門間奔走，余廣培在路途上染了惡疾，雖延請中西醫生診治，卻藥石無靈，最終於 1890 年（農曆）「五月廿四日午時身故」。二、他臨終前留下三個重要指示：生意家業由文煥章全權處理，與政府打交道由洋人孖吉負責，生意（經營）方面交朋友崔同卿管理。三、余廣培對各事的安排與囑咐十分清楚，所以文煥章相信，生意可繼續運作，家人不必擔心。

5　　這裏提及的「掛沙」一詞，可能是當地土話，或者是馬來文的音譯。語句上看，應是「授權」處理之意。

在其他信函中，文煥章還提及，余廣培當下的生意已不只餉碼、錫礦及雜貨，還擴張至「戲台」的娛樂業，即是已逐步走向多元化了。而戲台的生意，相信一如早前經營餉碼時憑雜貨異軍突起般，目的是要創造更多來源的收入。可是，這個本來正在不斷擴張發展的勢頭，卻因余廣培突然去世出現了嚴重問題，因那時其獨子余東旋只有十三歲，且人在鶴山。

更確切點說，余廣培無論才幹、品格、性情、待人接物等，均十分突出，生意經營、遊走各方等同樣表現出過人之處。像他這樣鶴立雞群的人物，若然不是英年早逝，必然更能發光發熱，帶領家族和生意走向更高台階。然而，即如俗語所云：「人算不如天算。」個人的努力和意志，始終無法抗拒或扭轉那些人力以外的因素，這恰恰正是我們常把「一命二運三風水」掛在口邊的原因。

眾所周知的是，余廣培的死，令家族和生意危機驟起。因為一方面余廣培「仔細老婆嫩」，而且有兩個妻子，一人在鶴山，一人在南洋，但生意則集中於南洋；另一方面，他有兩個胞弟，二人又曾和他一併闖蕩南洋，在華人社會圈子內，畢竟有一定身份和關係。更為關鍵的是，余廣培生前經營的生意，既需要與殖民地政府周旋，又要應對生意夥伴，同時還要管理背景各有不同的勞工，實在不容一刻掉以輕心。可見余廣培突然去世後的家族與生意，其實出現了外弛內張、暗湧處處的局面，稍有一點應對上的差池，必然激發矛盾和爭奪，令家族和生意全面崩潰。

結　語

　　身為著名風水師的兒子，家族先人又曾下葬在「風吹羅帶」的風水寶地之中，而墓穴在重修後又甚為巧合地令余廣培事業出現重大轉機，余廣培對此更為相信應該不難理解。日後，在生意道路上，每遇起落波折，他總是常常提及「祖宗有靈」，並相信「天數」的問題，揭示他的唯心思想甚為強烈。回到第一章中提及一個甚為唯心與弔詭的問題，不少著名風水師其實都如劉伯溫般，極不願意子孫繼承衣缽，尤其擔憂個人「洩露天機」後禍及後代。余廣培突然染病，英年早逝，難免讓人聯想是否因為其父「洩露天機」而禍及子孫。大約三年後，余廣培的妾侍文煥章亦英年早逝；再過十四年，余鶴松四子余廣晉亦不明不白地去世，其時只有四十一歲；就算是大約八十年後，其中一名曾孫余經緯，亦同樣突然染病，英年早逝，其他家族成員享壽不長者亦甚多（見本書各章）。

　　撇開唯心之說不談，一個毋庸置疑的事實是：余廣培於 1890 年突然去世，令家族與生意危機驟起。在這個關鍵時刻，若果沒有一個權威領導穩定大局，必然會四分五裂，幾經辛苦才發展起來的一點事業也會被摧毀。但是，我們知道，余東旋日後富甲一方，余仁生的品牌更名揚天下。那麼，到底是哪位人物能有這種領導權威，力挽狂瀾於既倒？這位人物有何過人之處，其遭遇又有哪些波折？有關這些問題，且待下一章見分曉。

第四章
指揮大局
文煥章

無論是政治、經濟、社會，亦無論是過去或現在，女性的地位與角色總是常被忽略和低估；就算是在家族或家族企業之中，亦有同樣問題。即是說，吸引社會目光的舞台（前台）是男性的，女性只能站在幕後（後台）。究其原因，自然是父權社會下一切以男性為中心，並由其全面主導之故，女性則被視作「第二性」（Beaviour, 1992），不但只能事事聽命於男性，地位低男性一等，在各種事務或層面上所扮演的角色，亦未受到重視。

雖然如此，但這並不表示她們沒有在不同崗位與層面上發揮關鍵作用，女性在家族和家族企業中的位置，更是尤其吃重。在某種情況遇到合適機會下，女性其實可以走上前台，扮演指點江山、支撐大局的角色。惟不得不承認的現實是，她們能有此機會的原因，往往是因為沒有合適的男性可以挑選，所以總會讓人覺得，女性的吃重角色，其實帶有「臨時性」、「過渡性」或「後補性」的色彩──儘管她們在前台扮演領導角色時其實表現突出。余廣培庶妻（即妾侍）文煥章，恰恰是這樣的一個好例子。

臨 危 受 命 的 穩 定 大 局

正如上一章中提及，事業剛剛踏上發展道路，年紀只有三十七歲的余廣培，在 1890 年突染急病去世，此一噩耗明顯將包括文煥章在內的家人、生意夥伴，甚至職工、朋友等殺個措手不及，亦為名下各項生意帶來了巨大風險。可以想像，在那個極為關鍵的時刻，

家族及家族生意的內部與外部均充滿變數和挑戰。且不要說家族內部的矛盾問題，只集中於生意層面上：早前因為一心要贏得餉碼專利，乃不斷推高競投價格，當營商環境稍見低迷，各項生意即陷於困境。另一方面，由於走出人生低谷不久，在急於求成心態的驅使下，難免會左右開弓，貪勝不知輸，因此便呈現了火頭點得太多、戰線拉得太長的問題。即是說，各種發展過程中常會出現的問題，當作為「火車頭」的帶領者突然倒下，或者說停止運作時，環環緊扣但本來應可藉着不斷前進與發展而化解的問題，自然很容易會同時爆發出來。

　　就在這個極為關鍵的時刻，身為一介女流，甚至被認為乃妾侍身份的文煥章，明顯因為才幹能力與可信賴等因素，獲得余廣培臨終「託孤」。此外還有一名洋人（孖吉）[1] 與一位生意朋友或夥伴（崔同卿）同被委以重任，而余廣培兩位胞弟 —— 一人當時身在鶴山，一人應在南洋 [2] —— 反被排除在外。這應與余廣培一直覺得兩人無論才幹、品格與為人均並不理想有關，而從余廣培連洋人也能延為己用這一點看，反映他實在有唯才是用的過人眼光與胸懷。即是說，當知悉自己日子無多時，眼光銳利且深懂用人之道的余廣培，給文煥章、孖吉和崔同卿作出了全面授權，由他們負責各項生意與財產，文煥章更一躍成為危急關頭指揮大局的領軍人。事實上，余廣

1　　另一說是「端馬結」，應是 A.G. Markie，他是一家名為 Straits Trading Company 的公司的僱員（Koh, 2000: 30; Sharp, 2009）。

2　　在余廣培的信函中，他直稱兩位胞弟的名字，但在文煥章的信函中，則稱呼余廣培的兩名胞弟：余廣德為三叔或三少爺，余廣晉為四叔或四少爺，但卻沒有二叔和二少爺，估計余廣培應有一名二弟，惟他可能早夭。

培母親及元配身在鶴山，又一直沒有參與生意營運，當然不能挑戰文煥章的領導地位了。

到底文煥章在丈夫去世後有何突出表現呢？先看她處理余廣培的後事問題。對不少人而言，碰上突如其來的災難或危機時，總會束手無策，完全不知如何是好。文煥章顯然能在傷痛之時保持冷靜，其中對於如何安排丈夫的後事一項，便讓人看到她有條不紊的一面。從余廣培去世後她寄出的首批信函中，[3] 我們可以看到她在不同層面上的安排。

首先，文煥章先修書向余廣培母親及元配報告噩耗，重點交代余廣培的死訊及臨終囑託（詳見上一章）。與此同時，她亦提及余廣培死後的家用支持與後事安排，安定家中老少的心，化解後顧之憂：

> ……至府上使用，必寄足回家。今起一小庄，停柩在園之右。俟做滿碼，庶媳乃運柩回家，且人之修短有數，大限難逃，奶奶、大少奶切不可過於悲哀，要保重玉體為緊。至於四少（即余廣晉）與東旋可侍奉奶奶左右，切不可叫他二人來埠。若此二人來埠，亦無補於事，更使庶媳憂心無人料理家事。今付歸銀五百元，將些做七旬用，餘做家用。其七旬各事交與大少奶

3　值得注意的是，余廣培的信函相信出自他本人的手筆，日子、人名、事件等較為清楚。但文煥章及家婆（余門梁氏）的信函，則相信是出自代筆人之手，而代筆人則不同時間有所不同，很多時只簡單寫下月份或日子，沒有年份，所以容易出現年份難辨的問題。人名亦時有同音錯字的問題，更不用說字體常有不同了，當中的錯別字不少，許多筆墨尤其難以辨別，令分析甚為困難，當中亦難免會有錯處。

管理，家中大少事，要奶奶做主持，現擬七旬在埠仁生舖後，
請僧打齋三日三夜超昇大少，俟十月，再付艮式百元為家中過
年使用。近日埠上冷淡，賺（即現今的「賺」）錢甚難，非同
上日可比，家中使用要慳儉為上，至於奶奶身邊使用飲食穿着
切不可慳……

　　另一封沒有日期，但看來在稍後的日子寄出的信函中，文煥章
再作出如何安排後事的進一步說明：

再稟者：大少臨終時，囑咐庶媳切不可回家，要管理各生意事
務為要，俟生意做停妥，稍可揪（應是「抽」的筆誤）閒，庶
媳乃親運柩回家。若先交三少（即余廣德）運柩回家，庶
媳又放心不下。[4] 又大少臨危時，庶媳對大少說：「若有不側（應
是「測」），不在埠上安葬，要運柩回家可乎？」大少答云：
「得，骸骨回鄉是吾所願也，不辜負我平日待得你好一副心腸
矣云云。」今棺停滿三旬，乃遷往園之右庄停住，俟生意做定，
庶媳乃運柩回家也。買水時，叫三少代東旋買水，庶媳隨後至。
家內大小孝服在埠，俱已做便矣。

　　可以這樣說，一方面，她在情緒心理上安慰家中老少，指乃「修
短有數」（還是那套生死有命的「一命二運」唯心思想），並在金錢
上作出保證，匯上家用款項，免他們有「人死財絕、生活無繼」的擔

4　無論余廣培或文煥章，均對余廣德的為人與才能沒有信心，所以在余廣培去世時，沒有
託付給他。到文煥章思考「運柩」一事時，同樣沒視之為可以信賴的選擇。

憂；另一方面，她交代了自己如何為余廣培做後事，尤其會「請僧打齋三日三夜超昇」，並相信是在主要稅田的仁生店一角（園之右）搭起一個「小庄」，作為暫停靈柩之用，然後打算「做滿碼」（即做完該期餉碼，應在 1891 年）即「運柩回家」。還有一點甚為重要，她要求家婆「不可叫」余廣晉及余東旋到檳城，因「二人來埠，亦無補於事」，反而覺得他們留在家鄉，可讓她不用擔憂家鄉的事情。即是說，沒有余廣晉、余東旋等人，她反而可以更為決斷，專心一意處理後事。

與此同時，文煥章又修書一封給余廣培在廣州的重要友人與生意夥伴 —— 泗利號的盧榮深、盧榮沾和黃琼波等，她顯然十分明白這些重要友人與生意夥伴，對其家姑等人甚有影響力，亦必然影響當時的餉碼生意。即是說，她應十分敏銳地洞悉到，生意夥伴與資金借貸問題對生意牽連甚廣，任何一方在余廣培去世後失去信心，退出合作或追討借貸，必然會觸發骨牌效應，而家姑一方或有不利己方的看法。那封抬頭給「盧榮深、盧榮沾和黃琼波三位老爺」的信函寫於「六月十六日」，內容除前文談及余廣培去世及臨終付託等描述（在此不贅），還動之以情，指出他們與亡夫的交情，以及交代自己會怎樣維持生意經營不變和進一步加強個人資本投資等，其中重點如下：

> ……懇求列位世誼老爺，關照勸解家姑及大娘，悲傷之切，更為體恤，指示東旋成人，則僕之萬幸也。是皆列位深恩，容當後報列位之高情。在外僕及各友伴，亦領深情之大德也。至仁生各生意如常做法，普堯天六月滿班，亦頗得微利，新班亦經

開演。[5] 走當碼尚未定奪，事後為或虧本，亦可以不關本名下之股份之議⋯⋯楊同叔并各工匠，六月初平安到埠，建舖之伴因事後頗冗，未得速為，遲日乃能開工。楊同叔帶來各位老爺之示，亦經領悉。為傳宅之屋及怡德行之舖，望求與安人商酌講定，望祈代〇買，受契寫文氏名下，其契貯在泗利號，榮深老爺煩為收放，茲付回買業銀五佰大元，請祈察收，此艮乃僕之所積也，寫文氏名下亦是余門之業，非是分比（應是「彼」之筆誤）此，望祈原諒，該艮不足及磚窰〇之壹股份，在後陸續匯上，或後托張心為回唐順帶交上。

　　此信帶出來的重要信息，除了動之以情，希望他們乃念與亡夫的情誼，給予扶持支援，其實還提到四個很容易讓人忽略的重點：其一是「仁生各生意如常做法」。其二戲園生意「頗得微利」。其三是餉碼「尚未定奪」，但若「虧本」，「可以不關本名下之股份」，即是不用他們負擔。其四是家族會購置房屋及店舖，但「受契寫文氏名下」，而這份契約，更可「貯在泗利號」，由其中的「榮深老爺」收放。即是說：仁生號的生意仍會保持向好（信中說如常，應是原來的生意表現不錯）；戲園生意雖只屬微利，不會虧本；餉碼若然虧本，可以不用股東承擔；更為重要的是，家族還有資本可以買屋買舖，可把契約放在他們手中 —— 充分表現了自身有財力、毫不介意的一面。換言之，文煥章這封信函，實在不是隨心所想的泛泛文章，而

5　這裏所指的應是戲班表演生意，日後在文煥章的遺囑中亦有提及，顯示余廣培生前已開拓了該項娛樂生意，這明顯與大量華工在礦場工作，除了對來自中國的各類貨品有很大需求，對於娛樂戲曲同樣渴求，余廣培顯然亦開拓了這方面的生意以增加收入。

是頗有一番深思細慮的計算，目的是要說明當時的生意投資，並未因余廣培去世而發生重大變化，他們實應放心，從而爭取他們的信任與支持。

對於爭取家鄉及華人圈子生意夥伴和朋友的信任與支持，我們多少可從其信函中得窺一二，但對於那時她如何爭取英國殖民地政府及當地其他投資者和夥伴的認許與信賴，則因資料所限而無法了解。但我們應可合理地推測，身為峇峇女子，對殖民地政府或當地馬來人均有較多了解的她，必然會採取不同方法，爭取信任，消除疑慮，因此可以讓她在那個極為關鍵與敏感的時刻，順利渡過難關。接着的事態發展則十分清晰地證明，她作為一介女流，且屬妾侍的身份，在主持亡夫生意與事業問題上，並沒引來甚麼反對，而是得到各方信任，順利完成風雨飄搖中的接班。

樹立領導地位與主持家族生意

解決了傳承接班的危機，樹立領軍地位之後，文煥章自然要接受更重要的「是否有真才實料」的挑戰。所謂「假的真不了」，若果她沒有能力與手腕，就算能以巧言令色一時瞞過眾人，生意投資繼續下去也會虧損收場，發展前路不是愈見光明而是步向萎縮，那麼她的領導地位必會不攻自破，最終圖窮匕現，落荒而逃。

事情發展還是印證了余廣培的別具慧眼，支持了文煥章絕對不是平凡女子的看法，這相信也是英國殖民地官員在內部報告中形容

她為「一位有企業精神與影響力的中國寡婦」（引自 Sharp, 2009:
17）的其中一個理據所在。最終能說明文煥章甚有才幹的證據，自然
還是經濟實力 —— 即錢財在她接手後能否繼續保持充裕，生意又能
否繼續賺錢的實際問題，這亦是任何個人或生意能否存活下去的重
大考驗。在一封應是寫於 1890 年（農曆七月廿三日）的信函中，文
煥章這樣向其家姑報告：[6]

> ……今付回買屋銀陸佰元，此是庶媳賣首飾之銀，非店中銀也。
> 可將八百餘元之屋租，收來與東旋攻書之用，將四百餘元之屋
> 租，收來與奶奶買點心用，俟後凡買物業，先要寄函通知，後（可
> 能是「候」的筆誤）回信可照辦，銀多少乃可行事，不然恐撞
> 了定，更被人恥笑。況大少做下之生意，開盤太闊，生意多，
> 本錢少，甚難支持。若非大少數位好友扶持，定然束手。大少
> 死後，統盤計算過，欠人銀四萬叁千餘元，生意物業，約值艮
> 五萬餘元，計賣過人（應是「賣給人」），不過值艮三萬元左
> 右矣。所幸今年各生意頗好，尚能呼遣（即「敷衍」），無勞
> 遠慮俟。年尾再付艮回府做使用是……

在另一封相信寫於 1891 年（辛卯元月廿日）的信函中，文煥章
更向家中各人寄上了多種名貴禮物：

6　文煥章還同時寄了與此信內容大略相同的信函給余廣培元配梁亞友，以及余廣培的三位
世誼朋友：盧榮深、盧榮沾和黃瓊波，其目的明顯是要保持「透明度」，減少各人的猜忌與
誤會。

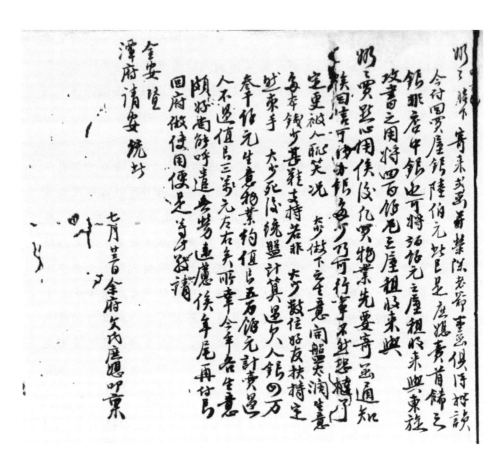

文煥章給家姑的書信

……媳婦遠在番邦，不能侍奉膝下，大為不孝。媳婦數欲回東（應是「唐」之筆誤），侍奉承歡左右，奈大少生意門路太多，洋人到來作事業者亦不少。略助大少辦事○，故不能侍奉，望祈恕宥不孝之罪。但安人要培養○和想食果品，置綾衣物，切不可惜錢財也。今日大少能興家置業，三少、四少亦能幫辦事務，此正安人洪福，坐享晚年也。媳婦恨不能在左右，多買果品嘉殽與安人受用。○○三少回東時，媳婦附上安人金牙簽一副、金鑲象尾牙簽式條、金介指六隻，諒已收到。另附上三少奶金耳環壹付、金戒指四只。另大少奶金鑲虎鬚式雙、東船（應是「旋」之筆誤）金鑲虎甲壹只，另金駒○附。大少奶金珠鈪壹對，另合府各人每人袖袟式雙，諒統統收到，若有無得○祈示知，已免懸望。今附來孝敬安人買果子銀拾元、東船書金拾元，三少奶紅包式元，三少二奶紅包式元，四少奶紅包式元……

　　以上兩封信函帶出多個要點：第一點，她或者手頭並不充裕，要求「寄函通知」，可能是怕自己不夠錢的現實說法，但還是出手闊綽，那怕動用私己錢，並直指那是賣掉首飾而來（她曾在另一封信函提及丈夫已死，她不用再佩戴那些東西了），而家中老少都得到金銀珠寶的珍貴禮物，這既說明她為人慷慨，關愛照顧家人，不會將生意錢財據為己有，同時亦反映她手頭充裕，沒有資金緊絀的問題，生意經營更是穩步向前。

　　第二點，她經常提及余廣培生前做下的生意「門路太多」，所以產生了投入多、開支大、利潤少、經營不易的問題。此點既帶有要求他們體諒其管理不易的意味，亦暗示自己擔子重、工作多，不

能隨時返回鶴山。至於實際表現則是「今年生意頗好」，謙虛點說是「尚能呼遣」。

第三點，她指出余廣培留下的財產實在不多，生意物業總值約五萬餘元，但欠人債項達四萬三千餘元，即淨資產只有七千元左右而已。但若要立即套現，將資產出售（「賣過人」），則「不過值艮三萬元左右」，意思是反而資不抵債，所以必須繼續經營下去，這亦是她一直堅持下去的原因。

第四，她以婉轉的方式告知全家上下，日後有置業這樣的重要投資，必須先寄信給她，取得她的首肯後才可以進行，藉口或理由是「恐捷定」，「被人恥笑」，實際上則樹立了個人乃最終「話事人」的地位。

儘管我們沒法取得文煥章接管生意後總體生意表現的實質數據，但從她在 1891 年餉碼期滿後又再中標，可以繼續經營的情況看，自然應該相當不俗；這亦間接說明她為甚麼能夠保持給鶴山家人匯款，數目更是有加無減，而她在家族中的地位與名望，則日見提升與強化。至於更為重要的問題是，余廣晉及余東旋日後亦到了南洋，但他們一人只能在她手下聽其指揮，一人在她安排下繼續學業（詳見下一節討論），即是沒有任何動搖其領導，或是需要提早接班的跡象，這又進一步說明在文煥章統領下，家族早期或者曾有猜疑，但最終如烏雲消散，反而增強信任。核心自然與生意仍保持良好發展勢頭有關，文煥章的才幹與臨危不亂的應對手法，亦應記一功。

　　其中尤其值得注意的是余廣晉。他應在 1891 年左右返回檳城，並曾一度參與務邊的餉碼生意，但卻為經營添煩添亂，帶來虧損，文煥章最後只好將之「去權」，不再留用。在一封寫於 1892 年（壬辰二月初六），寄給盧榮深和盧榮沾二人的信函中，文煥章這樣說明了來龍去脈：

敬啟者：茲因伴人張樂返唐山，因有附下小號匯項銀數百員份。小號因生意清淡，銀口干緊，未便匯歸，故特先函奉。倘俟三月時，有匯銀回來，祈代轉交與張樂伴親手收入可也……氏知日來家中，日給在〇急需，本〇須為付寄銀錢回家，惟是生意近日清淡異常，且去年廣晉四叔回來，氏由他掌理舖中生意、埠塑事務，不料他賦性偏執，妄作妄為，不受人勸，則半年來生意反常。埠塑變故，以至氏於八月時，着將全盤結約（可能是「束」之筆誤），則時已缺去本銀萬餘員矣，斯時氏迫得使其靜在安份，無使干預事務。曾記其先兄生時，上年曾經任其在舖，掌理半載，以代兄營，亦見其任性乖辟不受人勸，不與人商量，亦曾缺去本銀萬餘元矣。故其先兄即將其去權，任聽其自出自入，一若閒人。但思舊歲，伊既復回店來，氏乃女流，恃為叔之可依靠，因着專心管理舖中生理，不料他仍蹈前懲，頑性不改，伊於舊年七月，自往垻羅（Paloh 音譯，怡保〔 Ipoh 〕前稱）別埠，開張濟生堂藥材，並收錫米煉錫之生意，自己毫無真本，俱在仁生號內強行支取去銀四千餘員，氏屢勸不遵，反若仇人相向，且時返仁生舖內，不免言語多端，氏細思仁生生意，自先夫去世，店中欠人賬數及欠僑餉除外，實無真本，雖月中有租項千餘元，而逐月要填〇班衙僑餉銀一千元，計要兩年餘，方能清完此項，氏猶努力，日夕支持，不料四叔回來

> 如此揮霍，實屬難言矣。氏遠隔重洋，迫得將事由切達，俾知
> 詳細也，舊歲仁生年結，缺本壹萬叁千餘元，此無庸多噡（應
> 是「贅」之筆誤），惟幸本年坲塑如是開做生意，亦是如常，
> 所期本年順遂可也……

　　文煥章先由其「小號」代匯款回鄉未能兌現一事說起，[7] 說到她「生意清淡，銀口干緊」，甚至沒錢寄回養家的事情，然後提及核心原因：余廣晉回到南洋，由他掌理生意，但他偏執妄為，導致「半年來生意反常」，甚至「缺去本銀萬餘員」。換言之，本來由文煥章主持的生意好好的，交由余廣晉學理便出現問題，導致虧損，連代人匯款的錢亦受影響。

　　文煥章進而提及，余廣晉這種行為，其實早有前科。余廣培在世時，曾交託重任予他，「以代兄營」，但他「任性乖辟不受人勸」，曾令生意「缺去本銀萬餘元」，促使其兄「將其去權」。文煥章還補充，指余廣晉被「去權」後，曾自行往壩羅開立自己的公司（濟生堂），既經營藥材生意，又進行錫米提煉，但做生意的資本則來自仁生號。文煥章曾因此勸阻，但「反若仇人相向」，亦「不免言語多端」，顯示余廣晉與文煥章之間其實矛盾不少，而文煥章在信中詳細鋪陳與說明，一來要為拖欠人家匯款作解釋，二來顯然要為日後可能出現家族矛盾作防禦。儘管余廣晉參與生意時期出現亂局，但到

7　從寄給家人或朋友的信函中，常會提及一些為不少數目的匯款，轉給另一些非家族人士，相信這些錢是利用自身網絡，代別人匯寄回去的，此點或者是日後發展匯兌業的基礎與背景。

她再次接手後，問題已逐步解決，所以她在信末指「惟幸本年坺塱如是開做生意，亦是如常，所期本年順遂可也」。

綜合不同間接資料推斷，在文煥章領軍下的生意，與余廣培時期相比應該有過之而無不及。關鍵所在除了在 1891 年仍然取得餉碼經營權，令相關採礦、押當、煙酒、雜貨、「戲園」等生意可以繼續發展，看來還有物業投資。前文引述的書信中，文煥章常會提及一些「屋租」（例如上一信函指屋租每月約有千元收入），她亦如余廣培生前般，每有多餘收入便投入到房屋物業中去，所以有了相當穩定的租金回報。對於文煥章名下財富不少屬於物業的特殊現象，英國殖民地政府的內部報告曾指她為「務邊的重要業主」，亦有殖民地官員指「她是一位很棒的中國女士，經常自己驅着一部『狗車』（dog cart），她對很多事情都懂」（引自 Sharp, 2009: 16）。

在那個帝制年代，文煥章雖然在丈夫突然去世時獲授權統領其生意與遺產，但這一權力與身份，並非全無質疑與挑戰，余廣培的兩名胞弟，自然是最關鍵的人物。從資料上看，一直身在南洋的余廣德在余廣培去世後並沒做出甚麼大動作，反而余廣晉在 1890 年初回鄉完娶後一度想返南洋協助料理後事，但被文煥章阻止，惟最後他還是重返南洋。初時，他一如所料地「掌理舖中生意、坺塱事務」，似是要「兄終弟及」地擔起領導大旗，但結果卻因經營失利而放棄，然後另搞生意，但同樣並不成功。文煥章則在那個環境下收拾殘局，並因此進一步確立其毋庸置疑的領導地位。

栽培余東旋與左右家事投資

身為一介女流，又屬妾侍，為人確實十分能幹精明的文煥章應該完全明白，就算她能令生意保持發展勢頭，亦不能完全掃除家族甚至朋友間的疑慮，所以她在完全確立領導地位後，同時向家姑和余廣培元配提出要求，讓余廣培生意的真正接班人 —— 獨子余東旋 —— 早日到南洋，為日後正式接班交棒鋪路。此舉無疑更能讓余家上下覺得，文煥章實乃余廣培的託孤對象，她只是扮演「過渡性」的領導角色。

基於以上這種看法和雙向溝通，余廣培母親及元配最終同意文煥章的建議，讓余東旋回到南洋，為接班問題踏出更重要一步。即是說，在余廣培去世大約兩年後的1891年農曆三月，年屆十五歲的余東旋離開鶴山，乘船南下，再次踏足檳城 —— 那個他出生並渡過四年童年生活的地方（Sharp, 2009: 17），開展新的生活。當然，那時的家族生意，實在已不同往日了。

從資料上看，余東旋回到檳城後，在文煥章安排下接受進一步教育，尤其是英文西式教育。初期，文煥章「曾請唐人先生教讀紅毛書」，似是要逐步讓余東旋適應，之後再將他送到檳城的 St. Xaiver's Institution 求學，接受正規西式現代教育，目的自然是希望培養他成才，日後可更好地接掌旗下生意（Sharp, 2009，詳見下一章討論）。

余東旋在檳城求學之時，文煥章仍然主持大小生意，並相信能輕易駕馭。所以在接着的一些家族信函中，甚少提及南洋餉碼生

意，反而一些在家鄉的投資 —— 尤其磚窰生意，則有不少爭論。在一封相信寫於 1892 年（五月初三）左右，寄給余廣培元配梁氏的信函中，[8] 文煥章明顯表達了不滿，要求梁亞友將那項連年錄得虧損的磚窰生意結束掉，以免愈陷愈深：

> 五月初三日，得○○音，領悉一切。現東旋在埠平安，習讀番書，頗聽訓誨，○○○掛心。至磚窰生意，曾經屢次有信付回，云及立早退盆（或是「盤」之意），切不可添本充做，況此生意，經做三年，蝕賺（即「賺」）可決，既要有賺，何至今境況？且生意靠人，吾恐賺亦非易。以妹愚見，立即退盆，刻不容緩。若○執迷不醒，必有日後干連，斯時如墮洴（應是「冰」）湖，逾陷逾深，悔之晚矣。妹不才，亦隨先夫經臨有日，營生利害，亦頗知之，非是曀昧存心，徒貪衣食。姐亦曾叼先夫訓習，身為主母，辦事更要精○（可能是「明」），何乃竟將妹名份所買之舖，典與別人，以充磚窰之本？妹○言之下，血淚雙流，竊思妹自到余門，日夕勤針繡，積以○○而買此舖，以作他日歸來終養，暮景桑榆，況且在外生意○（可能是「成」）敗無常，盈虧難料，倘外盆壹敗，歸家養口，倚靠何來？正是妹心動神疲，本慮後來之○，何以總不念妹滿懷心血，竟○○○○○○，令傷心而慘目？憶及先夫逝世所遺生意物業，尚可○○埠，做偶之餉艮，眾人共聞而共觀，斯時妹也拭餘血淚，不顧殘軀，○籌策多，方才得挽回生意，今日仁生世景安危未○，妹在外

仍竭力維持大局，而姐在家豈可傾敗根本者乎？姐既○○○妹之操心，亦須念先夫之創志守業者本非容易，當知○○○為難，妹則熱血盈腔，敢以苦情上乞，伏望立刻取回艮○，○贖回此舖，將原契交還泗利號榮深榮沾二位叔翁老爺○○，免枉妹半世之辛勞。妹在外竭力支持，亦為余門後計，○○○再圖資蓄，歸來聚首，以度晚年，暢聚一堂，所樂奚○○○。姐上仰先夫之志，下念小妹之心，勿將家業變遷，○○○幸，倘若不從鄙論，妹亦誓踵余門，他年先夫靈柩運回，自當命東旋扶返，川資路費，妹當一一支數，以盡先夫眷顧之情，而妹自願終老外邦，誓不回來覿（即「覯」）面仰，祈熟察試詳思焉，該舖棄取如何？磚窰生意做否？請即回示，以慰○○○○○○○淚更○○。奶奶年耄，白髮垂堂，恨妹為世務羈，身不得奉承左右，為媳之道有虧，不孝之罪，實同天壤。伏望奶奶時加珍重，勿因事傷懷，姐保重身心，勿以事○○，奶奶年臨風燭，喜懼堪虞，望姐上體先夫之志，常○（可能是「懷」字）孝敬之心，勿以小故生嫌觸怒奶奶為貴。老人殘喘氣息唵唵，倘○常觸怒老年人，為媳者於心何忍。古云孝敬莫辭勞，轉○便為人父母，簷前滴水，點點依然，人能孝順，必出孝子，兒孫○○逆○○○○○○家門興旺。

很明顯，由梁亞友主導的磚窰生意，在文煥章看來營運得並不好，因生意已做了三年，均沒賺錢，「且生意靠人」，而文煥章已多次提出反對，均沒被接納，反而不斷增加注資，部分資金更是拿文煥章名下舖契典借，因而令文煥章甚為不快，要採取迂迴方法作出批評：「身為主母，辦事更要精○。」另一方面，她提及本身經營仁生的不易，所以更覺不應讓那種蝕本且本身不熟的生意繼續下去。

她同時提及並非着緊一己利益，而是顧及家中老少，擔心生意投資失誤影響全家生活。為了表白不以個人利益為考慮，她甚至說「自願終老外邦」，即是不會回到鶴山和他們爭資源，所以着緊那些投資不是為了自己。最後，她語帶教訓亦別有所指地要求梁亞友孝順家婆，「常○孝敬之心，勿以小故生嫌觸怒奶奶為貴」。

或者是最終同意了文煥章的看法，又或者只是迫不得已，在接着的另一封寫給「世榮堂列位先生」的信函中，[9] 文煥章顯然為替磚窰生意劃上句號作出了最終決定：即召開類似股東大會的會議，清理一切投資盈虧。她這樣寫：

> 目下窰內生理艱難，曾做兩春，未能與東主作福，雖然人事不足，實時勢使之也。惟前接來函，領教說及不做之話，現各伴已酌量數次，細思各東所充銀有限，而晴波之充銀，曾有三載，尚未起清，恐餘勇難鼓，緣此卜吉潤六月十六，開投全盆清數，○○務祈着人到窰清算，該結局如何，請同裁約，盡善是禱。（此致）世榮堂列位先生，并付來鋪底單，帶請為一覽，此是（示）。

對生意投資項目的得失，能夠手起刀落，不拖泥帶水，明顯屬那些敢作敢為的企業家必有的性格特質，文煥章的舉止則表露無遺。至於她在寫給梁亞友的信函中提到的「孝順家姑」問題，又揭示家中其實一直存在不容忽視的婆媳妯娌矛盾（參考下一章余廣培寫給

9　這裏說的「世榮堂」，不知是否來自余廣培別字「世榮」。若是，則可能指屬於余廣培一房的生意。

余東旋的信函內容），而文煥章則曾巧妙地藉余廣培生前的教訓，婉轉地「告誡」了家婆，應「將媳婦如己生女，安待愛惜」，只有這樣，媳婦才會「孝奉翁姑如敬父母一般」。那封相信寫於 1890 年（十一月十三日，余東旋尚未往檳城之前）的信函這樣說：

> 奶奶膝下：茲付回銀弍百元。五十元敬奶奶買菓子，五十元與東旋讀書使用，餘百元做家用。有人來埠說，家中妯娌不甚和，各媳婦亦不曉侍奉奶奶。庶媳聞知，心甚不樂。古語云：「家和萬事興。」前大少做偶并各生意不成，就皆因家裏不和之過，俟後各媳婦往日有奉侍不悅奶奶心者，可盡恕饒之，切不可藏在心中。可將媳婦如己生女，安待愛惜，自然媳婦孝奉翁姑如敬父母一般矣。如若此，家裏必上下和睦，生意必大發也。庶媳未讀過書，不識道理，焉敢出此言？此是大少往日講與庶媳知，今日述大少之言與奶奶聽也。奶奶要食好菜、好菓點，切不可慳錢，此大少吩咐之言也。

還有一點，文煥章特別提及一些唯心思想，例如余廣培在更早之前「做偶並各生意不成，就皆因家裏不和之過」，所以需要「家和」，才能「萬事興」，「生意必大發也」。同時，亦奉勸家姑要有饒恕之心。更重要的是，她謙稱自己「未讀過書，不識道理」，以上的教誨道理，乃余廣培「往日講與庶媳知」，所以她只是「轉述」余廣培的話而已。這種表達方法，既不會產生「冒犯」的感覺，又能令身為長輩的家姑更易受落，可見其待人處事甚有分寸。

順帶一提的還有兩封寫給家姑的信函，其一可能寫於 1891 年（八月初九日），內容提及余廣德時會尋花問柳的問題。她這樣寫：

叩稟

姑母膝下　敬稟者回錫封百元針元錄　姑之雲菓子針元

與東施讀書使用作百元微家用有人來拜說

家中媳婦不甚和吾媳婦只不晓待奉　姑之處

闻知必甚不樂古語云家和萬事興前大步微為并

各宜盡不盛就肯用家裏不和　姑之後各媳婦

往日有奉侍不曉　姑之心者可畫怨饒之切各媳婦

藏在心中可將媳婦如己生女安待爱惜自甚媳

婦孝奉　姑姑如教父母一般美若如此家裏

必上不和睦生意必失發財也應應未讀送書不

誠道理爲散出此言此是步往日講與應媳知今

日述大步之言興　姑之聽也　姑之要食好菜好

菓無切不可悭錢禁大步吩咐之言迎肅斯發清

　　　　　　金安

　　　　十月十三　愚媳文氏叩稟

文煥章另一封給家姑的書信

「再者，三少近日十分顧務生意，與上日大不相同，庶媳意欲接三少
二奶來務邊，免三少誇（可能是「撩」）友同到花柳場中，更望三少
早生貴子，未知可否，前已有函○奉德弟帶回亦有說，○請奶奶定
奪。」其二可能寫於 1891 年（十一月十四日），內容提及她收了一
名養女，和余東旋一起生活：

> 媳之小妹有一姨甥女，送與媳作為育女，媳覆他：此姨甥女頗
> 為合意，況見此家窮，恐他將此女發賣，媳無奈與他承受。謹
> 此遵知。東璇、[10] 汝楒二人，[11] 來年若不讀書，命他隨袁孝契老
> 爺同來便得。

另一特別點是兩封署名「愚妹余門梁氏」的信函。雖然余廣
培元配梁亞友亦姓梁，但這位梁氏相信是余廣培母親，即文煥章家
姑，而兩封信看來是寫給文煥章母親的。第一封可能寫於 1890 年
（拾月），第二封則寫於 1891 年（拾月廿三）。第一封提及余廣培去
世，並談及有賴親家及媳婦（文煥章）關心，並指年內或遲一點日
子，余東旋會「來埠」，即應是回到檳城。其內容如下：

> 山遙水遠地把北天南各處一方，欠○會謁愧甚翹企。親家安人
> 起居綏和不勝○多。昨接袁契老爺帶回信函，得悉一切。自去

10　在此信之前，余東旋的「旋」，常寫為「璇」，其家人似亦有時會用「璇」字。為了統
　　一起見，本書一律用「旋」字。

11　據 Sharp 的資料，余汝楒約生於 1883 年，惟 Sharp 在書中指文煥章養女名叫 Zu Yi（譯
　　音「祖儀」），按英文與中文名字說法「倒轉」的習慣，應是「儀祖」，與「汝楒」或者有
　　相似之處，尤其是「儀」和「汝」在粵語中十分相近，「楒」和「祖」的粵音則甚為不同。

年小兒過往，[12] 愚妹不堪言也，無可如何，亦望各戚友扶持，而親家安人及你令愛每每關心，則我闔家有賴。親家貴體猶健，在外務然加衣增食，指點我媳，愚常常心念，二則小孫母子二人亦賴老安人之令愛關心也，年內或〇正東旋與袁契老爺來埠，到時與老安人請安。又務然常常教訓係老安人也，感不盡言。

在第二封寫明寄於 1891 年（拾月廿三）的信函中，則提及收到早前親家寄上的「番銀二百元」，並對於文煥章打理下的生意有起有落表示體諒，覺得應順其自然：

又接到番銀二百元，祈勿念之……家中老少亦托賴清安，庶媳在外無用掛望，惟媳放開心懷，務然盡人事而聽天道，生理中勝敗常也，身體務然保重，則家內老少無慮〇。

由此可見，文煥章的母親與家姑之間，其實亦有書信來往，而從文煥章母親曾寄給余廣培母親「番銀二百元」的舉動來看，文煥章母親經濟上應更為充裕；而兩個親家雖然天各一方，但關係應該不差。

最後，有一則在信函中提及與余東旋有關的事項尤其值得深思。那封信函應該寫於 1892 年（十一月），主要是文煥章回覆梁亞友早前提出的一個要求：早日為余東旋成家立室。文煥章原則上表

12　這裏的小兒應是指余廣培，「過往」即「過世」或「去世」的委婉詞。

示同意，但還是以各種理由提出「再延兩載」的看法：

> ……唐新（即「東旋」）娶媳婦，以慰奶奶安人之願，我聞之不勝歡喜之至。況今奶奶年逾古稀，正所謂以往之日長，將來之日短，且老人性情得遇好事，何喜如之。在大少奶今日之舉，份所當然，我亦盡知。惟是大少靈柩未歸，若欲旋唐娶媳，非徒托之空言。憶昔大少仙遊，覆不特存下無幾，更且債主盈門，我今日之寄身南洋，在其中之苦況，真不堪言，非圖安樂於外地，請為思之。今日東旋兒，年紀雖然成丁，而年未及冠，尚可○（可能是「再」字）延兩載，一俟明年，再然酌議就是，請毋雖介迴（可能是「毋需介懷」）。想○前統算而計，匯歸銀兩亦復不少，據來論云及，不特銀兩無存，況且我在前所買之屋，亦轉他人，殊原不解。然此家事本屬我不敢言，惟是戚戚相關，我亦非故置諸度外在矣。故敢陳言，請為圖之。前月初旬，由檳嶼廣同棧匯交省怡昌收，轉匯回家艮一千元，料曾收妥，請為示覆免望，餘恕未及此。

細心一點看，此信其實揭示了三個問題：其一是余廣培雖然去世多年，他的遺體卻一直未能按遺願運回家鄉安葬，因此成為文煥章一宗未了的心願。其二是文煥章對鶴山的家族經濟甚有怨言，因為她不斷匯款的數目已甚巨大，但卻連她名下的物業亦要「轉他人」。其三是若果真的要為余東旋完婚，她或者覺得自己應先看看那位未來新抱，或是了解其家族的背景。這三個要點，看來促成文煥章於 1893 年攜同余東旋與余汝楣運送余廣培遺體回鶴山，並欲藉以解開心中各項疑竇。

溘然去世與臨終遺囑

俗語說：「人一世，物一世。」任何個體的前進道路，既無先例可循，亦不知下一步有何結果。這一描述放在文煥章的身上，尤其貼切。思慮到亡夫去世多年而遲遲未能如其所願埋骨桑梓，而余東旋母親及祖母又提出讓余東旋早日回鄉成家立室的要求，並已在鶴山覓得一戶好人家，文煥章在情在理都難以拒絕，於是在 1893 年初運送余廣培遺體返回鶴山，並順道看看那個獲得家姑等垂青的女子。[13] 惟這次返回鶴山之旅，卻成為她人生道路的「最後一程」，過程或細節則讓人覺得撲朔迷離，至今仍令人大惑不解。

據 Sharp（2009: 17-19）的記述，在 1893 年，文煥章當時攜同已十六歲及十歲的余東旋和余汝楒返回鶴山，並指她的主要目的是為余東旋挑選妻子，看看那位可能成為未來媳婦的女子。這裏，Sharp 完全沒有提及文煥章一行人是為了運送余廣培遺體回鶴山，並且舉行大葬一事。

Sharp 接着指出，不幸發生了。在旅程結束時，余廣培的兩位胞弟為文煥章一行人舉辦餞別宴，[14] 但食物卻被人下毒，余東旋和余汝楒當時沒吃食物，文煥章則吃了。結果，在攜同余東旋和余汝楒登上返回馬來亞的船上數小時後，文煥章去世。為了進一步支持文煥

13　這個女子，相信便是余東旋首任元配黃平福（參考下一章討論）。

14　在這裏，Sharp 並沒有解釋本來一直在南洋的余廣德和余廣晉，為何會突然一同現身鶴山，而且是兩兄弟同時出現。

章是死於中毒，文中特別以補充資料的方法提到，在 1960 年，余東
旋的五太太廖正而（Jenny）將文煥章的遺骨遷移到香港時，她報稱
遺骨就像中毒般變成黑色（she reported they had been turned black
by the poison）。文章續指，余東旋知道那次想毒殺的人應是他，
當然也包括他的養妹汝楣，並指罪魁禍首是兩位叔叔，而這兩位叔
叔在俟後的多年間一直成為余東旋身邊的棘手人物。無論在中國或
其他地方，對於那次明顯謀殺，沒有任何應有的司法懲處（Sharp,
2009: 18）。

Sharp 繼續寫道，文煥章在船上身故，余東旋與余汝楣悲傷徬
徨，船主察覺到那個慘狀後動了惻隱之心，安排了一副棺木以安放
文煥章，並改變行程，將船開回岸邊。之後，余東旋為文煥章在中
國舉辦喪禮，並將她安葬在余廣培墓旁，隨後便返回馬來亞，繼承
余廣培及文煥章留下的遺產與經營網絡，開展新生活。自此之後，
余東旋不再返回中國大陸（Sharp, 2009: 19）。

文煥章在鶴山之行溘然去世無疑充滿疑竇，Sharp 的記述亦明顯
存在不少令人難以理解或信服的地方。其一是余廣德和余廣晉應該
仍身在南洋，當然亦可能因為運送余廣培遺體且要舉行葬禮之故，
兩人或其中一人和文煥章等一同回到鶴山，若是後者，則按道理大
家關係並不太差（參考下文討論），似不會狠下殺手。其二是餞行宴
上只有文煥章吃了某種有毒食物，因此中毒，其他人如余東旋、余
汝楣，甚至余東旋祖母、母親（相信還應有余廣德及余廣晉的太太
們）都沒有吃那種食物，所以便逃過一劫，但這樣似乎不合餞行宴的
常理。當然，抑或可以說宴會只有文煥章母子三人出席，沒有其他
賓客，但這樣的餞行宴又是否合符常理呢？其三是文煥章在上了前

往馬來亞的船上才去世，而且是數小時之後，按道理那船不會太細小 —— 所以船上可以找到棺材，亦必定有很多其他人，船主能在發現有人去世後馬上折返中國嗎？其四是遺體運回鶴山後，余東旋有否報官要求查辦？是報了人家不理還是根本沒報呢？他立即將文煥章下葬不是「自毀證據」嗎？余東旋的母親、祖母等親人，對於文煥章去世有何反應呢？Sharp 在書中完全沒有提及。

因資料嚴重缺乏之故，文煥章突然去世的真正原因相信不會找得到。但是，由於我們在〈余東旋私人信函〉中找到一份相信是文煥章臨終前所立的遺囑，而余廣德及余廣晉獲得文煥章的不少遺贈，顯示文煥章與二人之間的關係，應該不至惡劣得要將對方置諸死地的地步。那麼，文煥章為何會在那次旅途中突然去世呢？

若果將 1890 年余廣培突然去世一事，與文煥章那時突然去世結合來看，兩人的溘然去世，其實有一些相似特質：一、兩人同樣是回到鶴山處理大葬 —— 余廣培是為亡父余鶴松安葬，文煥章則為亡夫余廣培安葬，這種儀式應該甚為辛苦，亦不排除有病菌。二、兩人舟車勞頓，旅途應該十分疲勞，余廣培回到檳城後立刻要為減少稅金而奔走於英國殖民地政府之間，文煥章返回馬來亞的船看來更是在晚上開的，因為 Sharp（2009: 18）指「那船在漆黑海洋上翻動顛波」（the ship tossed on the rolling dark ocean），辛勞可知。三、兩人均乘船往返，而船艙、口岸等則屬人流來往接觸頻密、公共衛生隱患多多的地方。四、更為重要的是，在十九世紀九十年代，瘟疫曾經肆虐一時，廣州、香港，甚至是南洋等不少港埠，均曾受瘟疫衝擊，而瘟疫開始時只是零星出現，到 1894 年才大規模爆發（Benedict, 1996）。

　　若從瘟疫這個角度思考，余廣培和文煥章的突然去世，或者可能與感染致命病毒有關；旅途行程急速，他們舟車勞頓、身體虛弱時，在人煙稠密的地方，與人有較多緊密接觸，假如當中瀰漫着可致命的病毒，便很容易受到感染，令生命受到威脅。這或可間接解釋為甚麼由鶴山（或廣州）開往馬來亞的船上會有棺材，船主在知悉文煥章去世後即把其遺體放入其中，並願意立即改變航程回中國，而返回鶴山後家人立即把文煥章下葬，遺體日後起出來時呈現中毒跡象的黑色等問題了。但必須強調的是，以上只屬按環境因素提出的一種推測而已。

　　支持余廣德與余廣晉不一定如 Sharp 所指乃毒殺文煥章兇手的最主要原因，當然是那份相信由文煥章在臨終前訂立的遺囑。Sharp（2009: 21）提到，文煥章生前指派了英國殖民地律師 A.G. Mackie（他亦是余廣培去世時委託為與殖民地政府打交道的人）為自己遺囑的信託人和執行人。但是，看〈余東旋私人信函〉中一份相信是文煥章臨終的遺囑，則有不少值得注意的地方。其一是該份遺囑訂立於「光緒拾玖年歲次癸巳弍月十九日」（即 1893 年 4 月 5 日）。其二是遺囑基本上按法律專業格式寫成，並非毫無法律知識者的「我手寫我心」，隨意寫就，例如有「前此之遺書，一概是為故紙」，以及重要安排提及如受益人身故，由其子嗣承受等。其三是內容看來乃文煥章死前口授寫成，所以很多姓名只屬「語音」記錄，與相關人士名字的真正寫法不盡相同，當中亦有不少錯別字。到底文煥章的遺囑有何具體內容？且引述如下：

　　　　……我孀婦啩吵（即上一章提及的「掛沙」，意為「授權」）並代理所遺下產業之〇嗣，今啩吵以後前此之遺書，一概是為

故紙。孀婦今遺下產業，不論○或大小生意，交咁吵人照依承辦。第一件，要清還孀婦之欠債，現今喪費及造遺書使用。第二件，倘若孀婦產業不合承辦或係無益，要將產業轉為艮錢。但係孀婦本意，不欲將此業轉賣。倘若真實有益于遺書內有份均者，是必要賣賣後，艮錢除清還債并喪手費及造遺書使費，有餘艮錢，在承辦人手，須○交承辦人名字，○○要穩陣，○餘○是遺者，承辦為貨物、生意、舖店、貨棧、唏唥唏唥（意思不明，可能指餉碼）份子、戲園、房屋、舖地，及○租項，不論大小，一概是承辦人管理。須要將上數款，交與氏夫姚講（應是「余廣」之語音，即余廣培，姚字又寫作姚）死者亡弟姚達（應是「余德」之語音，即余廣德）、姚春（應是「余晉」之語音，即余廣晉）兼理，照我孀婦生時一樣。我今設立姚達、姚春為司事人，至吾兒姚唐新（應是「余東旋」之語音）足廿一歲之時，交回吾兒姚唐新管理。倘若吾兒唐新未足廿一歲，而遇姚達春不幸而死，則由承辦人設伴兼理。我又囑咐司事人，倘承辦人○肯將賣業艮錢及利息，造（應是「做」之筆誤）生意，此司每到年底，應當要開數，并利息交與承辦人，其承辦人須要將利息分為壹百份，留下六十份歸姚唐新份額，又將十份交與姚達，又十份交姚春，又十份交與文玩章之女姚擇兒（應是「余汝梶」之語音），[15] 又十份交與吾弟文炳周，倘若姚唐新未足歲，或有份分者不幸而歿，須將此份額平分于死者兒女足（廿一）歲後取領，若未足歲，必雖付下。倘若死者無兒女存，

15　有關文煥章養女的名字，Sharp 在書中的英文拼音是「Zu Yi」，參考上文相關分析。

當將此份額交與死者之承辦人取領，受權司事人每年交些艮錢于足歲有份額分者，○○○○，并未足歲有份額者。我今囑落承辦人，每月應支銀錢于他人，以為火食、書金等費，具于將來生息，待他足歲後取領。若是女兒，待他出閣，然後取領。若姚唐新足歲，即將我囑下之產業、生意等，議兩個公親定價：立一位由姚唐新舉出，一位由有份取領者舉出，其使費則由屋息支出，我令吾未分之產業，一概遺子姚唐新、姚達、姚春、姚擇兒，并文炳周或○○承辦，照以前所囑份額取領，嗣後姚唐新足歲，或各有份額分者，照依姚唐新足歲之時辦理亦可，或有份額分者，自願將份額讓○○○○○給，均由姚唐新等主決，倘若姚唐新未足歲，不幸身故，留下兒女，此產業亦要照姚唐新未足歲時辦理，要姚唐新之幼兒足歲廿一歲，方能將產業照囑書而分。倘若姚唐新死後無兒女遺（下），此產業須○平分于姚達春、姚擇兒，并文炳周或能承辦人，我再委權承辦人，可能將此未足歲者之份額或做生意或生息，務要有○于氏未足歲者，方可舉行。為此○之本，但肖○○○○○產業扣除加減，恐口無憑，特于知見人在堂，立此囑書存據。

知見人：黃南放（簽名，英文）
光緒拾玖年歲次癸巳弍月十九日。立遺書孀婦文玩章（即文煥章）

明顯地，文煥章的遺囑帶出多個不容忽視的要點：一、認為應盡量保持產業或實業，只在迫不得已的情況下才同意變賣為流動資金，顯示她對投資方式有一定看法，與前文提及常把收入投放於物業的做法完全一致。二、對於生意及產業投資，強調「要穩定」，反

對投機炒賣，亦呼應了第一點的堅持。三、指定名下遺產的六成贈予余東旋，余廣德、余廣晉、養女及胞弟各得一成。四、余東旋及養女須年滿廿一歲才能領取遺產。五、若各受益人遇到不測去世，所獲一份可由其後嗣承受。

從文煥章當年臨危受命，只屬余廣培事業與生意看管人的角度看，她臨終前的遺產安排，似乎反映了那種色彩。她把大部分遺產分給余廣培獨子余東旋，小部分分給余廣培兩位胞弟，他們當年一同闖蕩南洋，無功勞亦有苦勞，亦合符余廣培身為長兄一直對兩位胞弟照料有加的性格，所以十分合理。當然，在余廣培去世後，文煥章帶領下的生意已有了很大發展，所以她乃分配部分給她的養女和胞弟，作為對娘家成員的照顧。即是說，文煥章的遺囑有深思細慮的一面，內外情理兼備，並非急就章。當然，此遺囑亦可能是文煥章動身往鶴山之前訂立，因為在那個年代，「行船跑馬三分險」，不少人會有出行前先立遺囑的做法（鄭宏泰、黃紹倫，2011）。

結　語

無論從哪個角度看，亦無論是從余廣培或文煥章的身上看，儘管生命短暫，卻十分清晰地流露出那份為家人、為事業而努力打拼之心，當然亦有對事業成敗抱持的一些唯心主義意識。可是，即如早前各章中提及，「一命二運三風水」，先天或外圍因素實在並非個人主觀意願所能轉移，所以當他們先後突然去世時，給家族與生意的打擊不難想像。但是，透過一些制度安排，家族似乎又能渡過難關，例如 1890 年余廣培突然去世後，因為有了文煥章臨危受命

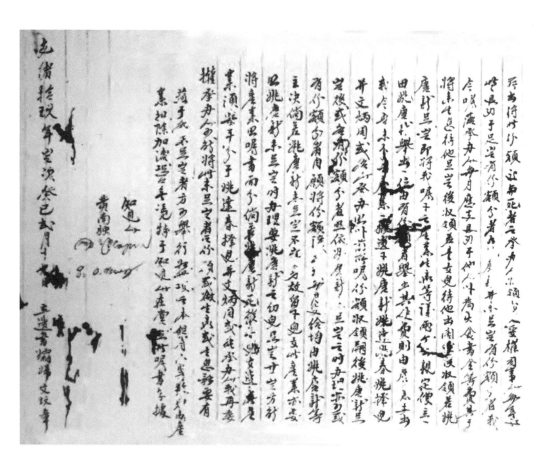

文煥章遺囑，相信是按她口述筆錄，所以不少提及的人名屬同音字。

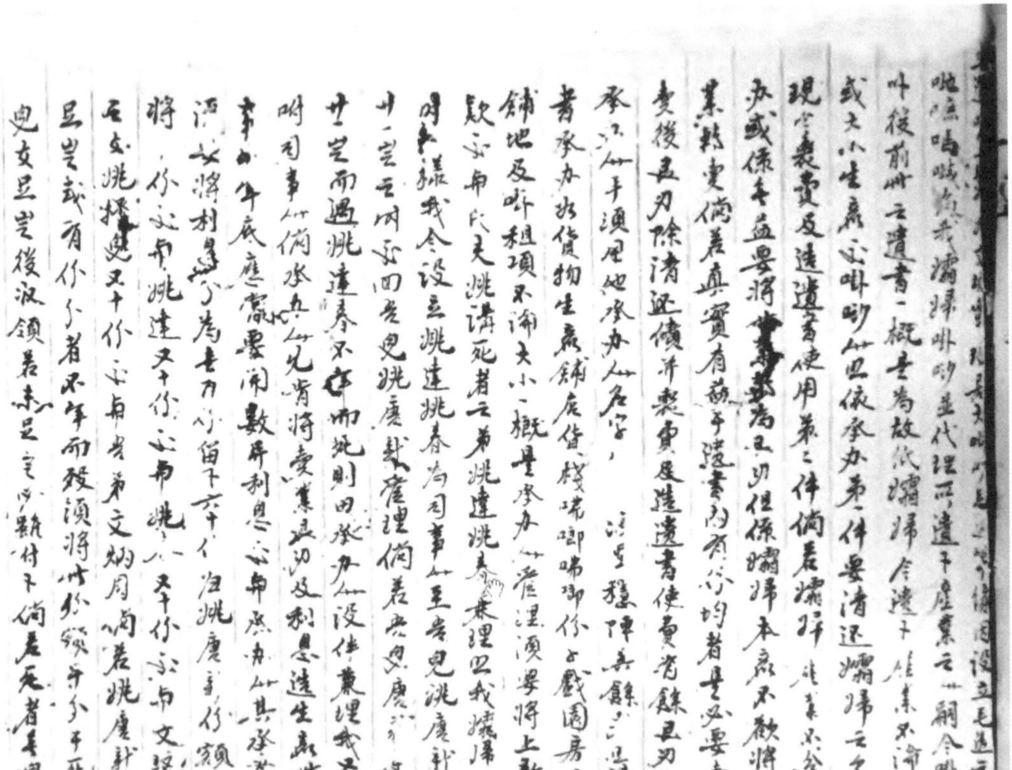

的指揮若定、處理有方，大局得以穩定下來，家族與生意乃可力保不失。

　　到文煥章突然去世後，同樣因為有了一些重要安排，例如早已將余東旋送到南洋接受西式教育，當時他亦已十六歲，加上文煥章的遺囑由專業律師負責執行，律師又是洋人等，均有助於維持生意，或是避免受到競爭對手的打擊。從某個角度看，余廣培和文煥章的短暫人生，似乎在為余東旋的名揚天下奠下基礎，因為當余東旋在年屆二十一歲接棒之後，他不但幹出一番輝煌事業，亦建立了余仁生中藥名揚四方的品牌，兩者均馳名中外社會。

第五章

點石成金

余東旋

西諺有云：「站在巨人的肩膀上，可以看得更遠。」從某個角度來看，余東旋可以名揚天下，甚至在華洋社會左右逢源，實在很有好命、好運和好風水的色彩與味道。不但東南亞及世界政經大環境為他締造了有利條件，其祖及父輩，甚至其庶母等打下的基礎，更是他日後可以迅速騰飛、幹出一番令人艷羨的事業的極重要助力。後者情況尤其特殊，當中文煥章的助力最大。幾乎可以肯定地說，若果不是文煥章在余廣培去世後「頂」着整個家族生意，相信余東旋日後絕對不能建立起一個輝煌耀目的事業王國。

　　儘管小米集團創辦人雷軍曾幽默地提出「站在風口上，豬都會飛」的理論，但正如前文提及，單有好命、好運和好風水的外在因素，沒有個人後天努力的因素，成功應是很難持久的。換另一個角度說，豬能懂得挑選風口位來站，據雷軍的補充，還需擁有掌握大勢或機遇的敏銳眼光，所以亦與能力才幹有關。由是觀之，余東旋由接掌家族企業到克服各種困難，然後不斷發展，登上事業顛峰，並在不同時期均觸角敏銳地作出準確的投資判斷，無疑乃身家財富不斷膨脹的關鍵，而這個發展進程揭示的，不僅是先天因素的造就，後天努力的結合，同樣不容忽視與低估。本章會從不同層面，以不同事例加以說明。

成 長 與 教 育 的 中 西 碰 撞

1877 年生於檳城的余東旋，四歲起被送回家鄉鶴山生活，接受傳統的書塾教育之餘，相信亦深受祖父風水堪輿學說的薰陶。余東旋像祖父般年幼喪父，然後在十五歲時被送回檳城與庶母一起生活，開始接受西式正規教育，但卻與生母分隔兩地，然後在十六歲時又遭逢庶母突然去世的惡運，童年時可謂命途多舛。不幸中之大幸是他仍可繼續學業，年屆二十一歲才放下書本，正式接掌家族生意。

特殊的成長背景和教育經歷，相信培養出甚為特別的思想及價值觀念，進而深刻地影響其生意經營、社會參與、待人接物、家族觀念、生活享受等不同層面的行為與看法。到底余東旋的成長與教育如何反映傳統與現代、中國與西方兩個不同層次或體系的互動？年幼時與父親長期分隔兩地（後來亦與生母分離）、父親及庶母早逝等衝擊又怎樣影響其人生觀念？以下我們先從余廣培在世時寫給余東旋的信函中了解一些中國傳統價值觀念的教育，之後再談西式教育的衝擊。

在〈余東旋私人信件〉中，我們找到三封余廣培寫給余東旋的信函，這對了解他向兒子灌輸的傳統家族觀念很有幫助，值得深思細味。第一封寫於 1881 年（辛巳八月廿六日），即余廣培和余東旋分隔半年後，那時的余東旋相信尚未能完全懂得閱讀信函。這封信寫得特別長，說的事又不只是教導兒子應學習的道理，帶有很強的弦外之音，或者說另有所指，所以實在值得好好細讀：

八月初十日得接家信，諸事詳悉。愚父自到店以來，身體亦平安，爾等可毋掛慮，但爾在家必須聽爾祖父母與母親教訓，方成為子之道。至爾母親有云：「祖母諸多言語」，此事愚亦盡知，但為婦之道，以孝順為先，即翁姑稍有言語，亦須忍耐，古云：「孝子不如孝媳」，此之謂也，愚父此番出外營謀，都為家貧親老，況爾年將長大，他日家徒墻（應為「壁」之筆誤）立，各事甚費籌謀，故愚不惜風波之險，遠涉重洋，欲得資財，上供父母，下蔭妻兒為念乎。爾祖母云愚在外娶客妻之事，亦由三叔在家時，對他攪弄，豈真有此事，而能掩眾人之口乎？俗云：「水落石出」，俟下年與兩弟返家時，自知明白也。爾等在家，切不宜聽橫人言語，使心中常慮不安。至於祖母，若有言語，必須忍耐，切勿與他爭論，自古云：「家和萬事興」，果依吾言，則愚雖在他邦，亦可勉（應為「免」之筆誤）內顧之憂也。至於孀母之間，亦須和順為本，幸毋爭執，以成仇怨。俗有云：「好醜自有人知」，切宜緊記。但爾舅父必須明年攻書，俾得字書墨通曉，他年出外經營，方易學習。若果不願讀書，則寫信到來，待愚父看有何樣可能安身，然後通知，到來學習可也。爾外祖父母在家平安，愚稍舒遠念，代愚父問候便是，但爾母親家中費用，愚自然關心，陸續寄返，不須過慮。至於寒加衣，饑加膳，爾等自行檢點，毋○多囑耳。一兩月間，可將家中諸事，詳報我知，以免懸望。并承人便，順付回大銀壹拾員，可照查收，倘收妥之日，即回壹音，以免掛望，但各事以廉為主，切勿浪用，使愚有不賢之嘆也，愚於七月到店後，有祥和廣貨店，欲請愚明年過伊舖掌理，每月出工艮十五元，因見裕生乃多年賓主，故對東人言及此事，而裕生東人力留，不久愚遇舖，寧願每年加多工艮五十元，似此所差無幾，故仍舊應允，待別時再有大

路，然後裁酌。但爾等在家必須謹守閨門，切不宜多於出入，以貽笑於人。至緊○姆孀與伯叔，各均平安，愚於初六買月餅四箱，代送二位耳，餘未多囑……再囑，自後凡有信付來，必須用仰帘加寫，切不可用單信寫，因省港之件，常○○折人信偷看，此次之信，亦經折過，故此至囑○○另付來信面寫家信交楊仁里，文發○○內廣裕收入，轉寄檳嶼，裕生內，交愚收折，便得，不用交爾祖父母手付來耳。

這裏帶出來的多項特點是：一、強調聽從祖父母及母親教訓的「為孝之道」，希望他成為孝子。二、別有所指地談到「孝子不如孝媳」，說出「為媳之道」，明顯在勸告妻子。三、闡述自己「出外營謀」目的在於「上供父母，下蔭妻兒」。四、批駁三叔「攪弄」他「外娶客妻」之事，但此點最後證明確有其事，可能揭示他初時或尚未確立和文煥章的關係。五、強調「家和萬事興」的觀念，揭示家中應有婆媳姑娌問題。六、提及自己小舅不願讀書一事，轉告應勸其讀書為要的道理，對外家亦甚關心。七、要求兒子寫信向他報告家事，顯示他對家事一直關心。八、持續給家中匯寄款項，作為家用，並要求「以廉為主，切勿浪費」。九、講及自己打工的收入以及店東「力留」一事。十、提及書信要加封，以防別人偷拆，顯示當時應有偷拆別人信函的行為。

以上一言一語的交代和叮囑，在外人看來，或者覺得嘮嘮叨叨，但對無數孑然一人身在外邦的人子人父而言，實在字字發自內心，這亦說明為甚麼會有「家書抵萬金」的說法。儘管余廣培應該知悉年紀尚幼的兒子未必能完全看懂他的信函，其信函可能是找祖父或親友讀給他聽（可能梁亞友也會一起看那些書信，因其中內容實

在似是說給梁亞友聽），但他那種循循善誘、諸多訓誨的嚴父形象，仍是躍然紙上。至於年幼的余東旋對家書中的教導到底能夠吸收多少，則不得而知了。

　　大約一年後（壬午六月初十日），在另一封由余廣培寫給余東旋的信函中，我們又可看到另一些值得注意的教誨，當然亦可多少察覺到家族關係和背景的轉變。余廣培這樣寫：

東旋吾兒知悉，舊〇十一月愚父有信壹〇并艮五元付回，誰料帶信之人不良〇，我今始知并此交到，使爾此手盼望。本年爾付來之信內有黃契母之信，均已收妥交去。愚父自三月往大唄叻收賬，至五月廿八日始回店，故許久未有信付返，料爾母必掛念，但爾在家必須聽大人教訓，不可往街外閒遊，〇〇以母要教導兒孝順翁姑，嬸母和睦，成賢德之婦，凡事必須忍耐，使家庭和順，愚方免內顧之憂。前〇月，祖父有信到〇，云依本年與爾開學，故此次付回艮叁拾元，交與祖父，以作使費家用，但爾來信云不用多付艮回家等語，此言切不宜講及，試問人生養子，辛苦萬端，方尚成人長大，許多功勞亦望見兒孫有用，使老年安樂，然後不負所望。倘生子不孝，賺得錢財私蓄，肥己不顧老人供養，如此不肖，雖有亦不如無耳。況天道循環，簷前滴水點點依舊，不可不知。愚父奔波異國，辛苦勤勞，都是上為父母，下為妻兒，爾等在家必須體悉吾心，每事忍耐，以免遊人日夜憂慮，今見爾來信，內中言語心甚不安，你〇將家事詳報我知，但未曉祖父母在家身體康泰否？并爾母子身體平安否？順為提及，愚父在嶼埠身體平安，爾等不用掛慮，許順由廣裕梁岷初翁處付回艮弍拾大員，祈兒查收入，但

切不宜粗用，必須分作僅使用，因愚舊歲回家，交過工艮百餘
元，本年工艮有限，即至年晚亦無艮可付回也。況愚父所得工
艮那〇容？為此次出外收賬，數月日則行數十里之路，且山路
險阻，野禽極多，五〇〇〇〇埠回店，大船上風浪如山，幸得
平安到店，〇〇否如或不〇〇工艮付歸，爾等使用必須廉儉為
先，方不負〇，〇〇〇爾外祖父母與爾舅父身體諒必平安，家
用未〇〇〇〇數，必須照應方成子女之道，但切不宜貪心想利
〇〇〇〇〇等件定必有出無回，緊記〇前者。爾外祖父信內云：
「有表親運兄欲尋工僱」，但帶人出外甚望為難，即舊歲帶爾
四叔阿到店，一到叻（即新加坡）在裕生月中有數元可得，誰
想他不堪教訓，至十一月自行出店東走西走，衣物尚不保全，
直至五月愚父回店聞人及，故又寫信叫他出來，薦他往大唄叻，
未曉他〇後如何做法，若果再不聽教，須至親骨肉亦難與他尋
路也，祈皆難與外祖父得知，切不宜着他到來，使我多壹番憂
慮也，此俟後示但收到此艮即函〇我知，以免懸望〇囑。

　　這封信帶出來的問題是：一、在此之前的信函和匯款往來並不
容易，應是帶信人「不良」之故，亦揭示那個年代書信往來難以暢通
的問題。二、談及余廣培往霹靂收賬一事，與早前余廣培其他信函
內容一致。三、再次談及孝道問題，尤其提及「賢婦之道」與家內
和睦問題。四、知悉祖父決定讓余東旋年內「開學」（應是 1882 年 9
月那學年，即余東旋五歲時），接受教育。五、教訓余東旋早前信函
提及「不用多付艮回家」的說法，批評「肥己不顧老人供養，如此不
肖，雖有亦不如無」，一再強調孝道的重要。六、再次表白心跡，指
「奔波異國」，目的「都是上為父母，下為妻兒」。七、提到余東旋
早前來信的內容令他「心甚不安」，似是揭示家人健康或內部矛盾加

劇，所以余廣培要求兒子「將家事詳報我知」。八、對於匯款，一直
強調「切不宜粗用」，要「廉儉為先」，尤其提及自己「工艮有限」，
手頭拮据。九、教導兒子「切不宜貪心想利」，並經常提及「子女之
道」。十、提及「帶人出外」和「代薦工作」的為難之處，此應是當
年華人往海外謀生，多有人代為介紹，作其「盲公竹」的現象，而余
廣培當年闖蕩南洋，亦應是採用相同的模式。

　　余廣培將余東旋送回家鄉求學初期，乃他事業中的最低潮時
期，手頭十分拮据；余鶴松就算年老健康欠佳，仍被迫四出奔波，
為人看風水。所謂「貧賤夫妻百事哀」，家中財政拮据相信令矛盾增
加，甚至激發婆媳妯娌紛爭，所以余廣培經常要在信中提及「賢婦之
道」和家內和睦等問題，當然亦不忘教導余東旋要做個孝子、要「廉
儉為先」、不宜貪心等道理，而自己「上為父母，下為妻兒」隻身異
國「奔波」的行為，自然希望能作為兒子的身教或楷模，讓他明白為
人子女之道。

　　正如早前章節提及，走出人生低潮的余廣培，工作日忙之後，
可能減少了寫家書的頻率，因自 1882 至 1890 年他去世的近八年時
間裏，我們只找到一封於 1884 年年中寫給兒子的信函而已。當然，
出現這種情況，也可能是相關材料沒有保存下來之故。且不理會余
廣培減少寫家書的真正原因何在，1884 年（甲申五月十八日）那封
給余東旋的信函，無疑又帶出不少值得注意的內容：

　　東旋吾兒知悉，前者仍接來信，均已知家中諸事矣。本月接到
　　爾祖父來信云：「三叔經已到家」，但愚父有交他帶返洋布數
　　疋，未知仍收否？倘若收到此布，其時分開大家做衣物用可也，

千祈不可一人自取，被人談論小氣為要。并爾庶母亦有艮信壹
十弍元，交三叔帶返與爾母親，內中係交爾外祖母弍元，交爾
母六元，交爾祖母三元，交三嬸三元。昨祖父來信云：「此艮
三叔用了，并無交與爾母。」如未收到，千祈不可出聲，些小
之事，免至彼此不睦。待至愚父歸家，自然明白耳。爾今年幾
長大，必須勤力讀書，聽尊長教訓，他日方成有用。若頑惰好
〇（可能是「玩」），不去讀書，定然無用。愚父得知，決難
恕耳，謹記。〇并〇爾母親不用掛慮，至明年儸期滿後，愚父
即歸家，聚首家中。白髮翁姑望他代勞奉養，方成為媳之道。
若果能上和下睦，教子有方，則愚父自當感激不忘也。愚父身
體平安，毋容遠憂，許承人便順付來大艮弍拾元，但〇收此信，
祈〇爾外祖代寫信通知，以免掛望家中各事，祈一一通知為要，
并聞爾舅父阿珠今年不曾讀書，未知作何事業，千祈不可任他
在家閒遊，或尋生意學習或做手藝安身為要，并答信〇候。

一、提及余廣德（三叔）由南洋返回家鄉，而余廣培曾託他帶
回洋布，給全家人做衣物，要求兒子分給大家，「不可一人自取」獨
享。二、提及庶母（即文煥章）帶回十二元，分別轉交其祖母、外祖
母、母親及嬸母，顯示文煥章在培養與她們的關係。三、但文煥章
交託的款項，並未交到梁亞友手中，這意味文煥章想用來「拉關係」
的錢落入余廣德之手，揭示余廣德做事做人手法不好，亦反映他與
文煥章及余廣培關係欠佳。四、余廣培似是刻意將此事告知兒子，
但又吩咐他「千祈不可出聲」，覺得只是小事而已，此舉似要讓兒子
明白家中的關係與矛盾。五、認為兒子已「幾長大」，要求他「勤力
讀書，聽尊長教訓」，不應「頑惰好〇」，甚至頗為嚴厲地告誡「愚
父得知，決難恕耳」，嚴父形象鮮明。六、一再提及「為媳之道」，

字示

東旋吾兒知悉前者迭接來信均已知悉中滿事矣華月接拊示

祖父來信云三叔往乙卅當□但愚父有交也帶及羊布故定來知

余廣培給兒子余東旋的書信

交託其母「代勞奉養」，尤其指「若果上和下睦，教子有方」，他本
人會「感激不忘也」，此點尤其揭示余廣培明顯不滿意梁亞友在這
方面的表現。七、仍然十分關心岳父一家，包括要余東旋告知岳父
他在外平安，亦關心小舅不讀書後所作何業，並勸告不可「在家閒
遊」，而應學習生意或手藝。

綜合以上三封極為難得的余廣培寫給余東旋的家書，可以粗略
看到余廣培一來對家中事務十分牽掛，二來則對兒子諸多教導，要
求嚴格，而所傳授的價值與觀念，無疑十分傳統，主要是教導他要
做個孝子，「以孝順為先」，謹守孝道，同時亦要維持家中和睦，大
方大氣，盡量減少內部矛盾，並要勤力讀書，「廉儉為先」。與此同
時，信函亦揭示了家族內部矛盾不少，尤其是余廣培覺得梁亞友未
能做好媳婦的角色，亦對三弟余廣德的作風為人甚為不滿，包括曾
指他「攪弄」是非，或是私吞文煥章託其帶回鄉的款項等。

正如前文不同章節提及，余廣培去世大約一年後，年約十五歲
的余東旋在庶母文煥章安排下到了檳城，他並非立即子承父業，而
是接受西式教育，就算到文煥章於 1893 年去世後，他仍繼續學業，
直至 1898 年年滿二十一歲時。到底自 1891 至 1898 年近七年時間在
檳城接受教育的過程有何特別？又如何影響了他的價值觀念與人生
態度呢？

綜合各種資料顯示，余東旋被送到檳城後，文煥章先安排了
華人老師教導他英文，之後才把他送進正規西式學校 St. Xaiver's
Institution，估計學習約一年時間左右（Sharp, 2009: 17）。由此推
斷大約到了 1892 年底或 1893 年初左右，即文煥章去世前，當他的

英文已有一定根基後，被安排跟隨名叫 F.W. Harley 的老師學習，藉
以提升英語能力。再接着是文煥章去世後，在遺囑執行人安排下，
余東旋被安排到檳城 Penang Free School 的校長 R. Butler 家中，與
校長一家生活，在一個完全屬於「西方世界」的環境中學習各種生活
禮儀、溝通和相處等行為舉止，培養他成為「一名英國紳士」（Sharp,
2009: 22）。

到了 1895 年，余東旋轉到霹靂州怡保，入讀當時成立不久的英
華學校（Anglo-Chinese School），並寄宿在本身既為傳教士又為校
長的 W.E. Horley 家中，此舉似是再作深造，學習更多知識，直到年
滿二十一歲後離校，接掌父母生前留下的生意。由於 Horley 乃傳教
士之故，Sharp（2009: 22-23）推斷余東旋應該從這個學習與相處的
過程中感染了人道主義思想，成為促使他日後推動「反鴉片運動」的
主要原因（參考第七章之討論）。

正因余東旋自十五歲回到檳城後接受了全方位的英語教育，他
日後不但能說如英國人般極流利的英語，亦全面學習了歐洲人的文
化、衣着談吐、生活品味等，行為舉止真的成了「一名英國紳士」。
就連居住的大宅，也是歐洲式城堡，所以他做了一項極少華人能比
的舉動——在馬來亞、新加坡、香港等地興建不少歐洲式城堡作為
居所，成為傳奇人生的其中一個特點（Koh, 2000; Sharp, 2009）。

一個至關重要的有趣現象是，自 1882 年約五歲左右開始在家鄉
鶴山接受傳統教育，到十五歲左右到檳城接受近七年西式教育的余
東旋，踏足社會後的行為舉止明顯讓人覺得他完全西化——奉行中
國傳統納妾蓄婢制除外，就算是社交圈子，也偏向洋人或洋化甚深

的華人，某些教育與成長環境的巨大轉變，看來應是當中的關鍵。
至親或社教化的「關鍵他者」（significant others）先後去世——
先是祖父，繼而是父親和庶母，他回到檳城後生母不在身邊，他與
兩位叔叔的關係看來又甚差，因此可說是失去了可以依傍並會深深
影響其人生觀念的人，取而代之的則是學識較豐、視野較闊、形象
和地位又較突出的洋人老師校長，他們在知識傳遞與教育方面相信
尤其擅長，所以會更為直接和深遠地影響余東旋的價值觀念和人生
目標。

　　另一個不容忽略的問題，當然是農村與城市、傳統與現代，或
者說中方與西方相互碰撞下的「高下立見」，促使他「棄中就西」，
靠向西方生活與文化。所謂農村與城市，是指鶴山與檳城的對比。
雖然檳城的土地面積不大，但自從落入英國人手中，確有不少發
展，除了引入西式甚有氣勢的建築，當然還有不少新潮摩登的產
品，這些無疑鶴山難以望其項背。所謂傳統與現代，主要指教育方
式及知識涵蓋面。傳統教育是嚴師由上而下的單線知識傳授，偏重
死記硬背，較為枯燥，現代教育則重視師生互動，學生有較大自由
與自主學習，且側重啟發；另一方面，傳統教育講求考取功名，八
股更非實用之學，現代教育則有更多實用學科，且有助對世界的認
識。所謂中方與西方，是指對兩者的綜合印象。自鴉片戰爭後，西
方國力強盛、科技精銳、生活現代化的形象逐步凸顯，反觀中國則
發展停滯、科技落後，生活水平尤其低落。

　　正因以上多個層面的差別明顯、高下立見，處於青年時期，且
在兩個地方均有生活經歷的余東旋，在接受長達七年、全方位的西
方文化洗禮後，自然會選擇倒向西方，自此之後與中國一方保持距

二十歲（左）和四十歲（右）時的余東旋

離。當然，毋庸否定的是，正因余東旋曾經接受西方教育，熟諳英
文和英國文化，加上結識了不少在當地的洋人，擁有人脈關係，他
日後在英國殖民地經營生意時乃能如魚得水、乘風破浪，取得豐碩
成果。

接掌生意的屢次點石成金

　　年滿二十一歲後，余東旋立即按庶母生前遺囑規定繼承了家族
財產與生意。雖然接手時家族財產據說已「囊空如洗」，生意亦被指
「虛有其表」，財務拮据，一度需要依靠養妹出售她的珠寶首飾，以

及舅父（庶母文煥章胞弟）的幫助，[1] 才讓余東旋「捱」過一段困難的歲月，然後奇跡似的走出困境。對於余東旋接掌業務時的困境，Sharp（2009: 23）有如下介紹：

> 當他回到務邊，發現他的叔叔們開始干預他的將來，他們好賭成性，一起掠走了仁生的現金和積蓄，而錫礦的存量已開採得幾近枯竭。東旋為要收拾那個殘局而感到絕望，幸好他的養妹祖儀（Zu Yi）大方地出售了她的珠寶，為仁生重注力量，能夠有財力向務邊以外地方勘探錫礦。

儘管正如上一章中提及，余廣德及余廣晉兩位叔叔未必如余東旋所想般乃 1893 年下毒謀害文煥章的兇手，而兩人又應擁有仁生兩成股份或權益，但他們看來和余東旋關係惡劣；他們的壞習慣和難以獲得信賴等，很可能又擴大了與余東旋的鴻溝，尤其當余東旋長大成人，走上「前台」統領業務之時，矛盾與分歧相信變得更為激烈尖銳。至於更為現實的問題，相信是仁生號的生意與實力，在余東旋正式接手時其實已經如日落西山，顯示余東旋當時面對的，其實並非一個大好環境。[2]

1　　Sharp（2009: 23）只粗略地以「Maternal uncle, Tong How」作稱呼，他忘了余東旋其實有兩位母親。這位 Tong How，相信便是文煥章遺囑中提及的文炳周。

2　　當然，換另一角度說，余東旋接手時仁生號已「囊空如洗」，甚至要養妹「貼錢」才能維持和翻身的說法，很可能是要為隨後余東旋發現錫礦後的財源廣進撇除關係，因為若然他是用仁生號的資本支持他尋覓勘探錫礦，則按照文煥章遺囑的規定，兩位叔叔應佔有兩成股份。有關這方面的進一步討論，請參考第七章。

　　就在那關鍵時刻，余東旋看到的問題是：必須找到新的礦產，只有這樣才能帶領企業走出困境。於是他劍及履及地踏上在務邊以外的山川河流、叢林沼澤等不毛之地尋找錫礦的冒險之旅。一如不少戲劇故事般，開始時並不成功，踏破鐵鞋而毫無所得，但他堅持「不獲錫礦不收兵」，最終在近打河流域（Kinta Valley）發現了巨大錫礦。而那個面積多達 881 平方千米（即 340 平方公里）、藏量豐富的錫礦（Sharp, 2009: 24），則成為余東旋吐氣揚眉、迅速崛起的發祥地，而他真正做到了點石成金的效果。

　　對於余東旋這種過人運氣，Sharp（2009: 23-25）沒有如坊間不少人般回想到余鶴松當年把先人葬到「風吹羅帶」吉穴的事情上，雖然他也提到風水的問題，但卻另有一番見地的指是余東旋自幼從祖父處學得看風水的能力（*feng shui* sensibilities）。Sharp 進而指出，余東旋顯然已被灌輸土地與地質形成的重要知識，掌握諸如沖積平原的植被下是石灰岩或花崗岩的分別、蘊藏錫礦的古老河床上層往往有一層灰或白色的硬泥土等知識，他亦應該擁有風水大師那種能夠將山水與地勢在地質學空間視角下進行互動和結合的能力。簡單地說，個人自幼學習的風水知識，有助他尋找礦產。對於余東旋在尋找錫礦方面的特殊眼光與運氣，以及日後發展礦場生意時的遭遇，余東旋五太太廖正而在其回憶錄中有一段話可以作為說明：

> 幸運地，當他找到錫礦，錫米就像開井般如水湧現，取之不竭。其他人的錢就如某礦場般會掏光，但當那些礦場轉售與他，錫米又會如水般湧現。（引自 Sharp, 2009: 25）

在吉打發現第一個巨大錫礦後，余東旋還精騎四出，尋找更多礦場，而且屢有所獲，令其礦場數目在接着的數年間急增至大約十一個，其中八個在霹靂州，另外三個則在雪蘭莪及森美蘭等州。年紀輕輕的余東旋旋即躍升為「錫礦大王」，在當時市場中可謂無人能望其項背。更為重要的是，到了1900年，國際錫米價格相對1896年已上升了接近一倍，因此更令余東旋如豬籠入水般迅速暴發起來（Sharp, 2009）。

由是觀之，余東旋迅速致富，雖因其風水知識根底深厚，令他可以能人所不能地看到山嶺河谷與茂密植被下蘊藏的巨大財富；但他得到上天眷顧，有極好的運氣，尤其在找到錫礦後又碰到國際錫價大升等，亦不容低估。當然，每當談及那些個人能力以外諸如命水或運氣等因素，則難免掉進唯心論述，其祖先所葬的「風吹羅帶」吉穴，又總會成為加鹽加醋的好材料。

接着的發展故事很多人都耳熟能詳了。由於採礦工作需要大量勞動力，余東旋名下大小礦場乃如磁力場般吸引大量勞工聚集，當中絕大多數來自華南沿岸鄉村，並因此帶來較其父時期更為龐大的雜貨及僑匯等衍生出來的各種生意；後者產生的連鎖反應更讓余東旋有了強大的資金流，支撐其他不同層面的再投資，尤其令他日後可以走進利潤更為可觀、社會地位又較高的銀行業。即是說，連續發現巨大礦場後，余東旋的生意出現了一榮皆榮的連鎖效應，令其財富、名聲與社會影響力迅速提升。

早期採礦偏重人力，並以華商為主導，刻苦耐勞的華工尤其成為主力軍；但自歐洲商人引入現代科技後，局面發生巨大轉變，機

械力逐步取代人力，歐洲商人在市場上亦轉趨主導，華商則逐步落
於下風，競爭力大不如前。為此，由於曾受西學教育，並嚮往現代
科技，余東旋乃不惜投入資金，率先引進西方機械設備，用於名下
礦場之中，包括高壓水泵、利用電力驅動的採礦機等，令開採效率
和產量不斷提升。他並與當地華人礦主合作，成立煉錫廠，聘用歐
洲工程師，採用最新科技煉錫，以提升錫的純度（Koh, 2000; Sharp,
2009: 25-29），強化市場競爭力，這亦直接說明他為何能在那個競爭
激烈的環境中穩守領導地位。

　　所謂「花無百日紅」，余東旋不但深具這種傳統智慧，亦有一
定的先見之明，所以他在進入二十世紀不久，因着對西方資訊有極
多接觸與了解，知悉新事物 —— 例如汽車的發明 —— 必然影響市場

余東旋在霹靂州積莪營的礦場東利公司

發展的關鍵節點，所以約在 1906 年，已開始逐步利用從錫礦生意獲得的大量利潤，投入方興未艾的橡膠種植行業，尤其憑着他與英國殖民地政府的關係，爭取得霹靂州兩個佔地面積達 283 公頃（即 250 畝），且很適合種植橡膠的種植園，大舉進軍橡膠種植業（Sharp, 2009: 56）。

作出此一重大投資舉動後的 1908 年，汽車業先鋒亨利 · 福特（Henry Ford）在經過反覆研究及試驗後，宣佈創立通用汽車公司（General Motors），開始大量生產汽車，隨即帶動市場對橡膠的巨大需求，因為汽車的其中一項重要配件 —— 輪胎 —— 必然來自橡膠。受到市場巨大轉變的影響，橡膠價格自 1908 年起乃拾級而上，到了 1910 年更達狂熱程度。根據 Sharp（Sharp, 2009: 57）的說法，在 1910 年，當時橡膠的價格是生產成本回報的 16 倍，亦是投資者以投資價值計算「股息回報」（dividend yield）的 3.25 倍。

於是，余東旋又因其獨具慧眼，或者如俗語所說的「行運一條龍」，在產品推出市場時碰上價格飆升，因此賺得盤滿缽滿，令其如「站在風口上的豬」般飛了起來，頭上因此多了一頂「橡膠大王」的桂冠。一名為余東旋服務多年的老員工曾言簡意賅地指出：「每樣東西給他一碰便成了黃金。」（引自 Sharp, 2009: 58）余東旋的投資看來確實有「點石成金」的效果。

採礦與橡膠種植的左右開弓、雙軌前進，為余東旋帶來的巨大收入，在當時馬來半島上實在無人能及，單是採礦業務，在 1908 年時便聘用了 12,000 名勞工（Sharp, 2009: 28）。對於那些廖正而口中「如水湧現，取之不竭」的巨大財富，在那個投資工具並不如今天

般眾多的年代，余東旋的再投資哲學，看來則與絕大多數發達致富者差別不大。簡單而言，就是把大部分積累下來的財富投入於土地之上，起初在馬來亞半島上大量購入優質地皮，之後則向新加坡、香港等地伸延，部分地皮用於興建商業建築，為日後帶來穩定的租金回報，部分則用於興建私人大宅；後者的最大特色則是前文提及的歐洲式城堡，其中一個說法指他相信歐洲式城堡有助「延年益壽」（鍾寶賢，2009：98）。這裏帶出一個唯心思想的風水問題，余氏五太（廖正而）在一次訪問中表示，余東旋熱心興建歐洲式古堡與風水有關，因為他的祖父指余東旋生於「魯班師傅誕」，故一定要大興土木才得享長壽（Sharp, 2009: 147-148）。可能余東旋真的對此深信不疑，或至少是寧可信其有，故他在馬來亞半島、新加坡、香港等地，興建了大量古堡（參考本章另一節的討論），引來不少注視。

　　余東旋這種對土地投資「情有獨鍾」的情結，看來與其父親及庶母一脈相承，所以不能排除是自小受他們灌輸所影響，當然亦可能只是「英雄所見略同」，因為任何富人都會把比例不少的資產投放到物業地產中。當然，撇除如共產主義時期取消私有產權，一切土地收歸國有的特殊情況不論，土地回報具相對較高和較穩定的特點，正是其別具吸引力的地方。到底余東旋自進入二十世紀之後購入多少土地，據一些非正式的統計，單是 1932 年在新加坡成立余仁生有限公司時，該公司名下持有的物業地產，總數便多達 340 項（Chung, 2002: 582）。由於「大雞不吃細米」，那 340 項物業地產要不面積佔比大，要不處於黃金地段，所以均屬價值不菲的項目，這亦說明今日新加坡的唐人街為甚麼會有一條長達一公里（1.6 千米）的「余東旋街」（Eu Tong Sen Street）了。

　　必須指出的是，他投資土地的年代，並非如今天香港或中國大陸的地產商般，購入土地主要用於地產開發，土地就如其生產材料，並藉興建房屋出售圖利，而是純粹地產投資，即是長期持有，着眼於穩定而長期的租金回報。這方面投資帶來的財富增長效應，雖不像錫礦及橡膠般「來勢洶洶」——當然在形勢逆轉時又大幅萎縮——而是如江河水般長流不息，擁有另一層面的投資優勢。細節不論，若單從余東旋持有的 340 項土地資產看，名下財富實在已屬極為龐大的天文數字了。正因如此，他乃成為海峽殖民地的大地主，是名符其實的「地產大王」。

　　事實上，環球政治及經濟形勢在二十世紀上葉一點也不平靜，而是大風大浪、波譎雲詭，其中第一次世界大戰和美國股市崩盤引發全國經濟大衰退，為全球社會帶來極為巨大的衝擊，因此亦影響了國際錫米和橡膠的價格，余東旋則因每次均把積累得來的財富轉投到地產這種回報較穩定的資產中，因而相對幸運地避過一劫——當然他的錫礦和橡膠生意亦遇到巨大挑戰。反觀那些所有投資均集中於錫礦或橡膠的商人，例如同樣名氣甚響的陳嘉庚，便在那次經濟大衰退中遭遇到巨大困難。

　　余東旋的身家財富大幅急升，名下企業更左右了海峽殖民地的經濟發展，既為當地勞動市場創造了大量工作職位，當然亦為政府帶來了巨額稅收；加上他英語了得，與不少華洋精英過從甚密，自發跡後便一方面獲當地上流社會招手，成為各種聯誼會——例如錫及橡膠商會、槍會和馬會等——的成員或幹事，另一方面則獲委任為當地立法議會的議員（Koh, 2000; Sharp, 2009）。舉例說，1904年，當時只有二十七歲的余東旋獲英國殖民地政府垂青，邀請他加

入吉打州衛生局（Kinta Sanitary Board）── 一個討論地區發展的諮詢組織，涉足政治。

接着，他又成為由華人護衛司設立的華人諮詢委員會（Chinese Advisory Board）的非官守人員。後來，他再獲委任為馬來聯邦議會（Malayan Federal Council）的議員，該議會是一個具實權的立法機關，而他則是十四位議員當中唯一的華人，地位極為吃重（Sharp, 2009）。即是說，他擁有了尊貴的政治身份，在政治上亦有了不容低估的影響力，因而又能更好地維護個人及家族的各種投資利益，為家族發展奠下更穩固的基石。

拔　營　遷　寨　新　加　坡

雖然家族的發跡地在馬來亞半島，尤其是父輩落腳點和余東旋出生地檳城，以及生意集中地務邊、怡保、吉打等，乃情感與財富的源頭，但到了 1910 年，余東旋卻突然作出拔營遷寨的重大決定，將企業的「指揮作戰」總部和生活重心搬到新加坡，引來不少關注目光。到底是甚麼原因促使他要這樣做呢？對日後發展又產生何種重大影響呢？

對於拔營遷寨這重大舉動的原因，坊間沒有一致看法；就算在余氏家族之中，看法亦人言人殊。雖則如此，Sharp（2009: 52-77）在介紹余東旋生平的著作中的記述，頗有不少值得參詳思考的地方，因她引述余東旋女兒余細玉（Eu Sai Yuk，譯音）的說法，指主要原因是安全受到威脅，內心出現恐懼之故，但另一方面則指可能

與生意需向新加坡發展有關。

Sharp 進而分析，海峽殖民地的華人，不少有黑社會背景，例如加入當時被視為幫會組織的洪門，而由孫中山牽頭成立的同盟會吸納了不少洪門成員，因此有指當時搞革命的多為背景不清的人士。而余東旋兩名堂弟余東祐及余東雄，於 1908 年左右加入同盟會，踏上推翻滿清、建立新政權的革命道路，因此令他十分困擾。

Sharp（68-72）補充，余東祐和余東雄的父親余廣晉早於 1904 年去世，享年只有四十一歲，與余廣培一樣享壽不長。[3] 余東祐和余東雄為不同母親所生，兩人在余廣晉去世時應年紀尚幼（例如余東雄只有十歲），兩人約在 1908 年加入同盟會，並一同參與了 1911 年 4 月的廣州起義；余東雄成為黃花崗七十二烈士中年紀最輕的一員，既葬於黃花崗，亦長留史冊，但余東祐在那場起義後失去了影蹤，暗示他已死無全屍，亦消史於歷史之中了。

但是，據一位筆名「競爭」的人在題為「郭繼梅余東雄合傳」的文章中（收錄於鄒魯 1923 年編寫的《黃花崗七十二烈士事略》一書）介紹，余東祐應沒參加那次廣州起義，因為該文稱余東祐「現乃佛山同盟會幹事」。即是說，余東祐可能在革命成功、推翻滿清後再沒回到南洋，而是留在鶴山生活。該文還指出一點，余東雄甚為不滿余東旋的行為，指「烈士遇經濟困難，有友勸其登門借貸者（即向

3　有關余廣德及其一房的情況，Sharp 在書中則沒有介紹，相信此房沒有太大的發展。

余東旋借錢），則曰人貴自立，吾輩豈搖尾乞憐者」（競爭，1923：67），顯示余東雄一房與余東旋一房的關係實在不好，大家的身家財富亦應差異巨大（參考第七章的討論）。

進一步資料則揭示，孫中山等革命人士曾多次到馬來半島及新加坡等地，尤其那些華人高度聚集中的礦場宣揚革命、吸納成員，並向華商募捐，籌集革命經費。由於余東旋的礦場聘有多達 12,000 名華工，加上身家豐厚，兩位堂弟又加入了同盟會，且對革命表現得滿腔熱誠，余東旋自然成為重點宣揚、招募和尋求捐款的重要人物。但是，令同盟會人士深感失望的是，雖然他們在 1908 至 1910 年間多次與余東旋接觸，花了不少工夫，甚至有傳余東雄曾以手槍威嚇要殺死他，但他仍不為所動，既對革命甚為抗拒，不願加入，亦不願意捐款，與陳嘉庚、李光前、陳篤生等著名華商對革命表現得甚為熱情的行為大相逕庭（Sharp, 2009）。

為此，陳嘉庚曾不點名地作出批評，指余東旋極不願意支持革命。他這樣說：「有一位海峽出生粵籍華人，他擁有千萬身家，但拒絕捐出分毫。他的藥店幾乎遍佈所有大城市，有謠言指這些店舖會遭杯葛，他才捐出萬元。」（引自 Sharp, 2009: 72）Sharp 又指出，不僅余東旋本人不支持革命，他旗下的企業亦很反革命，並認為這是一種非政治化或支持現狀的表現；但在更早之前，他曾招待在「戊戌維新」失敗後落荒而逃的康有為，所以後期的舉動令人大惑不解。

總結而言，Sharp 的看法是，余東旋那時要轉移生意和生活據點到新加坡，雖有一些生意經營的因素，但主要應是害怕有黑社會背景的同盟會人士威脅他的人身安全，因曾有一些信息指他們想綁架

他，然後勒索贖金，用以支持革命。由於新加坡政府採用較強硬手腕執行法律，可以給余東旋及家人較大的安全保障，所以余東旋便在那個時刻選擇拔營遷寨，由馬來亞半島轉移到新加坡，再以遙控方式管理馬來亞半島上的大片生意。

　　Sharp 綜合余氏後人對於余東旋舉家遷移新加坡的分析，部分看來言之成理，但大部分則未必屬實。舉例說，指余東旋移居新加坡，是為了逃避有黑社會背景的革命人士的威脅，在新加坡能有更好的法律保障，便明顯言過其實，因為新加坡其實是同盟會的總部所在（田柏強，2017），革命人士更為活躍和集中。而新加坡乃自由港，商貿活躍，所以三山五嶽、不同品流的人士出入更為頻繁，顯示他若擔心受革命黨人傷害，移居新加坡反而是「送羊入虎口」。

　　另一方面，Sharp 指余東旋對中國表現了非政治化或支持現狀的態度，但其實他曾接觸或招待被滿清朝廷列為欽犯的康有為，認為余東旋的政治態度似乎有自相矛盾之處，令她大惑不解；這則反映她對滿清、革命人士和英國政府三方關係或力量未能完全了解。簡單來說，康有為變革失敗後逃亡，背後有英國的營救和支撐，在香港，親英的何東便相信在英國政府指示下參與了營救工作，並招待康有為到他的大宅居住（鄭宏泰、黃紹倫，2007）；當康有為到南洋的海峽殖民地活動時，同樣親英的余東旋，相信亦應是在英國政府指示下接待他到其大宅聚首，以示支持。況且，有英國人撐腰，他那怕有些擔憂，還是有個靠山保護。

　　但是，對於孫中山搞革命，英國政府一向並不支持，並曾禁止孫中山進入香港（李金強，2012）。就算在海峽殖民地，總督安達臣

（John Anderson）亦曾發出相同的禁令（Sharp, 2009）。更須指出是，殖民地政府很可能看到余東旋堂弟加入了同盟會，所以指示他本人不能捲入其中，或是讓宣揚革命的活動進入其企業，任其擴散，令企業中的 12,000 名華工成為不穩定政治力量。於是，余東旋便表現了反革命和支持現狀的態度。

即是說，對中國政局的態度，余東旋基本上是唯英國政府馬首是瞻。Sharp 提及余東旋接受西式教育時，學者出身、對中國文化有一定研究且曾擔任海峽殖民地華人政務司（Chinese Protectorate）的夏爾（G.T. Hare）說過一段被指令余東旋難以忘懷的話。他曾對着當地「頭家」（華人頭面人物）這樣說：「不要嘗試身事二主，任何嘗試在兩面旗幟下遊走都是錯誤的⋯⋯ 不要嘗試既作一位海峽（殖民地）出生新加坡的英國臣民，又作一個中國的中國臣民。」（Sharp, 2009: 70）此語無疑有《聖經》中「不能又事奉神，又事奉瑪門」的色彩，對虔誠教徒而言自然乃信仰大忌。

那麼，余東旋在 1910 年移居新加坡反映了哪方面的深入思考呢？若結合 Sharp 披露的資料與其他歷史發展事實，則可看到更為清晰的圖像，問題核心當然還是與余東旋兩名堂弟參與革命運動一事有關。以下且先看看當時家族關係和歷史事件的一些重大變化：

一、1908 年，余東祐和余東雄在檳城加入了孫中山為發動革命推翻滿清皇朝而成立的同盟會，余東雄對革命尤其表現了滿腔熱血；

二、同年，余東旋曾遇意外，並在 8 月康復；

三、同年，與余東旋分離多年的生母梁亞友，[4] 被安排由鶴山移居馬來亞，與余東旋團聚，然後在 1910 年一同移居新加坡；

四、1910 年，余東旋在新加坡開立第一家余仁生門店，地址在南橋路 10-12 號，顯示他大約在那時轉移到新加坡生活；

五、1911 年 4 月，余東雄參與廣州起義並壯烈犧牲，成為黃花崗七十二烈士中年紀最輕的一員；

六、大約半年後，武昌革命成功，滿清覆亡，中華民國成立；

七、同年，余仁生在新加坡的門店為慶祝中華民國成立而裝修，換上了全新的「余仁生」招牌。

曾在帝制時代生活過的人，相信都會有一種深刻的意識：參與推翻皇朝（搞革命）絕對是一件極危險的事，不成功便成仁，失敗後不但個人會被殺頭，更會誅九族，牽連極廣。從這個角度看，早年不少搞革命的人士找余東旋募捐或宣揚革命，他可以完全不理，亦沒甚麼憂慮，但當確實知悉兩位堂弟參與其中，而且發現他們十分狂熱，已經到了不能挽回的地步時，余東旋應該陷入了極大的憂慮之中。另一方面，他的事業可以如日方中，申請礦場及橡膠種植手續輕易獲批，甚至能獲邀進入議會，當然與英國殖民地政府扶持有關，彼此關係緊密不難想像；而英國在滿清政府壓力下反對同盟會

4　他早年按祖母及母親之命所娶的妻子，相信亦一同由鶴山回到檳城。

的革命黨人，所以他既不可能支持革命活動，亦不會在堂弟參與革命有何錯失時給予任何保護。

　　於是，他必須做好各種「堂弟搞革命一旦失敗，受其牽連帶來嚴重災難」的綢繆和應變，無可奈何但較為可行的方法，或者就是進行關係切割，大家劃清界線。[5] 所以，我們一方面看到，他在 1908 年遇到意外一事可能和與余東雄爭執有關，然後他把年老的生母梁亞友（應該包括元配黃平福）接到馬來亞，不讓她繼續留在鶴山，再之後便是連根拔起地舉家遷移到新加坡。

　　事情的發展結果相信一半如他預期，一半超出所想：堂弟捨身成仁應是他的意料中事；但滿清皇朝迅速被推翻，革命人士成功取得天下則應在他的想像之外。所以到創立中華民國後，他在余仁生開業不久後即再裝修，特別換上新的招牌（Sharp, 2009: 52），此舉似是要作出一些補救。換言之，余東旋於 1910 年突然拔營遷寨的最重要考慮，應該是為避免家族受到余東祐和余東雄高調參與革命牽連的切割，[6] 害怕滿清朝廷在革命失敗後的清算，反而甚麼革命人士乃黑社會份子，會威脅余東旋及家人的安全的說法，則較似是託詞而已。

5　這相信亦可能是余東雄在意識形態上沒法爭取余東旋支持後，在考慮到自己的革命行為可能會連累對方及家族的情況下，與余東旋反目相向，大家成為陌路，這可能亦是一種關係切割，以免牽連的一些考慮。

6　據說，余東旋因擔憂當時革命宣傳影響他已年過十歲的長子余經鑄，於是決定將他送到英國讀書，並在 1910 至 1911 年間攜同他一起赴英（Sharp, 2009: 76-77）。此點其實亦帶有擔憂那時中國鬧革命風頭火勢，可能會被波及，寧可一避風頭的意味。

　　當然，若果放到國際貿易與營商環境在進入二十世紀後的轉變上，新加坡的國際商埠地位日見吃重，明顯亦是吸引余東旋決定遷徙的原因，此點亦得到余氏家族中人的基本認同（Sharp, 2009）。一個不爭的事實是，馬來亞半島的開發，令錫米和橡膠在國際市場上更為吃重，但對國際港口地位的提升，卻非檳城或馬六甲，而是新加坡。就算是余東旋逐步涉足的物業地產、僑匯、銀行、中藥等生意，新加坡亦成為連結各方的樞紐，因而很可能促使余東旋必須思考企業大本營到底應否留在檳城或馬來半島的問題。一個毋庸置疑的現實是，按 Thomas Friedman（2006）的說法，進入現代社會以還，受全球化浪潮的影響，國際商埠的建立，變成了各方貿易往來的聯繫中樞，因此吸引了無數具規模且有跨地域業務的企業在那裏落戶集結。對西方事物與國際大勢甚有掌握的余東旋，顯然亦頗為認同這種發展格局。

　　另一方面，因為個人自小的經歷，余東旋對新加坡和香港這兩個既是英國殖民地，又屬國際貿易樞紐的地方，應該甚為了解。投身商海後，因為發展業務的需要，更對這兩個發展步伐十分迅速的城市有了更為全面和立體的深入認識。正因如此，當他在思考如何讓生意投資更為國際化，或者說更有利於商業經營與資本投資時，更會深刻地體會到這兩個城市商業活躍、各種商業服務齊全，以及人流物流資金流暢通無阻等優勢。

　　不論余東旋那時內心考慮的真正原因何在，他在新加坡安頓下來後，明顯更加感受到新加坡有利商業貿易的各種優勢，於是進一步在新加坡投入資本，購地置業，開拓業務，在創辦銀行及經營戲院兩項尤為突出，備受市場和社會關注，在另一層面上則突顯了他

的投資眼光。

　　成功或幸運的商人總多多少少有着預見未來社會或市場變動的能力，更能在困難或挑戰中力保不失，甚至轉危為機，推動企業與投資更上層樓；失敗或不幸的商人，自然總是後知後覺，只能在困難或挑戰中沒頂，然後成為普羅民眾茶餘飯後用作教訓示範的例子。余東旋當然屬於前一類。在新加坡安頓下來的余東旋，不久因國際錫米價格受第一次世界大戰影響大跌而備受衝擊，他在克服商海的巨大風浪後，更為深刻地認識到多元投資、分散風險的重要性，於是乃在這方面作出相應策略調整，因而又造就了另一層面生意 ──銀行金融業 ── 的巨大發展。

　　正如上一節中粗略談及，採礦和橡膠種植吸納了大量來自華南沿岸的民工，他們飄洋海外打工亦如余廣培般抱着「上為父母，下為妻兒」的價值信念，並同樣將個人大部分收入匯寄回鄉，支持家人的生活；再有多餘之財則買田買屋，進一步改善家人的生活條件。正是在這種信念與習慣的驅使下，無數海外華工別具特色地締造一種令其他民族或文化大惑不解的生意或行為：「僑匯」── 即海外華僑將他們的收入匯寄回家鄉，形成一條數目不少的資金流，自海外向中華大地的華南僑鄉如中山、珠海、五邑、潮汕、福州等，持續不斷地奔流輸送（Benton and Liu, 2018）。

　　由於仁生號早已有了一些幫助華工匯款的經驗和業務，當余東旋將採礦和種植的生意做大之後，尤其建立一定口碑之時，乃順理成章地發展起僑匯生意來。僑匯服務雖然不向款項收寄雙方收取費用，表面上似是「白做」（沒有賺頭），但盈利卻在不同貨幣的匯兌

頭寸中獲得，[7]更不用說時間值和匯聚成資金流所帶來的巨大商機與資本效益了。據說，在 1913 年，「檳城及星洲 50% 匯到廣東的款項，都是經余仁生辦理」（Sharp, 2009: 55）。

正因僑匯生意產生的強大資金流效應，到了 1920 年 3 月 10 日，余東旋作出了生意投資上的另一壯舉，與亞洲保險東主李亮祺和廣益銀行東主張郁才等粵籍商人在新加坡創立了利華銀行，自己成為大股東，擔任銀行董事局主席，正式進軍銀行業（《南洋商報》，1967 年 7 月 2 日；Koh, 2000; Chung, 2002; Sharp, 2009），進一步強化了個人和家族投資的深度與廣度。由於有了銀行業務的配合，余仁生的匯款生意更為壯旺地發展起來，[8]有分析指出，「在 1934 年，余仁生匯款總額佔廣東省匯款總額的四分之一」，甚至有指它處理廣東地區二分之一的華僑匯款（朱鳳婷，2001：50-51），余東旋因此又贏得「金融大亨」的稱號。

當然，在這個時期，余東旋重大投資策略的應對，還包括壯大中藥的生意，尤其將原來的仁生改名為余仁生，為企業注入更濃烈的家族色彩。而無論是中藥生意或是余仁生的名字，日後則成為家

7　據分析，貨幣兌換乃主要盈利所在。有分析指：「批款收入外幣時復折算為國幣，其折算率往往有利於信局而不利於匯款人，因兌換率而獲得的利益較手續費為大，實為信局最主要的大宗收入。」（鄭林寬，1940：78）

8　從政府統計數據看，在 1921 年時，南洋馬來半島「海峽殖民地」的華人有 1,177,354 人（陳鴻瑜，2011：35），僑匯約 4,000 萬海關兩（1912 年）至 23,220 萬海關兩（1931 年）之間（徐建國，2017）。如此龐大的現金流入，既成為當時中國大陸重大外匯的來源，有助平衡對外貿易，更是巨大商機所在，希望分一杯羹的商人，自然大有人在。事實上，當時辦理僑匯的機構，既有正規銀行，亦有民辦民信局，當然亦有數量甚多的僑批局（鄭林寬，1940：57）。

石叻仁生號的糧單，1930 年 3 月 1 日，石叻即新加坡。

石叻仁生號的糧單，1937 年 8 月 31 日。

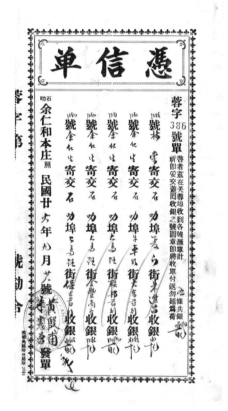

余東旋有限公司的糧單，1933 年 3 月 30 日。

芙蓉余仁和的憑信單，顯示芙蓉與新加坡 之間的匯款，1937 年 6 月 9 日。

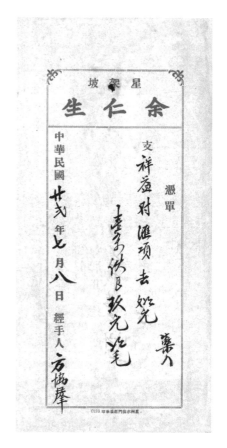

壩羅余仁生的憑信單，壩羅即是怡保，顯示怡保與新加坡之間的匯款，1933 年 8 月 3 日。

新加坡余仁生的匯款憑單，1933 年 7 月 8 日。

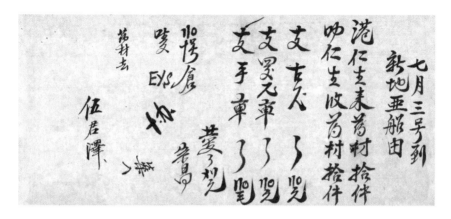

香港余仁生運送藥材去新加坡
余仁生的發票

石叻余仁生發給余園的收據，
1933 年 7 月 7 日。

族的最重要品牌，這方面的論說將在第七章中聚焦探討，這裏略過不表。

綜合來說，自正式踏足商場起，余東旋明顯有如深得財神蔭佑和照顧，投資無往而不利，無論是在馬來亞半島或在新加坡，又無論是錫礦、橡膠種植、地產投資、僑匯銀行，又或者是娛樂事業及中藥生意等，均能獲利豐厚，尤其能在行業方興未艾時進入，產品出台時則市場價格大漲，然後總是能在行業碰到困難或挑戰前將大部財富轉投到更穩妥的生意上，並在這個發展過程中頗為自然地走上投資多元化的道路。

妻妾子女成群與歐式大宅遍佈

余東旋的迅速發跡，無疑讓家族吐氣揚眉、一洗頹風，但人丁方面似乎仍然十分單薄，甚至頗有壽命短促、太早凋零的色彩。余廣培及文煥章早逝乃重要例子，就算是余廣晉，亦只是享壽四十一歲而已，更不用說余東雄因參與革命，十八歲便結束了生命；余廣德一房及余東祐等雖缺乏資料，但基本上還是呈現人丁並不旺盛的圖像。到底十五歲由鶴山轉到檳城後一直在全西化環境中接受教育，踏足社會後無論生活、工作、社交均表現得十分西化的余東旋，對於中國傳統血脈傳承觀念有何看法與行動呢？

若果要挑余東旋深受中國傳統文化影響的行為，無疑是他採取了帝制時期的納妾蓄婢制度，那怕到大清皇朝已被推翻，中華民國成立後已經取消了相關制度之時，他仍如無數港澳及海外有錢人般

把納妾蓄婢制奉為圭臬，[9] 樂此不疲。正因「得益」於這一制度，余東旋才能不受英國殖民地「一夫一妻」婚姻制度的限制，可從心所欲地娶妻納妾；他一生共娶或納了多達十一名妻妾（其中五名後來離異告終），並育有十三名兒子及十一名女兒，令其成為一個妻妾子女成群的大家族（Sharp, 2009）。

　　具體地說，1893 年在文煥章帶領下回鄉為父親余廣培舉葬，應該亦確定了祖母及生母為他安排的親事，而那位女子，相信便是在家族中被稱為「大媽」的黃平福（Wong Ping Fook，譯音）。由於那次行程之後文煥章不幸去世，而余東旋又在返回檳城後繼續學業，黃平福應該沒有隨即由鶴山轉往檳城與余東旋一起生活，反而該留在鶴山，以「孝子不如孝媳」的身份侍奉余東旋的祖母及母親，所以就算一直沒與余東旋一起生活，並因此而未有所出，地位還是十分穩固，沒有任何余東旋身邊的女人能夠取代（Sharp, 2009: 95）。

　　大約在二十一歲正式接掌家族企業，可以作為成人而獨立自主之時，余東旋在檳城另行娶妻，那名女子便是莊宋女（Chong Soong Nui，譯音）。莊宋女 1899 年為余東旋誕下長子余經鑄，而她可謂母憑子貴，按中國傳統她只屬於妾侍，卻能獲得余東旋支持，給予「妻」的身份。所以她能在家族中得到「媽媽」的稱呼，黃平福稱

9　　納妾制在香港直至 1974 年才被廢止，但變種而沒有名份的「女朋友」方式，仍為部分富豪採用。蓄婢制一般又稱為「妹仔制」，二十世紀三十年代雖普遍被禁止，但仍有各種各樣「換湯不換藥」的方法，例如改妹仔為童工、家傭等，直至七十年代才因經濟起飛，製造業對女工有很大需求而真正式微。

為「大媽」，而日後與余東旋一起生活的女人，則其本上只有妾的身份，並按其先後稱為「二媽」、「三媽」，如此類推（Sharp, 2009）。

　　自梁亞友移居到新加坡生活後，當然亦可能看到余東雄已死，余東祐則返回鶴山生活，余東旋一脈其實人丁單薄的問題；據說她一直在為余東旋尋覓良家女子，繁衍血脈，讓余氏家族人丁壯旺起來（Sharp, 2009: 95），言下之意是母親主導了余東旋的婚姻問題，主要並非余東旋的意思。正是在梁亞友的安排下，余東旋應於1910年在新加坡再納一妾，是為「二媽」黃素娥（Wong Soo Ngoh，譯音）。其後，又納「三媽」蔡喜容。1916年，蔡喜容為余東旋誕下余經綸；「大媽」黃平福亦於同年誕下一子，是為余經翱。

　　一個甚為清晰的圖像是，自此之後，余東旋納妾的情況便變得頻密，而一眾妻妾為他誕下的子女，數目亦可謂十分驚人。簡單來說，他還納有蔡喜蓉（Choi Hei Yong，譯音）、林麗贊（Lin Lai Chan，譯音）、廖正而、黃美珍（Wong Mee Chun，譯音）、黃瑞珍（Wong Sui Chun，譯音），以及另外三位名字不詳的女士，而她們則誕下余經鉞、余經鎧、余經侃、余經文、余經鵬、余經典、余經輝、余經緯和余經堯等子，另有十一名女兒，但大多名字不詳（Sharp, 2009: 94-95; 195）。後者尤其可以作為傳統家族重男輕女，女性成員無論名字、出生年月等資料一概欠奉的一個註腳。[10]

10　有關余東旋與一眾妾侍的關係，Sharp（2009: 106-107）提到一則家族說法是，二十年代末，余東旋經常到香港作較長時期的定居，在大宅內生活的一眾妾侍，在余東旋長媳Gertrude的帶頭或慫恿下，經常舉辦一些舞會，又聘請舞師私人傳授舞技。這種行為在當時的社會實屬大忌，余東旋獲知消息後大怒，將那些參與其中的妾侍逐出家門，而她們所生的子女，則改由五太太廖正而照顧。

五太太廖正而和余東旋

余家男性。後排左起：余經鎧、余經鑄、余經綸、余東旋及手抱着余經輝、余經鉞、余經翶、余經侃；前排左起：余經驥、余經鑄之子余義澡（余東旋第一個男孫）、余經文、余經鵬、余經典。

余東旋的兒子余經文（左二）

余東旋及其子孫

　　無論古今中外，發財致富後必然錦衣美食、興建大宅，讓自己及家人可以過着更優裕舒適的生活，余東旋亦是如此。惟他更為受到注目，則是因為他的足跡遍及南洋及香港，興建的大宅亦散佈各地，而且全屬歐洲古堡式建築；每個大宅除了佔地面積甚為龐大，建築設計、裝修、擺設等均一絲不苟，而各種用料則十分講究，所以均成為當時城市的地標式建築，既吸引了不少人的目光，亦成為中外社會的談論對象。

　　概括地說，自發跡後，由余東旋斥資興建的大宅 ── 即用作家族居住或避暑休養的花園別墅，便包括了務邊的「余宅」（Eu House）、吉隆坡的「余氏莊園」（Eu Manor）、金寶的「加冕山莊」（Coronation Hill）、怡保的「余氏城堡」（Eu Chateau）、新加坡的「余氏花園」（Eu Villa）和「玫瑰園」（Roselands），以及香港般咸道的「余園」（Euston）、淺水灣的「余園」（Eucliffe）和大埔的「余園」（Sirmio）等，成為華人巨賈中擁有最多城堡的人。他的一眾妻妾子女居住其中，幾乎可以沒有任何接觸，和一般民眾居於同一屋簷下的「朝見口晚見面」，實在截然不同。

　　事實上，余東旋不但在馬來亞半島、新加坡、香港等地興建各種各樣的豪華城堡，同時亦斥巨資在各地興建包括商業大廈、店舖、酒店等同樣別具地標色彩的建築，作商業用途，所以在怡保、檳城、吉隆坡、新加坡、香港均有以「余東旋」或「余仁生」命名的商業大廈。這些建築物不但佔地面積不少，而且大多坐落於黃金地段，所以亦價值不菲（Sharp, 2009: 147-178）。

　　一個十分有趣的現象是，童年接受中國傳統教育，少年時代則

接受西方現代教育的余東旋，到踏足社會、接掌家族企業後無疑表現得甚為西化，但他某些行為還是流露了中國傳統價值。他在馬來亞半島、新加坡和香港遍建西式城堡作為居所，但家族組織則十分傳統，妻妾子女成群，就算是親人關係與日常生活，基本上亦是中西混合、時中時西，大有因應不同環境在配合自身實際需要下「予取予攜」的意味。

若從唯心論的角度看余鶴松子孫的發展，則不難察覺，他一心遷葬先人於「風吹羅帶」吉穴的結果，似乎獨旺余東旋一脈，因為余廣培、余廣德和余廣晉看來均享壽不長，余廣德及余廣晉兩房更很可能人丁凋零，只有余東旋一人妻妾女子成群，富甲一方，實在一枝獨秀。事實上，另外兩房不但人丁單薄，財富亦與余東旋相去極遠，就連彼此關係亦距離不小，這或者是那個吉穴當初有另一些風水師提出相反意見，原富商客戶最後不要的一些原因。而同一祖宗的各房之間關係欠佳、充滿矛盾，發展又差異巨大的問題，不但反映在余廣培打拼生意之時，到余東旋當家時，又明顯更為突出。

Sharp 在有關余東旋生平的書中，便一再從余東旋（或其後人）的角度指出家族中的問題，很值得玩味。余東旋認為余廣德及余廣晉有好賭成性等行為問題，並直指二人殺害文煥章，雖則如此，余東旋還是給予他們很多照顧。然而，他們卻總是令余東旋困擾，余東祐和余東雄更加入同盟會，而同盟會則染有黑社會色彩，甚至為余東旋的生命安全帶來威脅。不但如此，余家的其他親戚看來亦令余東旋困擾，他們常把年幼子女送到余家，要求余東旋給他們本錢做生意，因而曾令余東旋在某次晚飯時大發雷霆（Sharp, 2009: 51-52）。

香港淺水灣余園 Eucliffe

香港般咸道余園 Euston

新加坡 Eu Villa, Mount Sophie

一個粗略的圖像是，那怕像余東旋這樣一個已經富可敵國的家族，「講錢失感情」，因錢財而發生矛盾，影響親人關係，還是十分明顯的。更為弔詭的現象是，余東旋自1893年返鄉之行後，再沒踏足中華大地，就連那個「風吹羅帶」的風水吉穴，據文觀龍（1993）的說法，亦再無余東旋子孫回去掃墓拜祭，此點或者可以作為余東旋或其子孫內心其實並不相信風水的一種反證。

香 港 終 老 的 選 擇

據說，余鶴松在去世那年（1886年）曾留下一首二十字的詩句，作為家族不同世代輩分的用字，而這首「家族輩分詩」為：「有國鶴廣東，經義在其中。傳家守正道，立志可成功。」（Sharp, 2009: 87）葬在「風吹羅帶」吉穴的是「皇清顯祖考有鳳余公姚賴氏安人」，即「余有鳳」及其夫人「賴氏」，可見余鶴松視其祖「余有鳳」為「有」字輩，並可看作他們一脈的「高祖」（即家族輩分詩的開頭），他本身為「鶴」字輩，兒子為「廣」字輩，孫輩則屬「東」字輩，然後是經、義、在、其、中等輩分如此類推。

本來，這種「家族輩分詩」只是將一些零散但帶有積極正面意思的字拼湊組合在一起，[11]善頌善禱地帶出整個家族可以世代綿長、

11　舉例說，「有國鶴廣東」五字的拼湊感覺尤其明顯，因為這些是早已出現的名字，俟後的輩分，因為還沒出現的關係，所以在語句組合上便較為通順連貫，亦較能表達出那種善頌善禱的寄望和祝願。

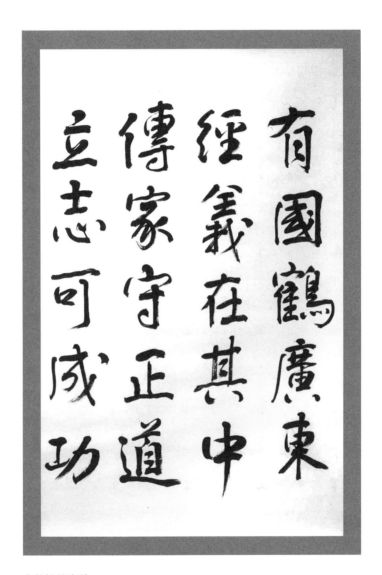

余鶴松的家詩

人丁興旺、大富大貴而已。余東旋在檳城出生，可能寄託了余鶴松和余廣培的期許，祝願他日後能「勝利東歸」（Return to the East in Triumph），大有衣錦還鄉之意。[12] 很可惜，到余東旋發跡且富甲一方後，他卻視家鄉為畏途，沒再踏足半步，這相信會令其祖、父失望。或者正是從名字的意思作出推測，當余東旋在二十年代末轉到香港生活時，Sharp 便很直接地聯想到「勝利東歸」的問題。

問題是：他的舉動到底是如其祖、父輩期望般衣錦還鄉、落葉歸根嗎？為甚麼 Sharp 又會聯想到「勝利東歸」的問題呢？是因為余東旋曾在 1910 年時移居新加坡，二十年後又再有大動作，因而令其覺得他另有他圖嗎？誠然，自 1910 年由馬來亞半島轉到新加坡生活後，按道理他應留在那裏終老，因為無論生意投資，或是個人名譽、社會地位及政治影響力，基本上均集中於新加坡及馬來亞半島，留在當地生活絕對有助他對家族生意的掌控，當然亦應較有歸屬感、親切感。可是，令人不解的是，他那時竟然捨新、馬而就香港，因而格外引人注目，Sharp 看來從較為直觀的角度看問題，所以得出了「勝利東歸」的表面推斷。

然則，在馬來亞半島及新加坡已生活多年的余東旋，為何在二十年代末選擇轉到香港生活呢？這無疑是一個令很多人甚為好奇的問題。若撇除余東旋早年往來鶴山與南洋時可能曾經取道香港作短暫停留，所以對香港或會留下一些難忘印象不說，他與香港有實

---

12   不容不提的是，余東旋的「旋」字，日後更改為「璇」，那便失去了原來「旋」的意思，令余廣培當初期望「勝利東歸」的意願落空。

質生意往來，很可能始於 1911 年開始在香港經營余仁生匯款與中藥生意；到了 1918 年他更捐款 5.5 萬元給香港大學，並因此獲任命為該大學校董會終身成員（*Malaya Tribune*, 21 December 1918）。接着的二十年代，余東旋又增加在香港的投資，不但中藥生意有所擴張，匯款生意亦同步提升，只是從家族整體投資佔比上看，則只屬一個較低比率而已。儘管如此，由於香港業務投資日多，他往來香港與新加坡日見頻繁顯得不難理解，至於把不少管理事宜交給兒子後，他能在香港停留的日子日多，又屬進入另一人生階段的自然轉變。

從資料上看，1927 年 1 月，余東旋與廖正而到港作休養旅遊（*South China Morning Post*, 1 February 1927），不久卻傳來生母梁亞友在新加坡去世的噩耗（*South China Morning Post*, 11 February 1927），他只好縮短行程返回新加坡辦理母親後事。之後，他仍經常進出香港，主要是為了休養身體，原因是他感覺到在香港生活有助改善健康。據報紙報道，自 1929 年 12 月起，余東旋已在香港定居下來，並在着手興建般咸道余園。到了 1931 年 3 月，佔地達 4 萬平方英呎的余園大宅工程近乎完成（*South China Morning Post*, 7 March 1931），他在完成裝修工程後搬入，所以不少人視那一年為余東旋移居香港的日子。

不過，細心一點看，余東旋那時在香港定居下來，顯然並非「為利而來」，與二三十年代不少南洋或新舊金山的華商轉投香港懷抱，目的在於再起爐灶截然不同。舉例說，在那個年代，像虎標胡文虎家族、先施馬氏家族、永安郭氏家族等等，他們移居香港，基本上是因為覺得在旅居地發展受到限制，或是受到當地政府不公平對待

之故，回到香港，甚至北望中華大地，則覺得更有前景。余東旋則明顯不同，他在馬來亞半島和新加坡的生意發展實在已極為順利，亦深得當地殖民地政府信賴與看重，甚至獲委任為當地立法議會議員，顯示他實在沒有到香港再起爐灶的需要。

事實上，自 1929 年移居香港後，[13] 那時已年過半百（五十四歲）的余東旋，完全是處於退休狀態（詳見下一章討論），他名下的財富若然安排得好，不但他自己實在花不完，子孫亦花不完，所以應該已經沒有像當年新、馬時期般的東征西討、馳騁商場的動力了。當然，家族在港的匯款業務和中藥生意規模不算小，三四十年代更曾碰到國民黨政府及英國殖民地政府均欲加強匯款管制的問題，麻煩不算少，惟這些事情似乎並未讓余東旋放在心頭，因他基本上已把大小業務交到長子余經鑄及經理羅桂祥（維他奶創辦人）等人身上，就算偶爾會出席一些社交場合，亦甚少談及生意。他曾擔任馬來聯邦議會議員職位，本來亦熱衷談論政治，現在已刻意避開，不欲再傷神動氣了，種種舉動揭示出一心安享晚年的圖像。

確實，若細看余東旋自移居香港後的生活節奏和腳步，全心休養身體明顯成為他的最大考慮，背後揭示的信息，則是自步入晚年後，他發現身體出現問題，健康每況愈下，所以必須尋找一個有助休養、不會常受打擾的地方，香港則雀屏中選，成為當時他心目中的最佳選擇。主要原因一方面是香港氣候較新、馬適宜，另一方

---

13   法庭資料顯示，自 1929 至 1941 年間，余東旋除了 1933 年曾返回新加坡居住半年外，其他時間均留在香港（*The Straits Times*, 30 April 1954）。

面則是政治與商業環境相同，背後是他一直表現得心悅誠服、忠心耿耿的英國政府。至於新、馬由於乃核心業務及大部分時間生活的所在地，不但政商關係密切，不同圈子朋友亦極多，反而不利安心休養，因為達官貴人登門造訪，或是人家紅白二事等，在強調人情面子與關係的社會，實在很難一一謝絕；在香港這個半生不熟的地方，則較少會有那種煩惱，因此亦更適合於清心休養。

一些零碎的資料顯示，定居香港後的余東旋，雖然放下了大部分生意，但初期仍因健康不太差而偶有投資，並能一如既往如有神助地獲利，地產投資尤其屬於關鍵所在。由於當時世界經濟蕭條，他曾趁低價在香港吸納不少地皮，大都是上環、中區、跑馬地、淺水灣等地區的黃金地皮。余東旋在般咸道、淺水灣和大埔興建的三座歐洲式古堡，則成為他的居所和渡假地。當然，一心休養的余東旋，在投資之餘其實亦時會參與一些娛樂與社交活動，其中最為突出的，則是上流社會十分流行，他在新、馬時亦樂此不疲的賽馬。為此，他申請成為皇家香港賽馬會的會員，並養了二十多匹馬（另一說多達三十四），成為當時香港的最大馬主；他同時亦在三座城堡內飼養不少珍稀動物，以供賞玩作伴。

一個無法迴避的現實是，自度過一個甲子的歲月後，年輕時便患上糖尿病及心臟疾病的余東旋，健康實在大不如前。到了1941年，一邊廂是港英政府本來想慶祝殖民統治香港一個世紀而草草了事，另一邊廂則是日軍在發動侵華戰爭後無法如其所願地迅速吞下中華大地，因而想擴大侵略，並已在深圳邊境集結大軍，把槍口指向香港，計劃發動進攻。這便擾亂了余東旋原本想一直留在大埔「余園」靜心休養的計劃，為此有了變化，據說他已買了轉往澳洲的船

票，不日出發。但沒想到的是，到了 1941 年 5 月 11 日上午，他突然感到胃痛，很不舒服，家人立即找醫生上門為他診治，發現乃心臟衰竭，在救治無效下於下午去世（Sharp, 2009: 114），享年六十四歲，與其祖父享壽相同。

余東旋的離世，香港、新加坡等地的報紙均有大篇幅報道。當時香港的《南華早報》和不少中文報紙曾作報道，並以「大地主」（huge property owner）的身份稱呼他（South China Morning Post, 12 May 1941），算是點出了他一生點石成金、積累巨富的鮮明形象，其他如《南洋商報》、Malaya Tribune 等亦有報道，稱謂則為「殷商」及「百萬富翁」（multimillionaire），即是一個字：「錢」。至於父親曾在余仁生任職，自己在青年時期已為余東旋打工，後來獲余東旋財政資助入讀香港大學，畢業後長期成為余東旋左右手，後來創立維他奶飲品公司，取得輝煌事業的羅桂祥，則言簡意賅地以「他一生幸運」（He was born lucky）作為概括（Sharp, 2009: 110）。

余東旋去世後，家人為他辦了場面盛大的喪禮，拜祭者多達千人，社會政商賢達出席者眾。遺體按他生前指示安葬於大埔余園內（South China Morning Post, 23 May 1941）。[14] 雖然社會焦點隨後

14　據說，余東旋曾找人將祖父遷葬於大埔余園內，並指示後人他去世後亦葬在那裏，長伴祖父。可惜，日後大埔余園易手，他和祖父的遺骨最後只能遷往荃灣華人永遠墳場。叱吒一時的一代巨富，雖對後事作了周詳安排，但最後還是「人算不如天算」地落得了事與願違的結局。

又轉到日軍會否侵略香港的問題，但有關余東旋遺產及家族會有甚麼發展的問題，仍備受關注，因為在他去世約兩個月後，政府將遺產稅由 60% 下調至 52%（《南洋商報》，1961 年 3 月 9 日；Sharp, 2009），余東旋「早逝」兩個月，因此未能減少遺產稅，此點自然引來社會人士廣泛談論；另一方面，他的居住地到底應是香港、新加坡還是馬來亞半島，同樣引來法律訴訟，顯示與他本人或其家族有關的故事，仍然吸引社會目光。

殷商余東璇
昨在港逝世
享年六十有四

馬來亞殷商余東璇，昨日下午在香港逝世，享年六十四歲，貧余氏為同僑廖錫業巨擘之一，年甫廿一年，繼乃父經營，發榮滋長，產業遍馬來亞，曾於一九一一年至一九二一年間，為聯邦會議代表靖鑾議員，靈贈英帝國勳章，上次大戰時，捐送比加氏所發起之搜隊第一架機年，并獻送坦克車一輛與英軍，捐助慾英基金五萬元，近年來在港居住，在去港有兩巨廈，尤以在殷含道一所最為敬靚，馬來亞各地，均有精麗之住所，收集有許多善珍品，其長子余經鑄，現任利華製行總理，兼任其他數公司董事云。

《南洋商報》1941 年 5 月 12 日有關余東旋去世的報道

結　語

　　總結余東旋的人生，無疑充滿傳奇，他生於檳城，早年在家鄉鶴山生活，祖父、父親及庶母的去世，顯然為他帶來打擊，但他其實一直生活無憂，就算是父親及庶母早逝，基本上亦未影響其物質生活條件與接受教育。到他年滿二十一歲時，更隨即接手家族生意，雖說接手之初頗有困難，但實在並不算甚麼，甚至可能只屬藉口，而且不久即發現錫礦，從此迎來一浪接一浪的巨大財富，名望、社會地位及政治影響力亦迅速提升。那怕當中亦有一些波折，令他在1910年代轉到新加坡生活和發展，然後在1929年再轉到香港安老，但他往往都能化險為夷，甚至轉化為更大的發展機會，令他成為點石成金、名揚四海的一時人物，在中外社會無人不知。

　　享壽約一個甲子的余東旋，人生的三分一時間留在馬來亞半島，三分一時間留在新加坡，餘下三分一時間則留在香港和鶴山。他的生意投資十分多元化，但基本上呈現了華洋兩個不同類別：對華生意有僑匯、中藥和百貨；對歐生意集中於錫米、橡膠。名下資產豐厚，基本上散佈在馬來半島、新加坡和香港等地。儘管他富甲一方，但這個龐大的商業帝國，卻在他去世不久即迅速滑落，不但多項生意風光不再或先後易手，就算是由他一手擘劃並斥資興建的歐洲式城堡，最後亦拆的拆、售的售，沒有多少能保留下來，令其傳奇人生毫無例外地成為中外社會其中一則令人扼腕嘆息的故事。

第六章

接班不利 余經鑄

傳承接班乃巨富世家如何落實家業長青、祖蔭永享的核心一環。這一過程看似簡單，不會有失，實際上卻甚為複雜，而且得失難料。一個不爭的現實是，那怕是實力雄厚、富可敵國的家族，甚至已設計不少制度和安排，但過程中只要稍有差錯，出現一些失誤，例如沒有下一代願意接班，或是覺得只要讓子孫多讀些書，便能順利解決問題、水到渠成，但現實卻「人算不如天算」……往往總有這樣或那樣的陰溝裏翻船，為不少家族的傳承造成巨大衝擊。從某個角度來說，余東旋的傳承接班安排明顯亦碰上這樣一個「人算不如天算」的問題。具體地說，儘管作為父親的已按各種條件或個人經驗與智慧，替目標接班人作出種種安排，但最終卻因某些人力或主觀因素難以轉移的「意料之外」，令整個接班計劃功虧一簣，令家族無法再上層樓，反而高峰回落，甚至呈現四分五裂的局面，為普羅大眾增添一則「富不過三代」的談論例子。

　　對於余氏家族的傳承，身為余東旋長子的余經鑄無疑乃關鍵人物，他無論出生時機、教育培訓，甚至踏足社會後參與企業管理或打造社會網絡等等，均可說是得天獨厚，運氣亦極好。最可惜的是，他享壽不長，尤其未能在余東旋去世及二戰結束後迅速重拾企業發展活力，領導企業更上層樓。恰恰相反，由於他未能為家族企業注入發展動力，加上又未作出傳承安排，到他突然去世後，家族十多房人便因各有私心和發展方向而四分五裂，陷入迅速滑落的局面。在深入分析余經鑄接掌家族企業後出現的重大變化之前，讓我們先交代他的出生、成長和教育背景。

出生成長與西式教育

若從「好命」的角度看，余經鑄應屬這種類別。他生於 1899 年，即余東旋年屆二十一歲接掌家族企業翌年，母親莊宋女按中國傳統而言應是余東旋挑選的妾侍，因早在 1893 年余東旋已按祖母及母親（相信庶母文煥章已同意）之命，娶了妻室黃平福，但黃平福一直留在鶴山侍奉家姑，沒有回到檳城與余東旋一起生活，所以余經鑄成為了余東旋的長子（參考上一章討論）。不但如此，他出生大約半年後，余東旋幸運地找到蘊藏量極為豐厚的錫礦場，因此讓難以擺脫唯心思想的余東旋覺得長子「腳頭好」，認為他帶來了好運，日後余經鑄深得余東旋寵愛，生母莊宋女更因余經鑄而獲得「妻」的身份，地位與黃平福看齊。

儘管缺乏有關余經鑄童年時期成長及教育的資料，但從 1911 年年滿十二歲時被余東旋送往英國升學看來，他那時應在馬來亞半島完成了小學課程。當然亦有推測說余東旋擔心當時已進入少年階段的余經鑄會如余東雄般受革命思想影響，所以寧可把他送往英國（Sharp, 2000: 77）。

不論真正原因若何，到倫敦後的余經鑄，先是入讀「林士吉預備學校」（Preparatory School at Ramsgate），以便較好地適應當地的求學及生活；當已適應下來，且能追上當地教育之後，再被安排入讀距倫敦市中心不遠的寄宿學校「禧福天主教學校」（Hereford Cathedral School）。為了讓孤身一人在英國求學和生活的兒子有人照顧，余東旋特別請了曾任近打錫礦（Kinta Tin Mines Ltd.）主席

又是專業採礦工程師的魯寧（W.A. Luning），作為余經鑄在倫敦求學生活期間的監護人，算是承擔一些本應由家長負責的工作。

由於父子分隔兩地，余東旋平時只憑信函與余經鑄聯絡，緊急情況下亦會用電報。那些信函當然不是出自余東旋之手，而是秘書據他的意思代行；至於余經鑄在倫敦如果碰到一些特殊情況，除了他本人的信函，魯寧亦會另函報告，讓余東旋有更多了解，同時尋求指示，余東旋則會透過秘書作出回覆，要求魯寧執行。魯寧亦甚為稱職，給予余經鑄不錯的照料。

完成整個中學課程後的 1918 年，余經鑄考入名校劍橋大學，於 1921 年獲得數學學士銜，後獲得文學碩士銜（M.A.），副修會計。隨後，在父親的鼓勵下，他加入英格蘭及威爾士特許會計師協會（ICAEW），接受會計實務的嚴格培訓，以便考取專業資格，並在三年內順利通過了相關的專業考試，成為首名取得特許專業會計師資格的華人（*The Singapore Free Press*, 3 October 1925）。仍在考取會計師資格的 1924 年 12 月 17 日，余經鑄與名為左翠德（Gertrude Edith）的女子在倫敦結婚，妻子於 1925 年 4 月 28 日為余經鑄誕下一女，取名余凱昌（Joan Eu）。同年 10 月 1 日，余經鑄在父親要求下攜同妻女返回新加坡，開始了接班之路。

從某個角度來看，余經鑄的成長和教育與余東旋頗有不少相似之處。一、成長環境沒有弟妹玩伴，幾乎只是自己一個人，原因是余東旋乃獨子，余經鑄雖然弟妹人數眾多，但他與弟妹們的年齡差距巨大。二、童年教育應有父母和祖父母在身邊，與生母的關係相

信尤為密切，對中國傳統文化與生活有一定體驗和認識。三、升上
中學階段即接受正規西方教育，學習英文，而且基本上由監護人看
管着成長。四、均曾在宿舍中生活一段不短的時間，期間甚少和家
人在一起。五、均是踏出校門即結婚成親，婚後即誕下孩子，然後
被要求接掌家族生意。

　　余東旋與余經鑄的成長與教育情況甚為相似，可能反映余東旋
覺得自己過去接受的一套有其優點，所以到其他年紀較幼的子女長
大後，尤其是升上中學後，便同樣將他們送到外國 —— 主要是英美
兩國 —— 升學，過着由監護人看管的寄宿生活。這種成長與生活方
式當然可以令子女培養自立自主的個性，並有助學好英文與英美文
化，他們亦會有較開闊的國際視野和較特殊的生活經歷，但卻較難
培養兄弟姐妹間的親情，對中國文化的接觸、認識和了解亦更少，
某程度上成為日後家族四分五裂的原因。

　　有趣的是，余經鑄於 1925 年 10 月踏足新加坡，記者曾詢問他
為何不像大多數人到英國留學均攻讀法律或醫學，反而選擇會計，
他甚為率直地指出，當年他挑選科目的決定，其實來自父親的指示，
又指當年覺得法律及醫學已有很多競爭，所以選擇了當時應屬「新科
目」的會計，覺得該科目更有發展空間。他當時還提及，他未必會
走上執業之路，而是要看父親的安排（*The Singapore Free Press,* 3
October 1925）。可以清楚看到，自 1911 隻身到英，到 1925 年攜同
妻女返回新加坡，在倫敦生活了十四年，甚至娶了洋人太太的余經
鑄，似乎然仍流露出「一切聽從父親指示」的中國傳統，沒有很強烈
的個人主義色彩。

進入接班時期的內外挑戰

　　余經鑄於 1925 年 10 月返抵新加坡加入家族生意時，余東旋其實已年屆四十八歲了。用今天的角度看，年紀尚不算老，但在那個年代而言，則已算是老了，尤其余東旋一直有心臟病及糖尿病的健康問題，他亦曾表示年過四十五歲便要退休（即余經鑄畢業以前），但卻遲遲未能如願（Sharp, 2009）。所以到余經鑄終於被召回來後，那怕他之前毫無工作經驗，往英國升學後亦缺乏對家族生意的接觸和了解，但因余東旋覺得他乃世界著名大學畢業，又擁有特許會計師的突出專業資歷，覺得他在接班時應該不會有太大困難，因此便有了余經鑄一返抵新加坡便立即被安排進入家族生意，開始逐步承擔父親工作的安排。

　　雖然進入接班階段碰到的問題還是比預期多，但因余東旋仍健在，在關鍵時刻可發揮一錘定音與穩定大局的作用，因此並未為家族和企業帶來巨大衝擊。具體地說，自 1925 年底正式投入工作後，余經鑄便逐步接掌家族不同投資的管理工作，減輕余東旋的工作量，但重大決策仍由余東旋拍板。

　　當時，家族旗下的採礦及橡膠種植生意仍處於發展期。余經鑄在英國生活時與採礦工程出身的魯寧相處多年，自然對採礦業務並不陌生；橡膠種植的管理其實亦並不複雜。這兩種生意長期交由專業人士負責，[1] 余經鑄接手管理實在也不很困難，所以尚能應對。反

1　據余義明憶述，兩者均委任「夏理遜高士菲公司」（Harrisons & Crosfield）全盤經營管理，所以工作量不重（Oral History Interview: Mr Richard Eu Yee Ming, 23 April to July 1999）。

而更需耗費精力的，是銀行及僑匯生意，這些生意牽涉的資金流動大、速度快，制度運作又環環緊扣、十分細緻，加上匯率利息及投資環境等急速變化，因而容易出問題，所以更需全神貫注地經營和管理。余東旋對此最為關心，並於 1926 年委任余經鑄出任董事經理（Managing Director），由他肩負起銀行的核心管理重任（《南洋商報》，1967 年 7 月 2 日）。

雖然余經鑄並沒有從事銀行工作的經驗，但畢竟擁有特許會計師資格，這在當時的社會而言乃很突出的專業資歷，不少華資銀行尤其缺乏這方面的專業資歷，所以他的加入算是為利華銀行「增值」。他在應對日常業務上綽綽有餘，在某些層面上亦為銀行引入一些現代化制度與管理（《南洋商報》，1967 年 7 月 2 日）。當然，在一家華資銀行內，一些西化的準則與機制在具體落實時還是難免碰到各種困難，呈現了眼高手低的問題。

扼要地說，接班階段之初，由於內外營商環境基本上穩定向好，接班進程亦甚順利，余經鑄似乎亦表現得相當稱職。到了 1927 年，其妻子 Gertrude 誕下一子，是為余義澡（Joseph William Yee Choe Eu），令余經鑄甚為歡喜；其父那時剛滿五十歲，對於獲得第一個男孫亦表現得分外雀躍，並且有了進一步交出管理職務，作全面退休的準備（參考上一章）。

可是，到了 1929 年，由於美國爆發了前所未見的巨大股災，然後出現了席捲全球的經濟大衰退，余氏家族的各項核心生意，自然亦大受影響，其中國際錫米和橡膠價格持續大幅下滑，令相關投資收入急跌，甚至出現虧損，需要作出包括減薪、裁員、縮減開支

等應對策略。幸好家族財力雄厚，加上不少投資乃收租為主的物業
地產，所以尚能保持實力，沒有如其他家族般因投資過於集中或過
於進取而掉進破產泥沼，余經鑄在這個過程中的應對與表現亦不過
不失。

　　進入三十年代，雖然外圍營商環境仍不見太大好轉，但自移居
香港後已甚少回到新加坡和馬來亞的余東旋，於 1932 年作出了重
大資產重組，主要是在新加坡成立余東旋有限公司（Eu Tong Sen
Limited），然後把遍佈在東南亞的所有物業地產注入其中，並委任
余經鑄出任該公司董事總經理之職，掌管這家企業。翌年，他再立
下遺囑，為自己去世後的財產安排作出規定。兩項重大舉動，算是
為落實傳承接班再向前邁出一步（參考下文及其他章節討論）。至於
購置在余仁生匯款及藥業名下的物業，則不包括在余東旋有限公司
之內（Sharp, 2009: 106）。

　　有了以上的重要傳承安排後，余東旋退下火線的色彩自然更
為濃厚，而余經鑄擔起領導家業大旗的責任則更為沉重了。在接着
的日子中，余東旋寄情於大埔余園的「鄉郊」生活，余經鑄則要花
更多時間於管理業務。雖然國際經濟環境略見一些改善，但僑匯生
意卻因國民黨政府和英國政府均不願見民間匯款活躍影響正規金融
體系，又未能為政府直接增加收入，開始收緊對僑匯業務的管制之
故，因而影響了家族的生意收入，為余經鑄的經營和領導帶來挑戰
（Koh, 2000; Chung, 2005）。

　　到了 1937 年 7 月 7 日，日軍侵華，中華民族掀起了抗日戰爭。
在戰火不斷蔓延、烽火連天的動盪年代，余仁生的僑匯及中藥生意

自然大受影響。前者生意極為艱難，甚至一度無以為繼；後者生意反而走俏，尤其是中成藥的部分，因為戰爭帶來嚴重傷亡，對各種藥品的需求驟增，價格亦同步上揚，只是生產原料難以取得穩定供應，生產成本亦有所提升。由於抗日戰爭之初戰場只集中於中華大地，余氏家族的產業則絕大多數集中於香港及東南亞，自然仍能保持發展勢頭；某些如中成藥般的生意與投資，有時更因戰亂引起市場震盪而獲得厚利，因而又為家族帶來更多財富。

　　自進一步擔起家族領導大旗後，那怕中華大地爆發曠日持久的戰爭，國際政經和商業環境又波濤洶湧，生意投資卻能屢獲大利的余經鑄，相信因此會感到自豪，但那時他的感情生活卻出現變化。從日後的資料看，余經鑄應該在 1939 年納了一妾（陳碧玉）（《南洋商報》，1961 年 3 月 10 日及 25 日；參考下文討論），但這種在華人巨富家族較為普遍的行為，明顯不被英人妻子左翠德接納，夫婦感情應該因此起了波瀾，令他困擾。結果，太太左翠德在那年離開新加坡，返回英國，那怕當時的英國已與納粹德國兵戎相見；而余經鑄則自 1941 年起便沒再踏足英國。據說左翠德隨後與一位名叫「劉漢」（譯音，Joseph Loughaan）的英國男人一起生活，並分別於 1942 及 1943 年誕下兩子，此點導致 1947 年余經鑄以其妻「在英國有不端行為」的理由入稟法院，要求離婚，而申請最終獲得高院批准（*The Straits Times*, 24 April 1947;《南洋商報》，1947 年 4 月 24 日）。

　　夫婦感情上的變化到底會否牽動余經鑄經商社交，甚至和父母弟妹等的關係？受資料所限，我們沒法知曉。雖則如此，居於新加坡、遠離戰場的余經鑄應該如不少富商巨賈般仍然沉溺於和平繁華

的氣氛中；就算是在香港，雖然一衣帶水的深圳和整個廣東省早已落入日軍之手，但無論是殖民地政府還是普羅民眾，仍然甚為樂觀地以為有大英帝國的保護，日軍是不敢侵犯的，所以社會同樣瀰漫着一片歌舞昇平。可惜，殘酷的現實是，日軍最終還是把侵略的刺刀指向香港和東南亞等地，令更多民眾蒙受巨難，余氏家族亦不能倖免。

　　自 1925 年返回新加坡，逐步接掌家族不同業務與投資起，深得父親器重的余經鑄，在不同層面上的表現相信令余東旋滿意，那怕期間亦曾出現內外營商環境波濤洶湧的問題。更具體地說，余經鑄接手管理實務後的家族生意與投資，基本上保持着穩中向前的格局，算是相當不錯了；因為在余東旋領軍下的東征西討，實在亦應進入一個整固消化的過程，不能期望再有更大規模的擴張。相對而言，余經鑄的感情 —— 夫婦關係 —— 卻在期間出現問題，並相信為他的人生帶來困擾，此點亦可能牽動了家族內部的微妙關係。因為正如上一章中粗略提及，余東旋多位妾侍被逐出家門的其中一個原因，是她們乘余東旋不在時常搞「派對」，與舞蹈老師走得太近，而慫恿或促使她們這樣做的人，便是余經鑄的太太（Sharp, 2009: 106-107）。

父親去世與戰亂打擊

　　在中國這種家長制社會，大家長去世必然為家族發展帶來巨大衝擊。余東旋在 1941 年去世亦不例外，只是他去世不久即碰上日軍侵略香港，然後是新加坡和馬來亞半島相繼陷落，家族亦因此掉進了生意財產遭到掠奪破壞、親人顛沛流離的境況。大家為了逃難或

來。在經歷了人生逆境、生活不易，甚至生離死別之後，家人對於內部矛盾與利益或者較能看得開，不太執着。另一方面，戰爭雖令不少家族成員顛沛流離，甚至看到死於非命的悲苦，但卻並不表示生意經營完全斷絕，能夠掌握機遇、不怕犯險者，若有幸運之神看顧，基本上還是可以獲得厚利，在浪濤洶湧的商海中繼續前進。由余經鑄帶領的余氏家族企業，看來便是在這樣的軌跡中輾轉前進。

戰後復元與遺產爭奪

從某個角度看，余東旋在 1941 年 5 月去世，可謂「死得合時」，因在他去世半年後，日軍侵佔香港，令香港陷入了黑暗歲月。可以想像，在日軍鐵蹄下，以他的名望、財富，必然成為日軍脅迫和榨取資源的對象；而以他的健康狀況而言，淪陷期間物資嚴重缺乏，在那個環境下，藥物千金難求，身體必然會受到更為嚴重的折磨，受苦更多，所以說是「死得合時」。但是，從另一角度看，他的死又顯得「不太合時」，因為海峽殖民地和香港的遺產稅本來均高達 60%，但在余東旋去世大約兩個月後，香港殖民地政府宣佈調低遺產稅至 52%。[3] 以余東旋在馬來亞半島上的遺產多達 5,000 萬元計算，若然遲兩個月才去世，家族即可省回近 500 萬元稅款，這實在是一個龐大的數目。

3　對於當時香港遺產稅率下調後的比率，各種說法略有不同。Sharp（2009: 118）指當時下調至 50%，亦有報紙報道指下調至 40%（*South China Morning Post*, 28 August 1954），但從日後法庭爭辯的報道看，確實稅率應下調至 52%（《南洋商報》，1961 年 3 月 9 日）。

由此引申出來的重大問題是，點石成金、精明一世的余東旋到底有否事先想過如何更好地傳承家業和財富的問題？因為無論遺產稅是 52% 或 60%，其實都是十分巨大的數目，他在經營上那麼精明，兒子余經鑄又是特許會計師，為何沒有在余東旋健在時作出例如分家、資產配置、企業股權重組，甚至慈善捐獻等安排，反而出現大部分財富落入政府庫房的情況呢？就算是以遺囑方式安排分家的處理上，顯然亦思慮不周、問題多多，因此種下日後諸子四分五裂的苦果，令不少家族生意最終落入外人手中，家族大宅則拆的拆、售的售，令人嘆息。

先說戰後恢復業務方面。重見和平後，余經鑄以大家長的身份，立即要求旗下不同生意的負責人點算損失，並收復物業與經營設備，因為部分物業在戰爭中曾受破壞，有些資產則曾遭人佔用；之後投入精力與資本，希望盡早重啟生意、恢復業務，早日回復發展活力。另一方面，他亦開始吸納年紀已長的多名胞弟如余經綸、余經翱、余經鋮等加入家族企業，[4] 協助他打理業務。

重見和平後，東南亞各國為了穩定政局及貨幣，實施外匯管制，令匯兌紛紛轉入黑市，此一轉變大大打擊了余氏家族的僑匯業務。接着的殘酷現實是，中華大地又再次因為政權鬥爭爆發內戰，

---

4   余經綸生母蔡喜蓉，妻子為東亞銀行創辦人兼總經理簡東甫的女兒簡雪君；余經翱生母黃平福，妻子盧淑清來自澳門盧廉若家族；余經鋮生母廖正而，妻子為《華僑日報》創辦人岑維休的女兒岑雪儀。資料顯示，余東旋的一眾子女與不同政商顯赫大家族聯婚，締結了一個甚具影響力且覆蓋中華大地、港澳及東南亞的社會網絡。

生產、營商和生活乃再次陷於停頓，令余氏家族本已甚受打擊的僑匯業務更加難以維持，惟中藥方面的生意則如抗日戰爭期間般出現先抑後揚的現象。

接着的人所共知的政局轉變是共產黨打敗國民黨，成立中華人民共和國。但不久因韓戰激化了資本主義與共產主義兩大陣營的「冷戰」，新中國更招來了以美國為主導的聯合國的「貿易禁運」制裁。於是，海外華人與家鄉桑梓的聯繫互通乃戛然而止，這不但為匯款業務帶來巨大打擊，藥業也失去了巨大市場，余氏家族因此亦失去了重大盈利源頭，家族的發展動力進一步被削弱，只能全心全力投入到香港及東南亞的市場中。

受歐美各國戰後全力投入經濟重建，然後迎來經濟復甦的帶動，無論錫礦、橡膠、銀行服務、中藥，乃至於物業地產價格和租金等，均在復甦的大潮中同步上揚，顯示余氏家族的眾多生意與投資，除了僑匯一項被迫全面停止外，其他均能重拾活力，有不錯的發展。就算是中藥業務，一方面開拓本土市場，另一方面則在尋找其他中藥材料供應後，亦已有另一番景象，基本上可說已經完全擺脫四五十年代因戰爭和貿易禁運觸發的危機，余經鑄沉着應變的領導和貢獻，顯然應該獲得充分肯定。

接下來談談遺產爭奪問題。到社會完全安定下來之後，余經鑄以余東旋遺產執行人的身份，為減少遺產稅而尋求新加坡法院的裁決。正如上一章中提及，因為當時香港和新加坡（包括馬來亞半島）之間的遺產稅高低略有不同，新加坡為 60%，香港則在 1941 年 7 月減為 52%（《南洋商報》，1961 年 3 月 9 日），所以余經鑄乃入稟新

加坡法院，要求確立余東旋長期定居（domicile）香港的法律身份。即是說，若然余東旋是香港居民，他某些遺產應該可以按香港的稅率計算，減少給政府庫房的「進貢」。

　　經過一輪審訊，新加坡高等法院主審法官莫理安（Charles Murray-Aynsley）頒下判決，指自 1929 年起，余東旋其實已經定居香港，並指出他或者不是考慮投資及生意等原因，而是覺得在香港生活更有利其個人健康，他去世後亦葬於香港，所以判申訴人得直（*The Straits Times*, 30 April 1952）。即是說，余氏子孫可以向政府減少繳交一些遺產稅，但五成二這個令人咋舌的比例，畢竟還是大大削弱了家族的財力和實力。

　　必須指出的是，就算遺產稅率只為 52%，其實已極為明確地揭示，任何人一生以血汗積累的財產，離世後大部分會落入政府之手。[5] 由此引申出一個顯而易見、人們必然會想方法解決的問題，就是到底應可如何減少或化解。正如前文提及，以余東旋的精明和余經鑄的特許會計師資格，父子二人應該對此問題十分清楚，但他們看來卻沒有做好能夠減低或迴避遺產稅的安排，導致生平積下的龐大財產大部分落入政府口袋的結果（*South China Morning Post*, 28 August 1954; Sharp, 2009），令人不解。

　　接着，當然是民間諺語「可共患難，不可共富貴」的老問題。因為當逐步走出困境，投資生意在二十世紀五十年代起再次邁出發

5　正因必須向政府繳交天文數字的遺產稅，家族最後被迫出售不少物業，甚至將企業清盤，才能藉轉售資產償還遺產稅（*South China Morning Post*, 27 August 1954）。

展腳步時，余經鑄年紀略輕的幾位胞弟已經長大成人，余經綸、余經翱、余經鉞等乃先後在那個時期加入余東旋有限公司，成為董事，而余經綸和余經文則出任利華銀行的董事，參與了該銀行的業務管理。可是，由於他們的成長經歷各有不同，乃容易呈現理想和目標差異巨大的問題，為企業發展方向，乃至於名下財產應如何運用及投資等帶來見解不一致的情況，有時甚至表現得不能妥協。由於余經鑄具有如父親般的權威，因而能夠將那股開始浮現的離心傾向暫時壓下去，但畢竟不是長久之道。

一個不爭的事實是，戰亂與外國政經環境不靖時，兄弟間尚能求同存異，一致對外，但到生意投資順風順水、一片好景時，則沒有了憂患意識，反而有較為強烈的維護個人利益的考慮。他們各自成家立室之後，將一己之利放在首要考慮位置則尤其明顯，亦屬無可厚非的人之常情，顯示那時家族內部的離心傾向已逐漸浮現，若然無法有效疏理，必然會影響其穩定和發展。

這便要回到余東旋死前遺囑如何安排，而死後遺產又發生甚麼變化的問題。從余東旋留下的遺產來看，1961 年的報紙報道指，總值為海峽貨幣 5,000 萬元（《南洋商報》，1961 年 3 月 9 日），[6] 在那時而言堪稱亞洲首富。扣除遺產稅及其他如喪葬等費用後，[7] 由十三

6　此財產估值應是以當時價值計算，並非余東旋去世之時的價值。余東旋去世那年的估值是一千至二千萬元。即是說，自他去世後到 1961 年，在二十年間，資產升值了一倍多，核心原因與資產主要為物業地產有關。

7　在遺囑中，余東旋特別提及與一位前僱員「梁廣軒」（譯音，Leong Kwong Hin）訂了協議，答應在他退休後給予每月 300 元的退休金，以賠償中斷他的僱員合約。

位兒子均分；女兒每人各得 3 萬元，並有生前贈送的珠寶首飾；生前仍留在他身邊的妻妾，沒有獲得任何財產分配 —— 深得他寵愛的第五太太廖正而獲得可終生住在般咸道及淺水灣余園的權利除外。遺囑由年紀最大的三名兒子余經鑄、余經綸及余經翱當委託人兼執行人（Chow, no year; Probate Jurisdiction, Grant No. 726 of 1948, 1948）。

　　單從遺囑設計與安排看，余東旋雖有了防止爭執的想像，因而在分家時採取中國傳統的諸子均分制度，指定每個兒子各有一份，算是作出了平均分配，但他卻未能在「分」之中訂下防止「散」的條文或制約，讓外人有了可乘之機。對於此點，身為孫輩的余義明這樣說：「祖父將余仁生股份平均分給十三個兒子，每人只有約百分之六股權，根本沒有單一最大股東。」（陳婧，2017）余義明的說法只點出了諸子均分制度顯而易見的一面，暗示的問題是大家因此無法團結起來，以保持家族在企業及核心物業的控股權，實屬百密一疏，埋下了日後家業四分五裂的伏線。

　　說實在的，余東旋的遺產十分龐大，就算超過一半金額已經貢獻給政府，每名兒子分得的其實亦為數不少，足以過上無憂無慮的富泰生活，若然他們能將生意與物業投資繼續集中在一起，相信更能確保長期利益。當然，財富即如經濟資源，沒法取之不竭，人的慾望亦確實沒法完全滿足，所以就算各兒子已獲分配不少財產，並不表示他們可以盡情花費，某些理財較差或花費較大者，難免在某些情況下萌生憂慮，然後觸發爭奪，這便埋下日後因為各有需要和綢繆而決定各走各路的隱憂。

突 然 去 世 後 的 接 班 問 題 浮 現

對於傳承接班問題，不少家族或多或少會作出一些安排，但一些人算不如天算的變化，往往會把某些家族殺個措手不及。余氏家族的傳承接班亦遭遇了相同的問題。在父親悉心安排下接班的余經鑄，經過十多年的磨練和考驗，最終在父親去世後樹立了個人的領導地位，但他卻突然在 1957 年因病去世，而他那時未有做好第二梯隊的接班安排，因此便影響了家族的進一步發展。

對余經鑄而言，戰後帶領家族企業克服各種困難，走向復元，應該耗費了很大心力，而個人感情問題相信亦曾令他困擾，所以可能未有時間和精力去思考或安排接班事宜。個人感情問題方面，他於 1947 年入稟法院，與分居多年的妻子離婚，獲得了接納，而陳碧玉則成為他唯一的妻子。自 1939 年和陳碧玉在一起後，兩人一直沒有生育，因此先後收養了三名女兒余凱君、余凱珍和余凱珠（《南洋商報》，1961 年 3 月 10 日）。

自四十年代末起，余經鑄開始有較多機會奔走於香港和新加坡之間，[8] 他在年過五十歲之後健康似乎亦出現了問題（主要是腸胃病），因而亦如其父親般開始思考會否到香港長期生活。法庭審訊資

---

8 1949 至 1955 年前後六年間，余經鑄曾到港七次，每次停留約三個月。據余經鑄妻子陳碧玉所述，本來思想西化、不太能說廣東話的他，隨着年紀愈老愈能說廣東話，亦變得較喜歡中國文化，他決定移居香港的其中一個考慮，是香港比新加坡有更多中國文化，生活環境亦較適合他（《南洋商報》，1961 年 3 月 25 日）。

料顯示，1955 年余經鑄和陳碧玉在香港停留時，特地到匯豐銀行開立賬戶，之後又以近 8 萬元的價格買了兩層樓，還買了一輛汽車，揭示那時他們已將較早前萌生到香港定居的念頭化為實際行動（《南洋商報》，1961 年 3 月 10 日）。當然，那時他們尚未到入境處辦理移民香港的手續，一方面由於他們鍾情於獨立屋的別墅，但當時在市場上只找到一些多層大廈單位放盤，覺得居所不太合適，乃採取了繼續物色的策略；另一方面，他們若搬到香港，年紀尚幼的女兒的教育問題 —— 找合適的學校 —— 亦令他們困擾，所以未在 1955 年立即舉家移民香港（*The Straits Times*, 25 March 1961）。

就在余經鑄夫婦仍忙於如何更好更快地在香港定居下來的 1957 年 3 月份 —— 那時他們亦在香港停留繼續尋覓新居，余經鑄的腸胃病惡化，他找了四位醫生診治，只有一人指病情嚴重，另外三人則覺得只屬一般，所以他沒有立即入院醫治。到了 4 月 1 日，他卻突然吐血，因此被送入養和醫院，經醫生搶救無效於翌日去世，享年五十八歲（*South China Morning Post*, 3 April 1957）。十天後，遺體送回新加坡安葬（*The Straits Times*, 14 April 1957）。

一個令人驚奇的現實是，余經鑄去世後，遺產同樣大部分落入了政府庫房，亦鬧出他的永久居住地到底是香港抑或新加坡的法律訴訟。背後原因仍是兩地遺產稅率不同之故，顯示余經鑄生前完全沒有吸取父親去世後遺產被大量削減和發生連串糾紛的教訓。余經鑄名下的財產雖然不如父親般龐大，但在那個年代而言，亦屬天文數字。可惜，因為他生前沒有做好任何避免被徵收遺產稅的安排，同時又沒在永久居住地上辦理好各種法律手續，最後乃鬧出紛爭，

而法庭的最終判決是余經鑄應為新加坡永久居民，所以遺產應按新加坡的稅率徵收，即要向新加坡政府繳納 60% 的遺產稅（《南洋商報》，1961 年 3 月 9 日至 23 日），令其留給遺孀和子女的遺產被大幅削減。

　　當然，對家族而言，余經鑄突然去世，影響最深的不是遺產和永久居所沒有及早作出明確安排的問題，而是他沒有做好第二梯隊接班的安排。一般情況而言，父死子繼式的傳承接班較為簡單直接，亦能在較早時期作出安排，兄終弟及式（或兄落弟上，下文一律用兄落弟上）的傳承接班會較為複雜，亦較少會及早作出安排。由於余經鑄有多達十二位胞弟，他們又有屬於元配、側室或姜侍所生的身份問題，有些年齡又極為接近（例如余經綸與余經翱同樣生於 1916 年，余經鵬和余經驥則同樣生於 1926 年），所以便令問題顯得更為糾纏複雜。即是說，自余經鑄去世後，再沒有一位具突出能力或權威的成員，可以成為家族及企業的領軍人，號令各方，因此難免為家族團結與發展帶來挑戰和風險。[9]

　　一個不爭的事實是，余經鑄不但在諸子中年齡較長，深得父親信任，亦長期建立了長兄為父的形象，所以他在世時仍能維繫家族團結，未見分裂。但到他去世後，由於沒有及早作好接班安排，其

9　若以出任余東旋有限公司主席職位作為家族領軍人地位的象徵，余經鑄之後為余經綸，然後是余經鋮，再之後是余經文，兄落弟上的色彩十分明顯。

職位自然並非由獨子余義澡接替；因為家族生意的控股權分為十三份，領導權只能按傳統兄落弟上的模式進行，所以由二弟余經綸接任（其實論年齡他和余經翱相差不遠，而余經翱更屬元配所生）。可是，相對於余經鑄，余經綸與諸位弟弟年齡較為接近，在家族中的權威及地位又沒父兄般高，因而出現未能號召各房的問題，令管理上出現了不求有功、但求無過的「得過且過」心態。舉例說，由於領導權威不強，自余經鑄去世後，利華銀行主席一職由老臣子陳獻祥接任，反而成為大股東代表的余經綸，則再沒能出任該職，直至銀行控股權易手。更嚴重的當然是由於生意經營未孚眾望，甚至有每況愈下的趨勢，因而激化了家族各房的離心傾向，進而萌生出售手上股權更為划算的想法。

正如前文提及，余東旋採取諸子均分的原則，本意是重視「公平」對待，但只看到「分」的一面，沒想到如何維繫親人關係與「合」的另一面，因而反成為家族事業滑落和分裂的源頭。概括地說，由於沒有一位兒子對公司及物業擁有決定性的控制權，亦沒有那種能將紛紜意見壓下去的權威，所以在管理和決策上便出現了人多口雜與「多人挑水沒水喝」的問題和掣肘，加上控股權可按諸子（各房）意願自由轉售，轉售前又沒限制要先告知家人或先看家人有否興趣承接，當家族企業經營和表現較差，家族資產（尤其物業）和股份價格則向好時，要求出售資產與股份的聲音便愈高漲，令分裂變得無法避免。

諸弟突圍時不我予與家業四分五裂

作為家族核心投資的採礦、橡膠種植和銀行，在年紀較長的余經綸、余經翱、余經文等人主持下，那怕業務發展只屬一般，但那些年紀較幼的弟弟們乃能擠身其中，因而促使他們另闢蹊徑；當中有些一度表現得十分耀目，頗有突圍而出的勢頭，成為帶領家族東山再起的希望，其中兩人為余經鵬和余經緯。可惜，他們的事業發展道路卻沒像余東旋般常常碰到好運，反而遭遇各種外力困阻，最後功敗垂成。

先說余經鵬，他生於 1926 年，生母為廖正而，美國哥倫比亞大學畢業，進入社會不久的 1953 年，便娶了宋子文二女宋曼頤為妻，[10] 可謂集結不同資本與條件於一身，發展潛力無限。1966 年，余經鵬走出了人生重要一步，在新加坡創立余寶紙漿及紙品工業（Eupoc Pulp and Paper Industries，簡稱余寶），進軍當時方興未艾的造紙業。本來，這一生意具有巨大發展潛力，發展方向可謂十分正確，但他卻因表現得過於進取，貪勝不知輸，最後招致兵敗如山倒的結局。

10　余經鵬兄長余經鎧曾任宋子文機要秘書，與宋子文關係緊密。余經鎧 1948 年結婚時，宋子文夫婦專程到香港喝喜酒，此消息曾引起香港社會和傳媒的高度注視（*South China Morning Post*, 6 June 1948）。

據羅元旭（2012：178）的分析，雄心勃勃的余經鵬成立余寶之後，為求急速發展、早見成效，在紙品生意仍未達至收支平衡之時，又斥資進軍印刷及廢紙再造；本來這亦是不錯且具前景的生意，但余經鵬卻又操之過急，在這一生意尚未完全站穩腳跟、帶來穩定利潤之時，即與日本凸版印刷及新加坡發展銀行（Development Bank of Singapore，即日後的星展銀行）合作，成立凸版印刷公司，開展了另一戰線。到了 1968 年，余經鵬再有大動作，將余寶上市，一心想藉着吸納公眾資本推動業務更上層樓。連串環環相扣的重大投資舉動，令他在短短數年間搖身變成一位紙品與印刷大亨。

可是，由於余經鵬經營作風過於進取，一門生意尚未帶來穩定盈利之時又另開新生意，當其中一環碰到問題時又牽連另一環，並最終因為入不敷支導致現金周轉不靈（羅元旭，2012）。面對這種困局，他的做法不是先從精簡架構、削減開支並擴大銷售入手，而是立即想到借錢填補資金缺口的飲鴆止渴方法，並以生產設備及物業作擔保，向銀行借貸。結果，公司雖能克服一時的財政困難，但實際營運的關鍵問題並未化解，負債則日見沉重，最後令問題愈趨嚴重。

余經鵬在應對生意困難時採取的手法，曾令他惹上是非和官非。先有 1970 年 9 月中因《南洋商報》的誹謗案告上法庭，繼有同月月底被新加坡政府告上法庭，主要是違反公司法律，在簽訂交易合約時沒有向股東披露自己牽涉利益衝突，以及由此衍生的各項違背利益披露條款共六項控罪。結果是兩者皆敗北，對《南洋商報》誹謗的指控沒有成立（《南洋商報》，1970 年 9 月 17 日及 19 日），而政府控告他六項罪名中則三項成立、三項不成立，三項成立的控罪

則合共罰款 1,500 元（*The Straits Times,* 27 May 1971）。

　　所謂「一波未平，一波又起」。誹謗及刑事檢控才剛落幕，民事訴訟又起，這次是新加坡發展銀行因余經鵬及余寶拖欠 130 萬元貸款，要求法庭頒令其破產（*The Straits Times,* 25 March 1972），再拍賣其資產。法庭裁定，新加坡發展銀行勝訴，余經鵬及余寶需支付欠債，否則勒令破產，拍賣其所有資產還債（《南洋商報》，1972年 3 月 25 日）。此點顯然成為余東旋留下的多幢城堡式祖屋，接二連三被迫出售轉手的觸發點。

　　從資料看，就在 1972 年時，大埔余園首先被賣掉。雖然余東旋及余鶴松均葬在那裏，[11] 但由於這座別墅較偏僻，余東旋逝世後一直沒有家族成員入住，加上廖正而並未擁有這座花園的居住權，故令部分余家人認為與其丟空荒廢，不如趁市場價格向好時套現，更不用說余經鵬正面對着財政困難了。該物業出售後，余東旋及余鶴松的骸骨乃移葬荃灣華人永遠墳場。

　　同年，利華銀行因為經營不善醜聞頻傳，導致業務下滑，當地富商黃祖耀提出收購，余經綸、余經文等同樣覺得價格吸引，套現更有吸引力，於是乃出售大部分手上的控股權（利華銀行日後拼入大華銀行），余氏家族從此失去了利華銀行的控股權 —— 雖然余經綸仍保着董事局中一個席位（Chung, 2002: 582; 張青、郭繼光，

11　余東旋雖自 1887 年後沒再踏足家鄉，但他卻牽掛祖父山墳，所以三十年代請人將其祖父遺骨移於大埔余園。

2010：177）。翌年，余東旋位於新加坡 Adis Road 的大宅以 819 萬元（新加坡元）出售，家族擁有的城堡式地標性建築又少一項（*The Straits Times*, 16 February 1973）。

余經鵬在商場上叱吒一時的同時，其同母胞弟，生於 1931 年，擁有哥倫比亞大學科學碩士學位的余經緯亦嶄露頭角。據說，余經緯頗有乃父善於交際應酬的手腕，大學畢業進入社會後一直活躍於社交界。五十年代開設一間名為經緯金融有限公司的私人企業，專注於高端客戶的金融投資，並將全新的投資工具「基金」引進香港，成為把基金投資概念帶到香港的第一代華商（鍾寶賢，2009：99），可謂開風氣之先。他應該因此與不少巨富家族有更多投資業務上的實際合作和往來，強化了個人的人脈網絡。

事實上，由於余經緯與不少顯赫商賈頗有交往，例如電影業大亨陸運濤等，因而造就了他在這方面與人合作的投資，其中最引人注目的，則是於 1965 年夥同利孝和、邵逸夫和安子介等顯赫商家，聯手投得香港的無線電視牌照，成立電視廣播有限公司（TVB），並於 1969 年 2 月出任總經理兼董事，掌握實質營運大權（*South China Morning Post*, 4 February 1969）。由於出身巨富家族，余經緯在電視製作方面頗敢花費（當然亦有人批評他「大花筒」〔亂花錢〕），投入巨資於製作場面壯大、有質素的節目，因而甚為吸引社會目光，他亦因此成為當時一個街知巷聞的名字，為香港的娛樂文化事業開創了重要一章。

可惜，事業一帆風順的余經緯，卻在 1976 年 10 月在南洋旅程回港後得了急病，送入養和醫院救治，但藥石罔效，於 10 月 21 日

去世，享年四十六歲（*South China Morning Post*, 12 December
1976）。因他經營電視業務，屬娛樂圈中知名人物，加上事出突然，
故公眾對他的死因眾說紛紜，甚至有傳言說他的死亡乃南洋降頭法
術等靈異之事所致，轟動一時，亦強化不少人對這個家族的起跌與
風水命理有關的信念。但無論如何，在余義明眼中最具創意及企業
家精神的余經緯一死（Oral History Interview: Mr Richard Eu Yee
Ming, 23 April to July 1999），家族亦失去了一位有能力東山再起
的人物。

　　余經緯死後，[12] 不少家人先後移居外國，在歐美國家落地生根，
各自發展，例如余經輝和余經侃，後者便娶了美國華裔的女政治家
江月桂（曾任美國加州州務卿）。而那些移居外國的家族成員，則大
多如余經侃般對家族企業表現得缺乏興趣，所以又增強了出售家族
資產及股份的意欲。至於余東旋生前興建的三幢城堡式建築，自然
成為垂涎對象，目的不在城堡本身，而是其所處的地皮，因那時的
地皮，已變得寸土尺金了。

　　最受香港人關注的，則是半山般咸道余園和淺水灣余園。由
於余東旋在遺囑指明這兩座大宅可讓廖正而居住安老，所以諸子難

12　余經緯去世後，其母（廖正而）和寡妻（Sandra）因為首飾問題打官司，主要是廖正
而指自己在余經緯生前把一批（共有十一件）價值約 150 萬港元（1977 年的價值估算）
的首飾交給他保管，但 Sandra 指該批首飾是丈夫送給她的禮物，不肯歸還，雙方各執一
詞，鬧上法庭。1978 年 7 月廖正而去世，享年七十五歲，但她的遺產執行人繼續興訟，並
在 1981 年進行持續多年的聆訊。最後，高等法院判 Sandra 敗訴，需要交出相關首飾，但
Sandra 不服，提出上訴，最終還是維持原判，事件才告一段落（*South China Morning Post*,
13 August 1977, 12 June-23 July 1981, 24-28 February 1982）。

以在七十年代初將其出售套現。到了 1978 年，當廖正而去世後，
原來的限制不再，便促使了那兩座物業易手。由於兩座余園屬優質
地皮，引來大小地產商垂涎，他們針對余園業權分散、後人又各有
所圖的漏洞，採取逐一擊破的方式，私下收購余家後人的業權。至
1981 年，由恒生銀行何善衡、華光地產趙世曾等新崛起商界精英組
成的財團，宣佈取得半山和淺水灣余園十三分之七（7/13）業權後，
入稟高等法院要求拍賣兩座物業。雖有部分余家後人堅持不賣，但
由於寡不敵眾，最後余園只能放在拍賣場上任人叫賣。

結果，在同年的拍賣會上，淺水灣余園以 1.85 億港元的叫價，
由新世界發展投得，而般咸道余園最後以 2.2 億港元由置地控股投得
（Sharp, 2009: 174-175）。至於余東旋在港的二十多幅土地，亦相繼
轉手變賣，他生前在香港的地產投資，幾近被後人全數賣掉。余義
明補充說，到了八十年代，家族眾多生意投資，例如採礦、橡膠及
銀行等，均已全部脫手了（Oral History Interview: Mr Richard Eu
Yee Ming, 23 April to July 1999）。

對於家族後人未能在各種有利條件下保存祖業，令其先後落得
轉手或拆掉的問題，余義明在接受傳媒訪問時指出，各房「很多有
他們自己的生意，沒興趣管理爺爺（余東旋）的生意。那時有叔伯
逝世，他的家庭又要錢，便這樣安排（決定出售）了」（亞洲電視，
2012）。即是說，各房代表（眾第三代兄弟）在商議後，決定按本身
的現實需要將大部分物業及生意出售套現，顯示由於大家沒有太多
共同維護的情感和意志，家業乃四分五裂。

任何一個家族在傳承接班問題上若犯下青黃不接或安排失策等錯誤，不但必然會窒礙其進一步發展，更可能令其無以為繼、四分五裂，最終走向敗亡。余東旋與余經鑄的父死子繼式接班雖然十分成功，但其遺產分配安排則犯了大錯，埋下分裂的惡果。至於余經鑄與諸位弟弟的兄落弟上式接班，所犯的錯誤更多，沒有接班計劃、缺乏具眼光和才幹的領導、沒有獎罰機制等等，便是當中的一些問題。最後在部分成員因資金緊絀要套現應急時，便無可避免地作出出售祖產的舉動，然後一發不可收拾，引發連鎖反應，落得龐大家業最終四散的結局。

　　誠然，余東旋留下的不只是龐大資產的經濟資本，更有雄厚的政商資本，他給諸子女的現代西式教育，更是令人艷羨的深厚人力資本，當然還有促使一眾子女和不同政商大家族結成婚姻聯盟的人脈社會網絡等等，在當時的社會而言實在無出其右。有這樣層層疊疊、不同層面的雄厚資本支持，按理他們能有更好發揮，帶領家族更上層樓、再創高峰。結局卻是反高潮的令人大出所料、跌破眼鏡，他們的事業不但紛紛滑落，更連原本遍佈香港、新加坡和馬來亞半島的多項生意與城堡建築等基業均不保，落得售的售、拆的拆的結局，令人再次回到了唯心論述，尤其思考那個「風吹羅帶」吉穴到底是否真的那麼有作用的問題。

第七章

建立品牌
余仁生

由本身的獨特歷史、地理及自然環境等眾多因素孕育出來的中國文化，除了有其別樹一格的堪輿風水之學，同時亦有與西醫西藥大異其趣的中醫中藥獨特體系。這個體系以傳統宇宙觀為基礎，建立陰陽平衡、五行生剋與七情六慾互為因果的醫學理論，雖在中華大地上按其內在邏輯運作，並流行數千年，但自進入近現代歷史以來，則因中國綜合國力急速下滑，國人屢次變革圖強均未能擺脫困弱而變得失去自信，令其在理論、應用與發展等不同層面均裹足不前。所以，中醫中藥亦一如中國傳統文化般，被認為乃迂腐落後的東西，無法配合時代發展的步伐，曾一度被棄之如敝履。

　　另一方面，受士農工商社會等級劃分的影響，不但商人地位受到貶抑，如何推動商業創富與建立品牌等，亦不受重視。傳統上，中藥普遍採用草藥，甚少發展中成藥，因此之故，在二十世紀之前，中成藥品種不多，更不用說有甚麼具知名度且能廣泛流行的中成藥了。至於在今時今日的中外社會，最令余東旋家族為人認識的，則是余仁生這個名揚四海的品牌。然而，幾乎可以肯定地說，在二十世紀二十年代前，余氏家族其實只集中於採礦、種植、僑匯、地產及銀行的支柱生意；本來只屬雜貨店其中一些貨品，目的在於配合當地開礦和種植的華人勞工所需，治療常見病痛的中成藥和中草藥，卻又自此之後逐步發展起來，日後蛻變為國際品牌，成為最吸引中外目光且最能代表家族傳奇的旗艦生意，本章則將分析目光投向這項生意上。

早 期 發 展 的 不 同 歷 史 拐 點

　　一個幾乎無人不知的事實是，在二次世界大戰之前，或者說終余東旋的一生，余仁生的中藥生意，無論是從整個家族收入上說，或是從財富組成上說，基本上佔比微不足道。反而物業地產、錫礦開採、橡膠種植，以及銀行僑匯，才是家族財富的最大來源，可稱為家族的「四大柱石業務」。但是，由於這些柱石業務與投資，最終反而在社會與時局的巨大變遷中紛紛消亡，賣的賣、散的散，先後落入外人之手，沒有在家族中留傳下來，加上坊間談論較多，本章乃另闢蹊徑，不把焦點集中於此，反而選擇分析余仁生中藥這項生意的傳奇 —— 雖然就算這點坊間相關的分析和討論亦汗牛充棟，為數不少，但令人失望的現實是，大多只屬事後孔明的人云亦云，當中不乏偏頗錯漏，所以很有必要提出一些補充。

　　要說余仁生中藥生意，自然要追溯其奠基創業年份，一般的說法是 1879 年。就在這一年，余廣培應該與友人在甚為匱乏的條件下，合力創立了仁生號，從事中國雜貨生意，至於生意規模相信十分細小，其原因是余廣培當時經歷連番投資失利，因此想漁翁撒網，多尋一條出路而已。

　　綜合各種僅有的資料看，仁生號經營初期條件惡劣，余廣培隨後更轉到新加坡，在一家名為裕生號的雜貨店「打工」，直到 1882 年「裕生號余廣名字票得」，取得餉碼專利經營，才因依附其中有了較顯著的轉變，但初期相信只是填補一些裕生號未能包括的生意而已，發展空間有限。到經歷兩屆（每屆三年）餉碼經營後，由於余廣培本人透過增加股份投入而逐步主導了餉碼生意，裕生號逐步淡

在務邊第一間店舖的「仁生」招牌

仁生創辦人余廣培

出後，仁生號才日趨吃重，至於原本與余廣培合股創立仁生號的友人，可能早已在那個變化巨大的發展過程中退出了。

不久，余廣培去世，但因臨危受命的文煥章仍能維持生意，並可連續多屆取得餉碼經營權，仁生號自然能夠繼續發展下去，就算到文煥章隨後亦猝死，由於她已立下遺囑，而執行人又甚為專業可靠，生意和企業乃能在風雨飄搖中維持下來，然後傳到余東旋手中。一個不爭的事實是，由於仁生號的生意並非本小利大、風光無限的生意，接手家族業務的余東旋自然沒把精力投入其中，反而眼光銳利地集中於開採錫礦及橡膠種植等盈利豐厚的生意上。於是令仁生號出現一個甚少華人家族企業採納的發展局面：一直依賴非家族員工的管理，甚少家族成員加入其中。

1900 年余東旋找到蘊藏量豐富的錫礦，實乃仁生號生意同時壯大的重要力量，因為巨大的開採工作吸引大量勞工集中，令雜貨及藥品需求大增，仁生號生意自然同步急升。之後，余東旋找到的礦場數目有升無減，勞工的需求和衍生的生意亦隨之大增，仁生號的生意今非昔比自然不難理解。

據 Sharp（2009: 51-52）的介紹，到了 1903 年，余廣德獲委任為金寶（Kampar）和務邊兩家仁生號分行的總經理，後來還包括了怡保分行，余廣晉則獲委任為吉隆坡分行總經理。即是說，余東旋兩位叔叔均在仁生號中擔任吃重職位。這一變化一方面說明余氏家族成員直接參與了業務，另一方面或者揭示余廣德及余廣晉應該在採礦及接着的橡膠種植等生意上沒有股份。

　　由於關於余廣德及余廣晉兩房的資料甚為缺乏，例如余廣德的生平與子女等皆毫無線索，我們所知極為有限；有關余廣晉的資料略多，但同樣未能讓人看到經歷的全部。僅有的資料正如上一章中提及，他於 1904 年去世，享年四十一歲，兩子余東祐和余東雄參與了孫中山策動的革命，[1] 當中余東雄成為了黃花崗烈士，而他們一房的經濟則並非如余東旋般十分富有。

　　較為間接提及的，則指余東旋「從不拒絕叔叔和他們的家人，那怕到他去世後亦已在遺囑中作出安排，為叔叔的寡妻，以及他們兒子的寡妻，甚至親屬和其家人提供足夠的支援和保護」（Sharp, 2009: 51）。這裏所說叔叔的寡妻和他們兒子的寡妻，是否指余廣德和余廣晉一樣英年早逝？甚至他們的下一代，亦如余東雄般享壽不長，所以只留下一眾寡妻？由於相關資料甚缺，現時難以斷定。

　　一個重要的發展拐點是 1910 年，因為從 Sharp 的介紹中，就在那一年，余東旋把仁生號的名字改為「余仁生」，主要業務仍然是集中於華僑匯款（俗稱僑匯）和中藥（主要分為中草藥和中成藥兩個種類），而兩者的對象均是數目日眾的大量華工。為甚麼余東旋那時決定將「仁生」改為「余仁生」呢？若在今天社會的角度看，肯定認為屬於「倒退」的行為，因為原來的名字沒甚麼家族色彩，或是家族色

1　相信亦因熱心參與革命而無心生意經營，在生意上應當沒有扮演重要角色。

彩很淡，更改後則家族色彩極濃，變成只屬一家一族所有。[2] 事實上，余東旋長女余細玉便不諱言指出，余東旋確實寄望該企業由子孫血脈世世代代傳承下去（Sharp, 2009: 52）。

　　出現這種舉動的其中一些原因，可能與余廣德、余廣晉兩房衰落有關，尤其可能是余廣德和余廣晉在 1910 年前去世，他們的下一代亦可能如余東雄般享壽不長，或是無心生意，決定退出，令股權全部落入余東旋之手，所以他才會在那個時刻按新局面作出了企業重組與名字轉變的舉動，並將公司名稱更改的行動，反映在新加坡的第一間余仁生分店上。同年，他攜同家人移居新加坡，余廣德及余廣晉的後人應該沒有跟隨。

　　為了配合這一生意發展轉變，財力已經相當雄厚的余東旋自然為余仁生注入更多資本，所以除了新加坡星洲橋南路分店成立翌年即進行裝修，同時在香港華商聚集的文咸東街設立分店，至於原本在吉隆坡、務邊、金寶、檳城、怡保、廣東等地的分店，自然亦更改名稱，並投入資本以興建或裝修門店，以配合業務發展，令余仁生有了一番全新景象。

　　值得注意的是香港，由於其作為中轉站的地位與新加坡一樣十分突出，無論中藥採購、銷售，或是僑匯運轉，均有無可替代的角

2　　在現今社會，具家族色彩的名字被貼上了管理落後等負面標籤，所以有些家族反而盡量想去家族化，最突出且常被引述的例子，則為「廖創興銀行」易名「創興銀行」，藉拿掉家族姓氏以提升企業形象。

余仁生在新加坡橋南路自 1910 年起開店的旗艦店，攝於 1950 年代。

色，余東旋不久便增加在香港的投資，例如購入位於上環皇后大道中 109-115 號的地皮，興建一幢樓高四層的門店，該大廈於 1917 年落成後，余東旋乃將原本位於文咸東街的分店搬到那裏，作更有規模的經營，而生意則日漸壯旺起來。[3] 順帶一提，余仁生中藥門店的陳設佈置，採用了傳統醫館的模式，在那個年代而言令華人有賓至如歸的感覺，故余仁生客源不絕，甚受當地華人歡迎。

撇除僑匯業務不論，余仁生中藥業務主要分為三部分，分別是負責進出口藥材的辦莊，負責配方及零售中藥的藥號，以及負責製作藥丸的丸部。一個必須指出的問題是，由於售藥是醫病續命之事，據說余東旋曾下達指令，要把余仁生打造成一級品牌，品質必須上乘，製造一點不能疏忽（Sharp, 2009: 53）。由此可見，余東旋本人對余仁生這個品牌十分着緊，對品質要求甚高，並強調由供應源頭做起，生產過程亦要求嚴格。1941 年以前，廣州門店原料採購和藥丸製造的任務更為吃重。此店於二戰期間被燒毀，藥丸製造才完全轉移到香港。至於店員在售賣配搭藥材時，都會謹慎處理分量，亦會多提醒顧客煎藥及服藥需注意之處，讓處方可以更好地發揮藥效。

自 1879 年仁生號誕生到二十世紀二十年代，公司名稱又曾作出變更的那段崎嶇曲折的發展過程中，無論股權結構、生意規模、業務內涵，甚至是銷售網絡分佈等，其實均經歷巨大變化，這樣的發

3　到 1990 年，余仁生中藥店遷往皇后大道中 152-156 號。

展軌跡，不但折射了那個年代營商環境的風高浪急與波譎雲詭，同時亦說明一家企業要屹立不倒，實在極不容易。余仁生今時今日的發展仍充滿活力，又在市場中佔領導地位，自然極為難得。

「仁澤眾生」的現實與聯想

在今天社會，一提到余仁生中藥店，坊間總會把其名字詮釋為「仁澤眾生」，不少分析更囫圇吞棗似的指仁生號的創立是基於「仁澤眾生」的信念，並以之作為經營使命。或者，今天的余仁生中藥店是以「仁澤眾生」為宗旨或理念，但並不表示原來創立時（或日後經營的大部分時間內），是以那個信念為指導。事實上，若果我們實事求是地追尋其發展足跡，則不難察覺，這種說法實在有言過其實之嫌。為甚麼會這樣說呢？

第一個問題當然是仁生號這個名字。中肯點說，這個名字相信只是順手拿來，但求生意興旺而已，這是華人社會無論為個人或生意取名的基本原則和考慮。事實上，余廣培與友人創立仁生號之前，當地已有裕生號，他更加入該公司，為其打工，他可能參考了裕生的名字，所以為自己的生意取名仁生；而他的胞弟余廣晉，在他去世後曾從仁生號拿了一些錢另起爐灶，創立了「濟生堂藥材」，這些均間接說明為自己的公司起名仁生，只是拿個意頭，善頌善禱，希望生意愈做愈生、生機勃發而已。其實，在粵閩一帶，生意人以「生」字作為公司名稱的例子極多，其中的恒生、榮生、廣生、春生、源生、和生，甚至是英文品牌翻譯過來的莊生（後易名為強生）等等，便是社會大眾熟悉的一些例子。

事實上，余東旋曾一度將吉隆坡中藥分店命名為「仁和」（Yan Woh），務邊分店則命名為「生和」（Sang Woh），芙蓉（Seremban）分店亦叫「仁和」（Sharp, 2009: 52-53），可見名稱應該沒有甚麼「仁澤眾生」的色彩。其實就算是其他公司的名稱，應該亦只是圖個吉祥意頭而已，例如採礦公司名為「東利公司」，銀行為「利華銀行」，持有大量物業地產的公司則為「余東旋有限公司」，同樣應該沒有很深奧的含意，更不用說會有那種「救人利他」的胸懷了。

第二個問題與上文提及的餉碼專利生意有關。這門生意除了開採錫礦，其實還有賭博、煙酒及典當生意，其中的煙，主要是指鴉片煙（Chung, 2002），其毒害民眾的情況社會更是知之甚詳，所以被視為不光彩的生意，與經營妓院、賭博等並列。按此推斷，家族發跡於餉碼，主要經營採礦、煙酒和典當生意，「副業」才是雜貨，藥業更只屬「各種生意都做」，原則上是其中一個不甚起眼的部分而已，主要亦可能是考慮到讓那些病弱者及早恢復建康，投入辛勞的工作之中，然後可以繼續賣力，為公司賣命，所以實在不能有違事實地說創立仁生號是着眼於「仁澤眾生」。至於這種推斷，則與余氏家族後嗣的說法不同。

亦有說法指余東旋曾於 1906 年參與成立「霹靂反鴉片會」（Perak Anti-Opium Society），並出任副會長，指他有仁者胸懷與慈悲之心（Sharp, 2009: 59-67），體現了余仁生企業的精神。但有分析則指出，余東旋本人持有 1901 至 1903 年「新加坡鴉片餉」（Singapore Opium Farm）的一定股份，亦應持有「檳城鴉片餉」（Penang Opium Farm）的股份。至於他在 1906 年對鴉片的態度大變，其中的原因被指與他失去鴉片專利經營權有關（Koh, 2000: 32）。

　　第三個問題是，就算是從余東旋的核心生意和投資而言，中樂其實只屬眾多業務中的邊緣業務而已。扼要地說，仁生號本來的市場定位是雜貨，尤其是售賣來自中華大地的各種各樣土特產、副食品，甚至衣服鞋履等，基本上是為海外華工 —— 特別是那些在礦場、種植園或大型建築工程中出賣勞力者 —— 提供各種日常所需，在各種業務大小通吃原則下，中藥只佔很小的部分。

　　日後，余東旋擴大錫礦及種植園的生意，帶動了生意的規模，而更為關鍵或者說生意利潤更高的，仍非雜貨或中藥生意，而是由此衍生出來營運要求更嚴謹、發展空間更巨大的僑匯生意（Koh, 2000; Chung, 2002; Sharp, 2009）。即是說，從生意發展本質上說，仁生號的生意核心先是雜貨，後是匯兌，中藥只處於邊緣位置，業務雖穩定，但卻可有可無，所以這部分的生意長期由非家族成員的可信賴員工負責管理，此點尤其突出此生意並非家族命脈所在。

　　第四個問題是，若然仁生號的信念是「仁澤眾生」，尤其是如部分論者所說是因為看到不少華工被鴉片毒害，或是在礦場與種植園中受各種疾病侵害，所以立志於供藥治病，減少其痛苦和折磨（Sharp, 2009: 28-29; 59-62; 余仁生香港網站，沒年份），其重點藥物應該與這方面的疾病或問題有關。但是，筆者至今找不到實質支持，所以只能存疑，希望日後跟進研究，作更好說明。

　　從以上的角度來看，將余仁生這家企業的「仁生」二字詮釋為「仁澤眾生」，明顯有偏離原來的思考和實情，甚至過於解讀的問題，亦染有以為生意只集中於中藥的一廂情願色彩，因為「仁生」只是家族眾多生意的其中一項，規模與實力亦較小，以此推論全部實

不公平。基於此，儘管就如家族中人所指，「仁生」由始至終只做中藥生意，但在那個物質匱乏的創業階段，相信創業者本意只是做生意，爭取盈利，尤其希望生意能愈做愈好、愈做愈旺，而生意的核心除了採礦、典當、酒，更有不太光彩的鴉片。當然，我們不能排除，到了日後當家族不再染指鴉片生意，甚至成為華人代表，在社會中有名望地位之後，基於發財立品的需要或考慮，並想大力發展中藥和匯兌生意之時，會覺得仁生這種「仁澤眾生」的信念有助業務推廣，所以確立了這種理念。日後亦確實證明，專注於中藥生意後的余仁生，當能從「仁澤眾生」的視野出發，提升質素和服務之後，的確能夠贏得普羅消費者的信賴和支持，令其生意得以在挫折中不斷發展，走向中國和世界。

壯大中藥生意的曲折歷程

換另一個角度看，由於中藥生意並非家族的核心投資，自草創至 1910 年前，基本上沒有太大發展，到進行企業重組並易名余仁生後，才在多元化投資策略的推動下注入較多資金，作較為進取的發展，同時亦在其他業務帶動下，有了更為巨大的發展空間。扼要地說，進入二十世紀後，由於余東旋先後發現多個藏量豐富的錫礦場，同時又在橡膠種植上大力開拓，對勞工的需求乃大幅增加，因此亦刺激了僑匯和中藥等生意，至那時外圍營商環境變化多端，余東旋乃想到投資多元化的問題，中藥生意則具有穩定收入和巨大潛力，所以成為那時的其中一項擴大投資選擇，加大其發展力度和深度。

　　到底是甚麼因素促成了中藥生意的擴張呢？第一個關鍵是國際錫米價格的波動。十九世紀末、二十世紀初，國際錫米價格走俏，但經歷一次世界大戰後，全球經濟低迷，錫米價格亦疲不能興，且甚為波動，因而影響了收入，令余東旋必須另闢門路，爭取穩定收入。第二個關鍵是歐洲企業的競爭日烈。餉碼制度的實施，具有吸納華商華人為殖民者開採資源的濃烈色彩，亦反映華人的開採能力有市場競爭力。但是，到了十九世紀末，自歐洲企業引入新科技的機械化開採方法後，華人的優勢乃一去不返，余東旋明顯要為這種競爭環境做好更長遠應對。第三個關鍵是察覺到中藥具有一定潛在市場。海外華人不但對來自中華大地的食品、副食品、衣服鞋履等有巨大需求，對中醫中藥的偏好或習慣尤其難以改變，亦有海外華工開始購買海外生產的中藥匯寄回家鄉，這讓余東旋看到生產中成藥的巨大潛力，所以有了因利乘便投入發展的看法。

　　即是說，在內外競爭條件的牽引下，余東旋在二十世紀二十年代為余仁生的中藥生意作出了一個重要決定，而這一本來不屬甚麼重大舉動的決定，最後又成為這個家族傳奇故事至今仍讓人津津樂道的核心所在。或者正是決定加大中藥生意發展的緣故，自二十世紀二十年代余仁生中藥店應該正式註冊成為獨立企業，既與匯兌業務分割，亦不再混合在雜貨生意之中，從此算是有了與前大為不同的一番景象。

　　無論中外社會，過去或現在，華人家族企業長期以來均給人貼上負面標籤：缺乏資金，規模相對較小，難以壯大；管理上只用自家人，不信任外人；發展上給人「富不過三代」的印象等等。其中針對家族企業不信任非家族人士這一點，不少學者論述尤多，共同的

看法指因為華人社會乃低度信任的社會，總是只信任自家人，不信任外人，所以家族企業的掌舵人，只會把管理大權交給來自家族的人，非家族人士那怕是專業人士，亦難獲信任與授權，交託重任。此即「唯家族成員是用」，所以難以吸納人才為企業真心貢獻，而家族又沒那麼多有專業或具才幹的成員，最終導致華人家族企業難以發展，尤其難以發展成跨國企業（Kao, 1993; Fukuyama, 1995）。但是，若細看余仁生中藥的發展，則不難看到問題並非如此簡單和片面。

撇除前文提及余仁生中藥業務本來只屬家族「小生意」的問題不談，單從管理的角度看，其實亦非「唯家族成員是用」，相反卻是完全交託到非家族成員的專業人士（例如對中藥有專業知識者）及可信賴的員工手上。[4] 據 Koh（2000: 28）引述曾任職余仁生中藥店的老員工憶述，余東旋終其一生均把中藥生意交給可信賴的員工管理，自己不沾手。就算到他去世後由諸子領軍的年代，直至 1973 年前，其管理大權仍是落在非家族成員的老員工手中。即是說，對於余仁生中藥的生意，若從坊間所說的創立之日計起，到二十世紀七十年代接近一個世紀的時間裏，家族成員並沒太多直接參與管理，只由可信賴的員工管理，直到二十世紀七十年代起才出現重大變化。

更具體地說，在二十世紀二十年代前，中藥只屬仁生號其中一項業務而已，市場則集中於馬來亞地區，尤其是獲得餉碼專營權的地方。無論是余廣培草創之時，或是文煥章接手之時，基本上都是由可信賴員工打理，作為家族中人的余廣德及余廣晉兩房，由於沒

4　當然，正如前述，余廣德及余廣晉曾被任命為多家分店的總經理，惟任期應該並不長。

有股份,才能德行不被看好,且不獲信任,反而沒被安排進入管理層中。到文煥章去世後,當然亦由非家族成員的老員工負責。余東旋接掌後,由於他的精力放到錫礦開採之上,中藥生意亦繼續交給老員工打理,兩位叔叔乃一度被委任為多家分店的總經理,他們的兒子們亦可能曾獲吸納進入企業之中,但為時應該不長。1910 年仁生改名為余仁生,則標誌着余廣德、余廣晉兩房再沒參與其中,全由非家族成員管理。即是說,由頭到尾,余仁生中藥的業務基本上由非家族員工一手包辦。

　　二十世紀一二十年代無疑乃余氏家族發展方向上的重大轉變時期,因此影響了日後的佈局。其一是把企業總部轉到新加坡,其二是把日後成為家族傳奇最具代表性的中藥生意伸延到香港,其三是在馬來亞、新加坡、香港等地大舉興建歐洲式城堡作為居所或渡假之地。儘管坊間對於他此時的重大策略轉變了解不多,但那時他已年過半百,祖父及父親均非長壽便去世,很可能令他對健康問題更為關注,一來促使他要「及時行樂」,在有生之年享受一番,二來則要以各種方法保持健康,爭取長壽。

　　另一方面,生意投資如水銀瀉地無所不在的余東旋,在獲委任為海峽殖民地立法局議員後,加上掌握愈來愈多有關收緊餉碼生意的資料,自己又失去了相關生意專利權後,[5] 乃日漸表現得關心民間疾

5　　自進入二十世紀後,餉碼生意開始走下坡,利潤愈來愈薄,原因主要是殖民地政府開始對鴉片、賭博和典當生意採取禁止手法,不再如過去般「寓禁於徵」,所以出現限制多但利潤卻不斷下降的問題,令不少人卻步,余東旋自然亦在不願再付高昂代價但利潤則不吸引的情況下失去了穩握多年的專營權。

苦、熱心社會公益。他出任不少服務社會的公職，又捐款興建孤兒院、學校、圖書館、修道院等。在第五章及前文曾提及，余東旋曾發起反吸食鴉片運動，甚至在議會中支持終止鴉片專利經營，以免人民繼續受其禍害（Sharp, 2009: 59-67）。除此之外，他還與不少華商友好聯署，向殖民地政府提交「反賭博陳情書」（Anti-Gambling Petition），促成當地政府在 1906 年通過《反賭博法例》（*Suppression of Gaming Enactment*），禁止非法賭博行為。連番舉動不但提升了他的名望和社會地位，亦令他作為當地華人領袖的影響力更為突出。

　　一個十分清晰的發展圖像是，在整個一二十年代，政商兩忙兩得意的余東旋，實在忙得不可開交，每天均有很多事情需要處理，令他無暇他顧，一眾兒子又仍然年幼在學，難以給他援手，把各種生意交到非家族專業人士手上，實在不難理解，余仁生中藥生意長期由非家族員工管理便是最好說明。儘管如此，只要余東旋仍在最高位置上領導整個集團，一眾員工便會十分信服，生意自然仍能乘風破浪，不斷前進。

　　從某個角度來說，余東旋在 1941 年去世，明顯為家族企業帶來巨大衝擊，其中對採礦、橡膠種植、物業地產、銀行僑匯等核心生意，衝擊尤其巨大；長期處於家族投資邊緣位置的中藥生意看來受到的衝擊較小，所以仍能克服內外挑戰，一步一腳印地輾轉發展，那怕生意一直由非家族成員主理。由余東旋去世衍生出來的問題，自然是傳承接班一事，因為余東旋對此問題的安排及處理有欠妥當，思慮不周，所以自他去世後，家族內部矛盾和分裂乃逐步浮現，家族力量高度集中的情況一去不返。

二戰結束後的發展格局轉變

二戰結束不久，中華大地內戰再現，然後出現了中國共產黨迅速打敗中國國民黨，取得了中華大地的江山，國民黨則只能退守台灣。但是，中華人民共和國成立不久，韓戰爆發，接着則是以美國為首的聯合國，對中國實施貿易禁運，社會主義陣營與資本主義陣營掉進了「冷戰」泥沼，中國大陸和香港及海外華人之間過去一切極為緊密的交往聯繫乃戛然而止。在這樣一個前所未見的地區與國際政經環境急速轉變之下，余氏家族的生意投資備受衝擊，面向中華大地龐大市場的僑匯及中藥生意則首當其衝。

具體地說，海外華僑長期以來均會將在海外賺取的收入匯寄回鄉，並會購買中藥送贈家鄉親友，同時亦會在中國大地採購各種中藥材料，余仁生則在這方面扮演着極為吃重的角色，幾乎成為相關市場的領導者或壟斷者，貿易禁運的突然掩至，自然將其殺個措手不及，尤其因為當時接班一代的余經鑄才剛擔起大旗，基本上尚未建立獨當一面應對巨大危機的領導權威與能力。

與中華大地的往來突然斷絕，令僑匯生意無法持續，無疑乃無法扭轉的政治現實，但余仁生的中藥生意卻並非不能克服，因為公司本身其實具備很不錯的發展條件：其一是余仁生的品牌其實已基本上建立起來，不少華僑視之為品質保證；其二是公司擁有自己的物業，不用在那個房屋日見緊張、租金日見上揚的商業環境中面對高昂營運成本的問題；其三是管理及經營制度純熟良好，員工在那個人浮於事的時刻更願意留在公司繼續賣力。即是說，雖然失去了中華大地的龐大市場，中藥原材料又甚為難以取得，卻並非意味着

生意難以發展下去。

　　為此，當時的余仁生乃作出了「在地化」的應對策略。1955 年，家族在馬來亞半島和新加坡的余仁生號，先後由本來的無限公司轉為有限公司，此即 1955 年註冊的「余仁生（新加坡）私人有限公司」（Eu Yan Sang（Singapore）Pte. Ltd.）及 1959 年註冊的「余仁生（1959）有限公司」（Eu Yan Sang（1959）Sdn. Bhd.），而香港則仍然維持本來的註冊，即是三者獨立註冊與營運。當時的目的，是讓各地能用心經營當地生意，着眼本地市場，惟此點卻埋下了日後兩邊公司因為註冊商標誰屬問題的爭拗（詳見下文）。預料之外的負面效果不論，那時各地按大家努力自負盈虧的做法，實在更有利於調動管理層及員工的積極性，所以業務在區域經濟逐步走向復甦後漸漸興旺起來。

　　先說香港的余仁生藥業，該公司在五六十年代曾有不錯發展，除中環總舖，到了 1966 年，更在九龍深水埗開設了分行（馮邦彥，1997：127）。另外，公司曾透過電視媒體大賣廣告 —— 可能與余經緯參與了電視台投資有關，令旗下拳頭產品 —— 白鳳丸及保嬰丹 —— 銷量大增，在七十年代末，市場佔有率據說一度高達七成（鍾寶賢，2009：102）。

　　當時，中成藥的生產廠設在香港，銷量向好時，常會出現供不應求的情況，那怕工廠已不停工地進行生產，仍未能滿足市場需求；新加坡和馬來西亞的分店也會同時向香港要求發貨，而香港則總是以本身銷售為優先考慮，充裕時才發貨給新加坡和馬來西亞的門店。為此，家族日後乃在馬來西亞的吉隆坡蕉賴（Cheras）另設生

產廠，藉以供應東南亞市場。

　　出現這種情況的主要原因，是當時各店「各自為政」，偏重爭取表現所致，而所有門店又全由非家族但具深厚資歷、可信賴的職員負責。這種制度雖有其優勢，但同時亦展示了某些未能顧及全局的問題（Oral History Interview: Mr Richard Eu Yee Ming, 23 April to July 1999）。姑勿論各分店間的聯繫與互動是否存在不足之處，但現實是生意自六十年代起逐步上揚，所以不斷為家族帶來穩定收入。

　　到了 1985 年，為了便於發展，家族將公司組織改為股份有限公司，並推行了不少提升企業形象的舉動，令企業有了新的動力。由於業務錄得持續不俗的發展，到了 1992 年，家族在深入思考後決定將公司在香港聯合交易所（香港交易所前身）掛牌上市（詳見本文另一節的分析）。自那時起，家族成員加入董事局擔任實質管理工作者乃日見吃重。

　　在新加坡（包括馬來亞半島，獨立後稱馬來西亞）方面，余仁生發展的道路則更為迂迴曲折。1955 年，家族將余仁生藥業改為私人股份有限公司形式註冊，並以之作為東南亞的總店，將馬來西亞的各家分店（務邊、金寶、怡保、檳城）置於其轄下，而各店的生意在五六十年代當地經濟不斷的帶動下，同樣取得甚為不錯的增長，公司當然亦不惜花費資金於廣告宣傳上，並確實能產生助銷促銷的效果，提升市場佔有率。

　　到了 1973 年，雖然余氏家族有了出售新加坡家族大宅（Eu Villa）及利華銀行控股權的連番大動作，令市場及社會側目，但

同時又改組余仁生私人股份有限公司，變成余仁生控股有限公司，既重組了藥業生意，亦整合了家族在馬來西亞及新加坡的業務，即是將新加坡和馬來西亞的相關業務均置於其下，當中包括不少甚有價值的物業地皮，並在當地的交易所上市，吸引了不少投資者的目光。當時的公司主席為余經綸，家族成員出任董事的有余經鉞和余經文。1978 年，余經文接替去世的余經綸為主席，余經典則填補了余經綸的董事席位，惟董事局中一直均是非家族成員的數目多於家族成員（Eu Yan Sang Holdings Ltd., various years）。

那時，余氏家族擁有該上市公司 75% 股權，公眾持股量只有 25% 而已。不過，上市後的余仁生控股，主要盈利來源卻並非售賣中藥，而是地產收益。原因當然是公司名下的土地及店舖價值不斷攀升之故，所以令其就算單靠租金收入，已有相當可觀的回報，而當地物業地產市道持續向好，自然乃最大的帶動力量，因此亦很自然招來外人覬覦（Oral History Interview: Mr Richard Eu Yee Ming, 23 April to July 1999）。

事實上，據余義明所說，在 1989 年時，余仁生控股在新加坡和馬來西亞的門店加起來只有六間，數目甚少（Oral History Interview: Mr Richard Eu Yee Ming, 23 April to July 1999），當時的銷量亦相當有限，所以在股票市場中實在只是一間小規模的企業而已。不但如此，上市後的表現其實亦差強人意，並沒如大多數企業般在上市後取得突破性發展，多項核心指標可以作為有力說明。

首先，在營業額方面，從圖 1 可以十分清晰地看到，剛上市時，營業額頗有顯著增長，但接着 1974 至 1984 年的十年間則增

長緩慢，與同時期區域經濟及股票市場均表現亮麗的情況相比，尤
其顯示了公司表現遠遠落後於整體經濟及股票市場。不但如此，在
1984 至 1988 年間更出現了不升反跌，甚至持續滑落的情況，這難免
令包括家族成員在內的投資者感到失望。到了 1989 年，當余義明加
入公司後，業務才出現顯著的增長，而那時公司的管理層和主要股
東，已有了暗渡陳倉的動作了。

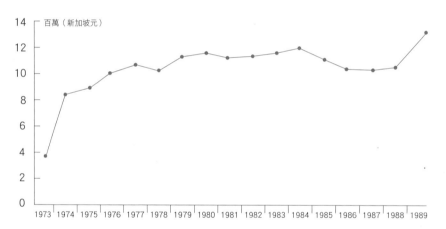

圖 1：1973-1989 年余仁生控股有限公司營業額走勢
資料來源：Eu Yan Sang Holdings Ltd., various years

＊ 1973 年的營業額是由 1973 年 6 月 14 日至 12 月 31 日。

　　再看圖 2 有關公司稅前稅後盈利方面的走勢。即便從除稅前盈
利看，公司的盈利亦並不理想。舉例說，第一年只有約 50 萬新加坡
元而已，之後數年略有上升，至 1979 年達 180 萬新加坡元，但除稅
後盈利其實還是不多於 100 萬新加坡元。俟後各年，盈利更持續萎
縮，至 1985 年，稅前盈利下跌至只有三十多萬新加坡元，除稅後更
出現虧損，並在 1986 年漸見改善，盈利表現之差強人意，實在可見
一斑。

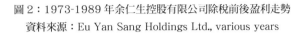

圖 2：1973-1989 年余仁生控股有限公司除稅前後盈利走勢
資料來源：Eu Yan Sang Holdings Ltd., various years

　　公司資產總值、負債總額及資產淨值走勢的數據，同樣能讓人看到其長期「打橫行」的一面。就以資產總值為例，1973 年時約為 1,000 萬新加坡元，到 1988 年時，才增加至約為 1,500 萬新加坡元而已，前後十五年間只增加了 500 萬新加坡元，增長幅度之緩慢自然令人失望。當然，若細看其負債總額，當然亦維持在極低水平（圖 3），此點更能凸顯公司長期維持極為保守的投資策略，基本上是沒有業務拓展，只有墨守舊規。

　　以上多項核心發展指標明確顯示，自 1973 年上市後的余仁生控股，公司表現實在很不理想，不但業務停滯，個別年份更錄得虧損，就算能有盈利，有時亦只有數十萬新加坡元而已，不少年份更錄得持續盈利下滑的情況，如此多重表現欠佳，對一家上市公司而言，實在難以令人滿意 —— 不只是小股東，不少家族成員亦很不滿意。

圖 3：1973-1989 年余仁生控股有限公司資產總值、負債總額及資產淨值走勢

資料來源：Eu Yan Sang Holdings Ltd., various years

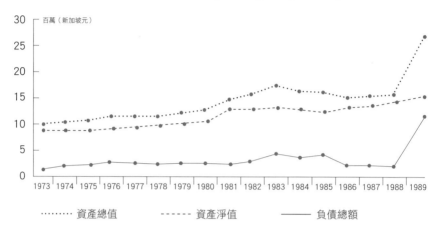

　　1988 年，公司董事總經理余經鈗退休，其弟余經文時任非執行董事主席。翌年，余經文之子余義明獲任命為總經理，公司管理與人事關係出現重大變化。到了 1990 年，垂涎余仁生控股旗下物業地產的投資者，乃在股票市場上持續不斷地慢慢吸納該股份，進行長久部署，而最後讓市場知悉的結果則是不少余氏家人已暗中將公司股份出售予新加坡房地產公司林增控股有限公司（Lum Chang Limited），當林增控股取得足夠控股股權後，則於 1990 年宣佈，以每股作價 4.90 新加坡元的溢價，斥資約 5,000 萬新加坡元，收購 53.1% 的控股權，搖身一變成為余仁生控股的大股東，取代了余氏家族的主導地位（*The Straits Times,* 17 February 1990; Yeung, 2001: 197）。余氏家族便是在這樣的背景下失去了「余仁生」這個金漆招牌（有關家族內部問題，參考下一章討論）。

控股權變完又變的邁步從頭越

如前文所述，新加坡和香港上市的余仁生藥業，基本上只是各自發展，前者在 1990 年被人吞併，後者業績表現一直平平。若按此路走下去，余東旋家族與余仁生應該早已沒沒無聞，成為一個早被歷史塵封的檔案。但現實的發展卻峰迴路轉，到了今天，「余仁生」非但沒有在市場消失，相反，余家仍持有股權，並把它打造成中藥界中響噹噹的品牌，今時今日仍深入民心，其產品如白鳳丸、保嬰丹等在中國大陸、台灣、香港、澳門、東南亞等地仍然深受市民信賴，這次的家業從頭越、急轉彎，可說令余東旋家族的故事更添傳奇。

原來，林增控股收購新加坡的余仁生控股，只是「項莊舞劍，意在沛公」，它真正感興趣的，其實是余仁生持有的物業，對中藥這種經營利潤只能細水長流的生意興趣不大，故收購後仍將這部分業務交由余義明負責，自己則着力籌劃發展其物業地皮。自林增有限公司掌控了余仁生控股後，發生一段插曲，主要是「余仁生」商標問題（Oral History Interview: Mr Richard Eu Yee Ming, 23 April to July 1999）。余仁生香港和余仁生控股之間就誰擁有「余仁生」商標發生爭拗，大家都認為自己擁有該商標，指責對方侵權，甚至威脅要告上法庭，或是收購對方企業控股權，但最終均沒採取真正行動，此點亦間接說明林增有限公司實在無心中藥生意。

更確實的舉動是，到了 1993 年，林增控股決定出售旗下中藥業務，余經文和余義明則組成了余仁生國際有限公司，並以此公司名義將之購回，亦即將中藥業務注入余仁生國際有限公司；而原來

的余仁生控股有限公司，掌有物業地產業務的部分，日後則與林氏
家族其他業務重組合拼，並改名為 L. C. Development Limited。
這個連名字亦改變的舉動，自然是要與余氏家族撤除所有關係了
（Yeung, 2001: 198）。至於不再是上市公司，可以「輕裝」上路的余
仁生國際，無論資產組合或公司規模，均與原來的余仁生控股截然
不同了。

　　余仁生控股與余仁生香港發生商標糾紛的觸發點，乃余仁生香
港於 1992 年上市引致的，[6] 更長遠埋下的因由，則是香港、新加坡
和馬來西亞各地余仁生在五十年代各自進行公司註冊、互不隸屬之
故。到余仁生控股落入外人之手後，則令商標問題矛盾凸顯出來。
到余仁生控股走進歷史，余仁生國際則由余氏家人掌控，與余仁生
香港之間的爭拗，自然有了更好解決的基礎。

　　到底余仁生香港上市之後又有何種表現呢？若果同樣從一些商
業發展核心指標看，表現同樣不很突出，但較上文提到的新加坡余
仁生控股為佳。首先，在營業額方面，1988 年時，余仁生香港年營
業額約有 4,000 萬港元，到 1995 年則攀升至 1.5 億港元，1992 年上
市後的增長速度明顯較未上市時快（圖 4），顯示上市具有一定正面
作用。

6　　余仁生香港上市時的主席為余經鎧，家族成員擔任董事的有余經侃、余經文、余經驥、
余經鵬、余經輝（1993 年 3 月在美國去世）和余經鉞，另有非家族董事的何承天、郭勤功
和羅桂祥。到了 1994 年，再有余經堯、余義駒、余義錞和余義生（余仁生香港有限公司，
各年）。

圖 4：1988-1995 年余仁生香港營業額走勢
資料來源：余仁生香港有限公司，各年

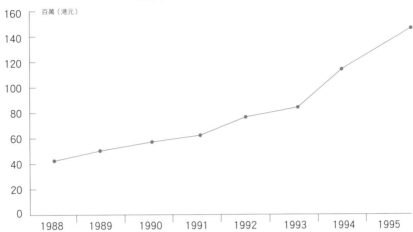

在除稅後盈利走勢方面，1988 年時，公司錄得稅後盈利 1,000 萬港元，1993 年上升至 2,000 萬港元，到 1994 年則達 2,400 萬港元，然後在 1995 年急跌至 1,300 萬港元左右（圖 5）。整體上說，歷年均有盈利，並且持續上升，只有 1995 年錄得下滑，亦沒像新加坡余仁生控股般曾經出現虧損的情況。

圖 5：1988-1995 年余仁生香港除稅前後盈利走勢
資料來源：余仁生香港有限公司，各年

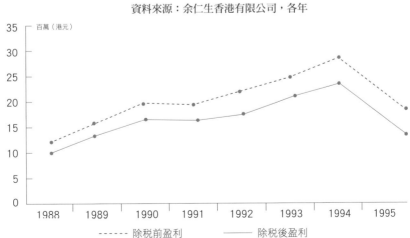

　　若果我們再看看 1988 至 1995 年間公司資產總值、負債總額及
資產淨值的走勢，則可以看到在 1988 年時，公司的資產淨值約為
3,000 萬港元，數目並不大，到了 1993 年時上升至 1 億港元，然後
在 1995 年攀升至約 1.3 億港元，顯示資產淨值雖然歷年均有增長，
但步伐並不很快。有關資產總值及負債總額的數據並不齊全，但粗
略而言還是反映出負債不重、發展偏向保守的一面（圖 6），此點與
余仁生控股的發展策略頗為一致。

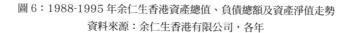

圖 6：1988-1995 年余仁生香港資產總值、負債總額及資產淨值走勢
資料來源：余仁生香港有限公司，各年

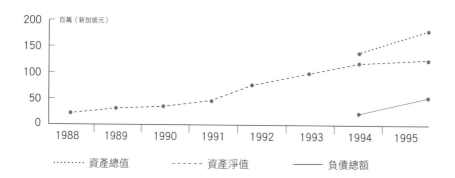

　　扼要地說，余仁生香港自上市後的發展只屬中規中矩，不很突
出，但亦較余仁生控股在 1973 至 1989 年時期的表現好，至於作為
中藥生產與零售的企業，表現平穩向前，看來亦應屬正常狀態，很
難期望像諸如地產開發與科技企業般能在短時期內有飆升式增長。

　　余仁生香港保持穩定發展之時，與余經文和余義明掌管的余仁
生國際之間，明顯又因較早前爆發的商標爭拗而有了不少辯論和矛
盾，各方雖然曾尋求解決方法，但一時間似乎未能收效。到了 1996

年，雙方最終達成協議——雖然當中無可避免地傷害了家人感情
（參考下一章討論），新加坡的余仁生國際有限公司斥資收購其他
家族成員擁有的余仁生香港股權，令余仁生香港納入余仁生國際門
下，即是余仁生國際成為母公司，從此統一了余仁生中藥這個百年
老招牌，有關商標的爭拗乃戛然而止（Oral History Interview: Mr
Richard Eu Yee Ming, 23 April to July 1999）。

為了便於業務發展，母公司隨即將余仁生香港私有化，再進
行各種業務重組和資產優化。儘管如此，正如前文提及，這時的余
仁生國際，財政實力已今非昔比，因為早年旗下在馬來西亞和新加
坡擁有的大量物業大多失去，在香港僅剩荔枝角道和旺角界限街的
店舖，以及元朗工業村的余仁生中心。即是說，失卻核心物業土地
等資產的余仁生國際，實力已大不如前，但其藥業生意重歸家族懷
抱，商標品牌又能重歸一統，則有了更好的發展動力。

事實上，在余義明等人帶領下，余仁生國際推出連串現代化改
革，包括重新包裝品牌、推出方便服用的沖劑、着力開拓年輕人市
場等，期望重振家業。到了 2000 年，也許是認為余仁生國際的業務
已經做得不錯，需要吸納更多公眾資本以支持擴展市場或作更長遠
的投資，余義明再次推動公司於新加坡交易所上市。[7]這次再上市後的
表現確實較過去為佳，算是令余仁生國際取得不錯的發展。

7　當時的主席為余義澡，家族成員擔任董事的有余義明（並兼任行政總裁）、余義方和余
義生，另有三名非家族董事（Eu Yan Sang International Ltd., various years）。

　　圖 7 是余仁生國際上市五年後的企業結構圖,一些特徵清晰可見:一、剛上市時,公司業務與投資已遍佈香港、新加坡和馬來西亞。二、業務上雖有中藥健康產品的生產、零售和出口,更有物業地產投資,以及一些創投資本。三、到了 2001 年,公司業務拓展至澳洲,令集團業務形成一個新、馬、港、澳「四方鼎立」的局面。四、接着的 2005 年,業務繼續發展,在新加坡方面加入了印尼、泰國、美國、中國大陸與台灣市場,在香港方面則加入了中國大陸和澳門,與此同時其他業務 ── 尤其養生健康產品方面 ── 則在不斷加大投資。五、中國大陸的市場再次受到公司重視,不但成立了相關子公司籌劃大力開拓,亦開始與中國大陸的企業合作,一改過去一百多年甚少與中國大陸接觸的格局。

　　就以營業額、盈利及資產淨值等核心數據為例,基本上可以印證余義明的確將家業帶上了中興之路。專注於中醫藥發展的余仁生國際,自 1993 年起,它的營業額及資產淨值均穩步上揚,前者的年營業額由 1996 年不足 3,000 萬新加坡元逐步上升至 2014 年的 3 億 5,000 萬新加坡元,後者的資產淨值由 1996 年不足 2,000 萬新加坡元逐步爬升至 2014 年的 1 億 5,000 萬新加坡元(圖 8 及圖 9)。不過,盈利表現卻頗為反覆,看來應是受到 2003 年「沙士疫症」及 2008 年美國「金融海嘯」的衝擊,而 2003 年之後的增幅尤其突出,原因相信與中國大陸旅客外遊日多,且對余仁生產品甚有信心有關(圖 10)。

圖 7：余仁生國際的企業組織圖

資料來源：Eu Yan Sang International Ltd., 2005: 26-27

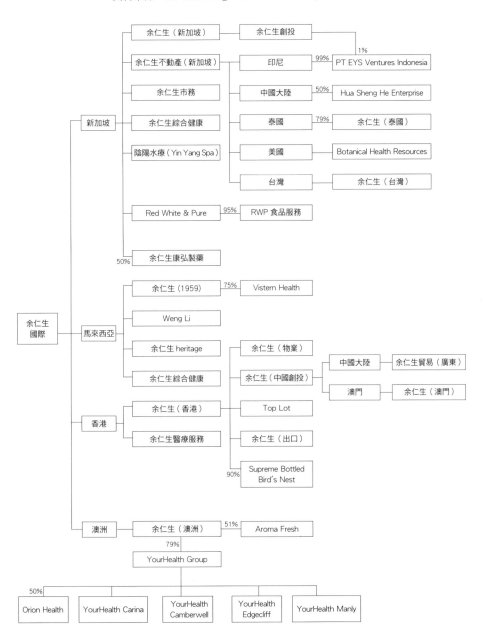

圖 8：1996-2015 年余仁生國際營業額走勢

資料來源：Eu Yan Sang International Ltd., various years

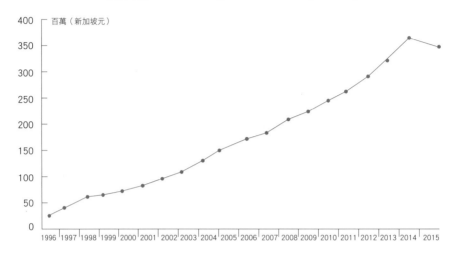

圖 9：1996-2015 年余仁生國際資產總值、負債總額及資產淨值走勢

資料來源：Eu Yan Sang International Ltd., various years

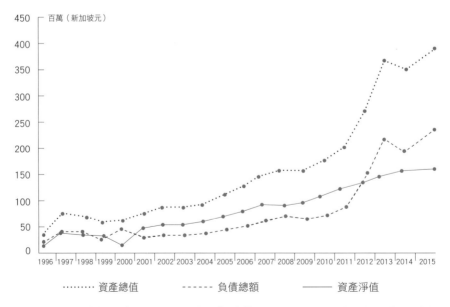

* 資產淨值採用的數字，由 1996 至 2000 年是「股東權益」，2001 至 2015 年是資產淨值，兩者都是由資產總值減去負債總額計算所得。

圖 10：1996-2015 年余仁生國際除稅前後盈利走勢
資料來源：Eu Yan Sang International Ltd., various years

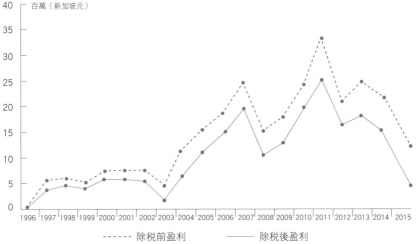

可能因股價表現欠理想之故，到了 2016 年，余義明及余義生將股權集中，再聯同私募基金騰望資本（Tower Capital Asia）及淡馬錫控股（Temasek），組成 Righteous Crane Holdings，收購余仁生國際，主動將余仁生國際於新加坡交易所除牌並私有化。余義明表示，此舉是要避免余家持有的股份將來可能像第三代一樣股權分散，主要目的相信是「將家族成員的持股制度化」（《聯合早報》，2016 年 11月 19 日）。

2017 年 10 月，年屆七十歲的余義明宣佈退休，並任命五十六歲的梅明恭為新任總裁，余義明轉任集團非執行主席；而身為集團主席的余義生，則留任董事會成員。那個時刻，余仁生國際在全球擁有三百多家分店，年營業額達 3 億 6,000 萬新加坡元（《聯合早報》，2017 年 10 月 1 日），可見無論銷售網絡或企業規模，實在已非昔日的吳下阿蒙了。即是說，余仁生國際已經跨上了另一發展台階，但到底這個承載着余氏家族傳奇故事的企業，未來的光景如何？前進過程還會碰到何種挑戰？則有待時間去說明了。

結　語

　　毫無疑問，發源於 1879 年的余仁生藥業，在上世紀五十年代以還的多途發展歷程，實在極為奇特曲折，在新加坡和香港的公司經歷多次業務重組後上市，發展過程中出現波折後又改為私有化；再之後又是收購合併與重新上市，然後因面對新挑戰再私有化，寧可把控股權完全集中於家族內部；步伐進進退退，不同家族成員在香港和新加坡之間更曾有爭拗，當然亦有分散各地的其他家族成員的明爭暗鬥和不斷角力。儘管歷經風雨，這個企業又可履險如夷，維持至今仍有後人參與管理，可謂極為難得。說實在的，在華人社會，能夠延續過百年的企業實在如鳳毛麟角，余仁生肯定是經常被引用的例子，不少大學的商學院更以其作為重點教材。可惜的是，受種種原因的影響，對其發展關鍵與內涵的分析始終甚為缺乏，部分介紹或敘述則流於想當然，或是用今天的眼光或標準量度過去的境況，所以難免呈現不少錯誤紕漏，令社會對此個案的認識流於表面，因此亦難以為其他家族企業提供更好的發展經驗教訓。

　　綜觀余仁生中藥一百四十年的發展歷程，在多個層面尤其突出：一、中藥生意本來並非家族核心投資，只屬一些依附的小生意，卻能在因緣際會下輾轉發展起來。二、當中近一個世紀的時間裏，生意一直由非家族成員的專業人士管理，卻能維持活力，不斷成長。三、控股權一度失落，但最後仍能回到家族懷抱，雖然經歷波折後實力底子已被大大削弱。四、品牌價值不菲，產品不但成為質素高的保證，亦烙印了一個家族的傳奇故事，此點相信亦是余義明及其家族成員當年決定從林增控股手中回購余仁生控股權的其中一個重要考慮。

第八章

回歸藥業

余義明

正如第一章中提及，世家大族就如帝制年代的皇朝，其發展總難免有起落興替的波折和跌宕。余氏家族自余鶴松到余廣培再到余東旋，祖、父、孫三代基本上可謂人丁單薄，雖然余廣培一代有三兄弟，但才能與年齡差距明顯，且享壽較短，而余東旋一代亦人丁不多，他本人乃獨子，其堂弟們看來亦人數不多，且同樣享壽不長。只有到余東旋的子女一代，才因余東旋富甲一方、妻妾子女成群，人丁繁衍；惟到他的孫輩時雖然以總人數計仍人多勢眾，但各人所生的子女則已大為減少，沒有那麼多了。

進入余氏「義」字輩，不只是每房人丁繁衍出現由多而少的現象，家業發展亦經歷了由繁而簡、由散而聚的道路，原來乃家族核心投資的採礦、橡膠種植、物業地產、銀行匯兌，實際已先後易手，就算那些傳頌一時的城堡式建築，亦已成為歷史。即是說，無論家族結構、生意投資、物業分佈等，均不復當年盛況，唯一能夠在代代相傳中輾轉壯大的，乃余仁生中藥；而以余義明為代表的「義」字輩後人，則成為帶領家族中興的代表性人物，本章以之為例，作一些概括性的介紹和分析。

正如第六章中提及，余氏家族自余東旋經歷了自中學階段由鶴

山回到檳城後開始接受西式寄宿教育後，「經」字輩諸子絕大多數沿着這一軌跡前進，不同的是財力雄厚的余東旋能把他們送到歐美發達國家的著名大學接受更優質的教育。到「義」字輩，他們基本上是在香港、新加坡或馬來西亞出生並接受基礎教育，到升上中學時，便會被安排到英美國家接受寄宿教育，既能學習獨立、自我管理與照顧，亦能更好地吸收西方知識、語言文化和價值觀念。余義明的成長和教育，正是沿着與祖、父輩頗為相似的軌跡前進。

　　綜合各方資料顯示，1947 年 10 月 29 日在香港出生的余義明，乃父親余經文的長子，下有兩弟余義光、余義達，另有一妹余義盈。大約一歲時，他隨同父母由香港移居新加坡，住進了家族在當地的余氏花園大宅，並到適齡時入讀位於百加道（Barker Road）的英華學校（Anglo-Chinese School）。對於孩童時期的生活，余義明的印象是余氏花園很大，內有體育休閒設施如羽毛球場、各種樂器等，更種有各種花卉和飼養許多寵物，例如小馬、小豬、小狗等。至於居所的屋頂很高，房間很大，但亦顯得殘舊，甚至有點陰森恐怖。他和弟妹有自己的獨立房間，並有一兩名家傭照顧，每逢大時大節或重要日子，會邀請很多同學和朋友到家中作客、開舞會，有時甚至會請藝人到大宅表演獻唱，例如演唱中國戲曲等，很是熱鬧（Oral History Interview: Mr Richard Eu Yee Ming, 23 April to July 1999）。

　　他還回憶指，余氏花園真的很大，有不同廂房樓層。他們一房和叔伯們在不同建築側翼與樓層生活，平時並不經常見面，接觸不多，只在大時大節才會聚首一堂。事實上，由於家族生意大、人丁多，而且散佈香港、新加坡、馬來西亞甚至英美等地方，他自幼已

不時陪伴父母外遊，有時回到香港，但較多時會到馬來西亞，生活確實愉快。雖然從小已有家庭教師到家為他「補習」，但他覺得更多時間反而在玩耍，讀書時間很少。

完成小學教育、剛升上中學的 1960 年，他當時十三歲，便被父母安排到英國，入讀寄宿學校。對於為何年紀那麼小便被送到英國，他的說法是當年新加坡不很安全，有很多綁架案，父親曾收到綁架威脅，所以覺得是父母為避免他遭到綁架，才把年紀輕輕的他送到英國過寄宿生活（Oral History Interview: Mr Richard Eu Yee Ming, 23 April to July 1999）。他顯然沒有注意到，他的叔伯及堂兄弟姐妹 —— 包括弟妹，其實都跟隨着相同的成長與教育模式，即是大約在進入中學階段時，便被父母送到歐美等國的寄宿學校，學習自立、照顧自己，並學習現代知識、西方語言文化與價值觀念。

眾所周知，英國的寄宿學校一般校風較為純樸，紀律要求亦十分嚴格，加上文化差異，許多華人富家子弟初入讀時都覺得很難適應。但是，可能因為他的家族本身已較西化，余義明表示自己完全沒問題，寄宿生活甚為愉快，唯一令他最初難以適應、日後又難以忘懷的，則是當時學校要求學生每星期均要寄信回家，所以他那時必須靜下心來，乖乖寫信。

完成中學及預科課程，並通大學入學試後，余義明於 1968 年考入倫敦大學（University of London）法律學院。據他所說，雖然他本身對商業較有興趣，但那時的倫敦大學卻沒有商業學系與科目可供選擇，會計又非他的喜好，而他的父親則覺得法律有助他的思

考，所以他最終挑選了法律。他自小喜歡音樂，進入大學後尤其聽
了很多潮流音樂，亦經常參加不同的舞會與社交活動。在余義明眼
中，大學生活並非全屬書本上的枯燥無味，還有不少體育及社交活
動，同時亦能結識很多同學和朋友，屬於人生中極為難忘的階段。
畢業後，他與不少大學同窗一直保持聯絡（Oral History Interview:
Mr Richard Eu Yee Ming, 23 April to July 1999）。

　　到了 1971 年，余義明大學畢業，並旋即返回新加坡。一般而
言，生於商人家族，而當時家族又有不少生意，學成歸來自然會加
入家族企業，一展拳腳，貢獻家族，其伯父余經鑄、余經綸，甚至
是父親余經文等，當年亦是如此。可是，他返回新加坡後，卻未如
叔伯與父輩般加入家族企業，而是走一條和普羅市民較為相似的道
路，進入別人的家族企業，為人打工。雖則如此，這一頗為不同的
人生道路，卻沒窒礙他日後擔起家族使命、中興家族的貢獻，反而
更能激發自己與家族乃「命運共同體」的重要情懷。

人生迂迴摸索與回到家族企業懷抱

　　與父親一代不同，到余義明一代，家族總人數其實不少，粗略
估計多達六十人。若然他們都想加入家族企業，必然會有「人滿之
患」。事實上，由於各房均有子女，並有不同利益考慮，親人之間
的關係乃顯得複雜；大學畢業後返回新加坡的余義明，沒有隨即加
入家族企業，看來亦與此有關。余義明自己的說法是，父親不願意

讓他加入，原因是「大家庭內部政治相當複雜，其他叔伯都不樂見」
（《聯合早報》，2017 年 10 月 1 日）。

　　於是，他乃在勞工市場自行求職。雖然他在大學學習的是法
律，卻絲毫沒有投身法律專業的意圖，而是寧可投身商界。結果，
他於 1971 年找到了「虎豹商人銀行」（Haw Par Merchant Bank）的
第一份工作，[1] 並在努力工作一段時間後獲晉升為部門主管。那時他才
二十五歲，不但職位不低，薪酬待遇亦很不錯，算是年輕有為；主
要工作則是處理一些公司收購合併及資產重組的事宜，他一做便是
五年。

　　到了 1975 年年中，他的一位姑媽推薦他到紐約華爾街，進入
一家名為「韋威」（Whitewell）的經紀行 —— 後來據說併入投資巨
企美林證券（Merill Lynch）—— 工作三個月，讓他見識和感受當時
世界級股票交易的環境與實況。之後，他被叔父余經緯請到香港，
加入他的投資公司，其中一項工作是協助籌劃電視廣播公司（TVB）
上市。可惜，這段時間並不太長，因余經緯於 1976 年 10 月去世戛
然而止；他在傷感之時亦倍加想念新加坡，一來當然是掛念父母家
人，二來亦掛念女朋友（Oral History Interview: Mr Richard Eu
Yee Ming, 23 April to July 1999）。

1　　該銀行乃虎豹兄弟國際的附屬公司。虎豹兄弟國際本來乃胡文虎、胡文豹家族掌控的上
市公司，該家族乃真正靠製藥賣藥起家的家族，其中的永安堂虎標萬金油在華人社會更是極
為著名。可惜，傳至胡文虎、胡文豹的兒子輩，企業上市後卻因經營欠佳但有投資者──利
獲加證券投資（Slater Walker Security）──願意以甚為吸引的股價收購而易手（鄭宏泰，
2018）。余義明加入時，虎豹國際應該已經不再由胡氏家族掌控了。

　　1977 年，余義明回到新加坡。因為擁有在商人銀行與金融機構工作的經驗，自然不難找到工作，當時分別有渣甸洋行（Jardine Matheson & Co.）和股票經紀行波拉斯公司（J. Ballas & Co.）向他招手，[2] 他在深思細慮後選擇了後者，主要是負責股票交易買賣工作。對於股票買賣，出身商業世家的余義明自然並不陌生，加上已有紐約工作的經驗，對新工作可謂駕輕就熟，沒有難度。出市入市的股票買賣雖然總是讓人神經緊張，但余義明基本上還是應付自如。

　　兩年多後的 1979 年，他開始對股票買賣的工作失去興趣，於是再有轉換工作的念頭，然後在 1980 年轉職被視作創投資本企業的特拉普私人公司（Dataprep Hong Kong & Dataprep Singapore），擔任董事總經理的職位，算是擔起了公司領軍人的角色。1981 年，余義明結束王老五生活，迎娶上海出生、熱戀多年的女朋友周信華（Chow Sung Hwa）為妻，組織自己的小家庭。婚後，周信華為他前後誕下余在啟等四名子女。

　　余義明在特拉普私人公司任職的時間並不長，到了 1983 年，他便再次轉職，這次是進入都市控股公司（Metro Holdings Ltd.），擔任集團策劃經理兼公司秘書，工作時間則約三年。接着的 1986 年，他轉到國際創投資本企業英投威資本管理私人公司（Intravest Capital Management Pte. Ltd.），出任董事總經理一職，掌管企業發展大權。

2　　為甚麼那時余義明不選擇名氣更大的渣甸洋行？他的說法是該公司頗有殖民者高高在上的文化與傲慢，他性格上受不了，所以婉拒了對方（Oral History Interview: Mr Richard Eu Yee Ming, 23 April to July 1999）。

余義明家庭照，左起余義明、余經文、余義盈、Diana Eu、余義達。

　　到了 1989 年，自 1972 年起在商界打滾已有十八年，前後轉換了五六個僱主，年齡已剛過四十歲的余義明，顯然有很多思考。適值那時父親余經文因為已經過了很多人心目中的退休年齡，宣佈退任華聯銀行（United Overseas Bank）副主席一職（*Business Times,* 30 December 1989），亦陸續辭去其他不少家族企業和社會服務的工作，但仍擔任余仁生控股有限公司主席一職，所以讓余義明免不了想到未來事業發展和家族責任的環環相扣問題。至於最能反映他對孰重孰輕問題的思考和判斷，自然是他在那時決定放棄為別人打工，改為加入余仁生控股有限公司，回到家族企業的懷抱。

　　毫無疑問，余義明自英國學成返回新加坡並投身社會的那段時間，家族明顯處於急速滑落的時期：雖然余仁生中藥在 1973 年上

市，但一如上一章中提及此非家族核心資產所在，而上市後的表現亦並不十分突出，所以還是沒有引來家族太多注視；反而家族多個大宅及銀行生意等重要資產的先後轉手，則讓不少人覺得家族已風光不再，甚至四分五裂。即是說，當家族正在淡出企業、出售資產之時，余義明反而選擇加入，這一舉動雖有那種「雖千萬人吾往矣」的勇氣，但也可以被看作「不識時務」，最後只有成敗得失作最有力說明。

控股權失而復得的綢繆張羅

正如上一章中提及，1973 年在新加坡交易所掛牌上市的余仁生控股，表現一直並不突出，不但股價變化不大，市場銷售額與公司資產變化亦並不吸引（Oral History Interview: Mr Richard Eu Yee Ming, 23 April to July 1999），與其乃顯赫大家族掌控的背景甚不匹配，當然亦不反映本身的市場潛力和投資價值。雖然公司表現只屬一般，那時的余義明則已察覺到西方富裕社會人民開始注重健康與養生的問題，中藥的養生與「治未病」文化，則讓他覺得很有發展空間，所以才有了逆流而上的決定和行動。

對於當年毅然投身家族企業，又看好中藥前景，余義明在某次接受記者訪問時曾這樣回應：「我發現西方國家正興起一股天然醫藥潮，消費者開始從西藥轉向天然保健，我認為這股潮流一定會傳到亞洲。既然余仁生在中藥方面有豐富知識和悠久歷史，我們只要善用這些資源，就能讓中藥行業與時並進。」（《聯合早報》，2017 年 10 月 1 日）即是說，他觀察了西方富裕社會的發展狀況，並能融匯到本身家族企業的特點上，因而能洞悉當中的機遇。

　　當然，余義明那時的決定，應該不純粹是被動的。正如他本人所言，他一直對經營生意有較濃興趣，大學選科時其實亦想唸商業，只是倫敦大學沒有相關學科讓他挑選而已。到大學畢業為人打工，整個過程明顯帶有吸納工作經驗、磨練意志的色彩。當時機出現時，乃如祖、父輩般決定踏上老闆的道路，做自己的生意。即是說，他的內心深處應有一股渴望創業或做老闆的企業家精神，所以成為驅使他那時選擇投向家族企業懷抱的原因。

　　據余義明本人所說，他是家族「義」字輩第一個加入余仁生中藥的人，開始時的職位是總經理，擔任實際管理工作。即是說，在他之前，參與家族企業經營管理的，只有「經」字輩的父親和叔伯們，沒有任何「義」字輩的成員。至於他的加入，不但沒有獲得叔伯們敞開胸懷的熱烈歡迎，反而是濃濃的不滿，因為「短短三個月後，他的幾叔伯聯手把公司股權脫售給建築與房地產發展公司林增控股」。由此看來，余義明還沒施展抱負、大展拳腳，部分叔伯已作出

了沒信心、不支持的實際行動，此舉無疑有如「當頭一棒……對余義明（造成）巨大的打擊」（《聯合早報》，2017年10月1日），促使他在那個危機時刻思考日後如何轉化為發展契機的問題。

余義明，剛開始加入余仁生，1990年代早期。

接着的發展軌跡在上一章中已清楚說明了。扼要地說則是林增控股有限公司在吸納了余氏家族成員轉手的股份後，由於覺得本身有機會挑戰余氏家族作為大股東的地位，乃得勢不饒人地向市場發出收購控股權的信息，以較高溢價向市場收購股份，最終成為擁有超過50%股權的大股東，令其掌握了余仁生控股，結束余氏家族的大股東地位（*The Straits Times*, 17 February 1990）。

對於這一收購舉動，當時報紙的着眼點是余仁生不只從事中藥製造與零售的生意，更有物業投資與發展的業務，此點顯然正是過去一直專注於建築與地產發展的林增公司所垂涎者。而當時在余仁生控股公司中負責物業地產投資的，則是其全資附屬公司女皇物產私人公司（Empress Realty Pte. Ltd.），該公司在林增作出收購行動之前兩天，才花了158萬新加坡元購入位於回教廟街多達3,600平方英呎的店舖（*The Straits Times*, 17 February 1990），林增有限公司的如意算盤，實在打得很響。

控股權雖然落入林增有限公司手中，但余義明仍獲留任，繼續擔任總經理之職，主要工作是打理中藥生意。對此，余義明亦樂於接受，全心投入到業務推廣之中。至於他接管業務推動發展之初，則採取一種「應該小步走，而非野心太大想作壯舉式的冒進」的策略（*The Straits Times*, 25 October 2011），即是寧可在每一階段做出成績後才跨出下一步。因此，在接着的日子中，他先提出各項包括改善產品包裝與服用模式的方法，取得效果後再擴大銷售網絡，而連串策略則令銷售量節節上揚，算是做出了成績。

到了 1993 年，林增有限公司找余經文和余義明商討股權轉讓問題，表示有意出售余仁生控股的非地產業務 ── 主要是中藥生意，余氏父子表示有意購回，然後展開討價還價的洽談，結果雙方同意以 2,100 萬新加坡元的價錢，向林增公司購入余仁生控股的中藥業務，注入余氏父子新成立的余仁生國際有限公司之中，而余義澡、余義生和余義方等則因認同該投資舉動，因而提供了資金，支持收購（*The Straits Times,* 2 September 1993; Sharp, 2009: 193）。於是，余仁生中藥這項別具意義的生意，算是重歸余氏家族懷抱 ── 雖然資產組合與企業規模已截然不同了。

在此必須粗略交代余義澡、余義方和余義生三人在五十至九十年代的事業發展歷程。自父親余經鑄在 1957 年去世後，踏足社會不久的余義澡因早前參與銀行業及保險業務的關係，提出了開拓人壽保險生意的建議，獲得家族大力支持，於是在六十年代斥巨資創立了馬來亞半島的第一家人壽保險公司 ── 馬來亞聯合保險公司（United Malayan Insurance），開拓當時仍屬方興未艾的保險生意，並一直由余義澡負責管理（*The Straits Times,* 5 July 1960），該生意日後成為余氏家族除銀行生意外另一金融上的重大投資。

到了七十年代，自利華銀行控股權轉手後，家族在馬來亞聯合保險公司的控股權亦受影響，令該公司最後為森那美保險（Sime-Darby Insurance）所吞併。但余義澡留任繼續管理保險業務，就算到 1987 年年屆六十歲退休後，仍保留該保險公司的非執行董事之職（Oral History Interview: Mr Richard Eu Yee Ming, 23 April to July 1999; *Business Times Singapore,* 2 April 2007）。與此同時，他亦出任余仁生控股的非執行董事之職，對家族業務發展仍然十分關

注，當然亦深具影響力。由是之故，當余義明提出向林增有限公司回購余仁生中藥業務時，余義澡乃給予了最大支持。

　　余義方乃余經典之子，1960 年生於香港，在香港完成小學與初中教育後遠赴澳洲，日後考入墨爾本大學（University of Melbourne），取得電機工程學位後返港。1986 年與友人共同創立保健品分銷公司，算是踏上了自我創業的摸索之路。到了 1991 年，他改為投身余仁生香港的懷抱，開始參與經營管理，主要是他那時開始意識到中藥生意其實大有可為（《信報》，2012 年 8 月 27 日），而這種看法與舉動，與余義明指中藥保健品深具發展潛能與空間的看法，可謂別無二致。由是之故，當余義明在 1993 年向他提議集資回購余仁生控股中藥生意時，他亦給予了大力支持。

　　余義生乃余經緯之子，1962 年生於香港，中學階段到美國升學，其父於 1976 年突然去世一事，相信為他的成長帶來不少衝擊。到了 1985 年，余義生在美國西北大學（Northwestern University）取得歷史與文學學士學位，隨後返港。初期，余義生任職美國銀行，負責市場推廣工作。1992 年 8 月，余義生決定放棄銀行工作，加入余仁生香港，原因除了有一份家族情意結，更重要的是他同樣看到了中藥生意「大有可為，商機無限」（South China Morning Post, 9 August 1992）。1993 年余義明向他提及回購余仁生控股中藥生意一事，他乃大力支持，於是便有了余義明與三位堂兄弟合力購回余仁生中藥控股權的重大舉動（The Straits Times, 2 September 1993）。

　　重新取得被視為家族生意發展大權的余義明，顯然別有一番感受，因此應該更加珍惜那個能夠掌握企業命運的機會，然後躊躇滿

志地投入業務發展 ── 特別是當時健康食品市場仍處於方興未艾的階段。他當時的重要舉動一方面是強化公司的管理和生產，引入現代化企業的組織模式，一改過去各分店「各自為政」的方法，統一採購與銷售，又不惜花巨資購入自動化生產設備，提升生產效率和品質；另一方面，他在大型商場及屋邨中增設分店，擴大銷售網絡，而門店則採用了潮流和年輕化的裝修，令消費者對「余仁生」的品牌有一個青春煥發的新印象（Sharp, 2009;《信報》，2012 年 8 月 27 日）。

除了以上兩個層面的策略，余義明還撥出部分資金，用於報紙及電台的廣告之上，推廣產品，大作宣傳。因他十分清楚，單靠傳統「有麝自然香」的口碑，是很有局限的（Oral History Interview: Mr Richard Eu Yee Ming, 23 April to July 1999）。對於連番形象與推銷策略轉變，以及大賣廣告帶來的效益，余義明提出了一些實質數據說明。剛從林增有限公司接下中藥生意時，年營業額約為 300 萬新加坡元而已，之後逐年發展，到 2000 年時，年營業額已升穿 5,000 萬新加坡元（《聯合早報》，2017 年 10 月 1 日），其發展速度無疑甚為突出。

統一余仁生品牌的合縱連橫

自重掌新加坡和馬來西亞余仁生中藥業務後，在各項具針對性市場策略的配合下，雖然生意很快便上軌道，而且表現不錯，但余義明顯然對此心存憂慮，因為他大力投資所產生或者說帶來的品牌商標，未必全由他擁有的公司獲益，余仁生香港亦能同蒙其利，此點促使他需要另想方法，彌補當中的缺口。

進一步資料顯示，1990 年，林增有限公司掌控了余仁生控股後，在新加坡和馬來西亞方面進行商標註冊，但余仁生香港則沒有注意此點，因此亦沒有在香港作相關的商標註冊。到余仁生香港在 1992 年上市時，余仁生控股在香港註冊了「余仁生」的商標，余仁生香港自然被新加坡一方指責侵犯商標。自余仁生國際生意不斷開拓後，余義明曾向余仁生香港提出侵犯商標的問題，但不得要領。

於是，到了 1994 年，乃真的訴諸法律，提出控告（*Business Times Singapore,* 29 May 1996）。惟此舉看來應是「以戰逼和」，或者說是尋求「合縱連橫」之計，因為本身讀法律的余義明應該十分明白，余仁生香港自 1910 年代開始經營，其擁有商標的事實絕對不容否認，所以若果真的動真格，最後要在法庭上尋求裁決，只有律師才是得益者，家人必然兩敗俱傷。即是說，余義明應該相信盡量聯合家人，尋求最大公約數，謀求股權或生意統一，才是減少內耗、尋求共贏的良策，一意孤行，甚至獨享利益只會招來強烈反彈。

當時，余仁生香港的主席為余經鎧，其他各房亦有一定股份，他們在經歷 1994 年的商標爭拗後，應該亦認識到若然各執一詞、死不退讓，只能是兩敗俱傷的對簿公堂，造成內耗，輸者自然浪費金錢，贏者亦得不償失。另一方面，大家基本認同余仁生的中藥生意應該統一起來，讓品牌效應可更有效發揮。即是說，在探討統一香港與新加坡和馬來西亞業務及品牌的過程中，大部分家人基本上看到大家乃「利益共同體」的問題，所以同意在 1996 年 5 月的周年股東大會上通過相關決定，為落實企業合併重組邁出腳步。

　　但是，就在那個股東大會上，不同意相關安排的家族成員——主要是余經鵬，則透過持有 6.6% 股權的小股東超橋公司（Modern Bridge）提出反對意見，指余仁生香港與新加坡和馬來西亞的余仁生國際之間，未能處理好商標問題，令股東權益受損，[3] 又指過去的業務發展不好，品質控制出現問題，亦有損股東利益，因此要求余經文和余經堯兩名董事辭任，但其建議不被大會接納，反對未能成功（*Business Times Singapore,* 29 May 1996）。

　　對於余經鵬一方與余經文一方在股東大會上舌劍唇槍、公開互數對方不是的舉動，傳媒自然大肆報道（*Business Times Singapore,* 29 May 1996; *South China Morning Post,* 29 June 1996;《星島日報》1996 年 5 月 29 日），市民大眾或者會聯想到家族在七十年代連番出售家族大宅與銀行業務等事件。大約一個星期後，余經鵬在香港的報紙上刊登了個人聲明，指他在余仁生香港有限公司股東周年大會前，已經決定辭任執行董事，原因是不滿余仁生商標訴訟和品質監控（*South China Morning Post,* 4 June 1996）。

　　為此，余仁生香港有限公司隨即反擊，發表公開聲明，指早在 3 月 25 日已解除了余經鵬的行政職務，然後在股東大會上撤除其董事位置，並非他所說的「辭任」。身為公司主席的余經鎧更指出，香港與新加坡之間的余仁生商標訴訟和引入超橋公司作為股東等連串舉動，都是由余經鵬發起（*South China Morning Post,* 4 June 1996; 8

3　這裏的「未能處理好商標問題，令股東權益受損」，是指董事局在余仁生香港上市後，沒有在香港進行相關商標註冊，最後招致余仁生國際的指控，影響了小股東利益。

June 1996;《星島日報》1996 年 6 月 8 日），暗示由頭至尾均是余經鵬在做小動作。

家族內部爭拗總是「公說公有理、婆說婆有理」，外人實在很難作出判斷。較為理性的討論或處理手法，還是回到「合則來，不合則去」的基本原則上。於是，到了 8 月初，對余仁生國際收購及整合香港業務不表認同的余經鵬，決定與相連公司──超橋公司及香港三九企業（Hong Kong San Jiu Enterprises）──一同出售手上余仁生香港的股份，買方則是卓越投資公司（Premier Investments Ltd.），而此一交易則令卓越投資公司成為余仁生香港的最大股東。至於卓越投資公司則由余經緯遺產受益人擁有，即是其妻子 Sandra Eu，以及四名子女余義焜、余義生、余季芬及余義海（*South China Morning Post,* 20 June 1996; 5 August 1996）。

由於余義生本身乃余仁生國際董事，加上余義方和余義澡等家族成員的股權，余義明和三位堂兄弟再度連成一線，最終順利完成了余仁生國際收購余仁生香港的工作，達成了余義明的目標。之後，為了避免混亂、提升效益，余仁生國際宣佈將余仁生香港從港交所除牌及私有化，令各地的余仁生業務再度統一起來，並全由余氏家人掌控──即由余義澡、余義明、余義方和余義生四房持有，為下一階段的更好發展創造有利條件。自那時起，余仁生國際再次成為余氏家族各房共同擁有的企業集團，而「經」字輩完全退下火線，「義」字輩則可完全主導大局、獨當一面了。

必須指出的是，利用連串股權收購合併的方法，家族內部不同房之間的股權有了重大調整。有些對生意沒興趣者出售股權，離開

公司，有些看好生意前景者則出高價收購，加強投入；過程有點像修剪家族樹，難免因為矛盾與糾紛而傷及感情、引來爭拗，但正面效果則可以為企業注入新動力，提升決策效率，令公司得以進一步發展。

再度上市與再度私有化所謀何事？

曾經在投資銀行、股票經紀行和創業資本公司工作十八年，熟知企業收購合併竅門的余義明，在股海、商海打滾絕對見慣風浪，他絕對不會不運用金融資本以壯大自己的業務。從這個角度來看，他 1996 年私有化余仁生香港，母公司余仁生國際又非上市公司，這種自己口袋有多少便做多少生意的方式，肯定不是他理想中的經商狀態或終極目標。

正如上一章中提及，到了 2000 年，蟄伏三年多的余義明終於有了動作，宣佈余仁生國際在新加坡交易所上市，藉吸納公眾資本支持企業發展，至於董事局組成則基本上反映了「義」字輩主持大局的現實。當時的董事局主席為余義澡（義字輩中年紀最長者），行政總裁兼執行董事為余義明，家族成員擔任董事的還包括余義方和余義生，余義達和余義禮（Eu Yee Lye）則委任為余義方和余義生的交替董事，另有三名非家族董事 Alan Leung、David Yeh 和 Jennifer Lee，即是家族董事較非家族董事多一人（Eu Yan Seng International Ltd., 2000）。

2000 年余仁生國際有限公司董事局成員。左起：Laurence Eu Yee Lye、余義方、
余義明、Alan Leung、Jennifer Lee、余義澡。

很明顯，歷經企業重組後的余仁生國際，走在一起的家族成
員，基本上都是理念相近、志趣相投，並認同中藥與中國養生文化
具市場發展潛力者；離開的家族成員，則是那些另有人生追求與目
標者。這揭示了一個重點：家族股權重整其實就如修剪家族樹般，
可以裁去一些分枝，減少雜亂阻擋，讓養分更集中，同時亦有助吸
取陽光，令家族樹可以更健康成長。

2007 年 4 月 1 日，余義澡去世，享年八十歲（*Business Times
Singapore,* 2 April 2007）。主席一職由 Jennifer Lee 暫時頂替，兩
年多後的 2010 年，才由余義生擔任，此點帶出傳承接班可能又要

經歷那個兄落弟上的循環，引人想像。當然，行政總裁兼執行董事一職則一直由余義明擔任。在余義明的帶領下，公司持續開拓，令業績不斷發展（詳見上一章討論），因此不但令公司不斷壯大，他本人在商界和社會的名聲亦日見響亮。由是之故，到了 2011 年 10 月，[4] 余義明更獲得新加坡的「年度企業家獎」（Entrepreneur of the Year），算是社會或商界對其做出成績的一種認許（*Business Times Singapore*, 25 November 2011）。

　　對於公司從籌劃上市到成功上市後能夠取得不斷發展，余義明在某次接受記者訪問時提及的內容，可以作為一個註腳：

> 在 1998 年便着手改變新產品的包裝和門市的裝潢，甚至改掉了歷史悠久的商標。在生產、物流、銷售、管理等各方面，余仁生都進入了企業化的管理模式，並逐漸有更多非家族成員的人士出任公司的管理層，務求淡化家族企業的形象。（《文匯報》，2017 年 7 月 17 日）

　　自 2000 年後業績表現相對理想的余仁生國際，在 2015 至 2016 年財政年度卻突然出現 1,348 萬新加坡元的虧損，股票價格因此下跌。就在那個時刻，余義明連同新加坡私募基金騰望資本和淡馬錫控股與余氏家族成員等宣佈全面收購余仁生國際，並於 2016 年 10 月 7 日於交易所除牌，舉動引來市場關注。余義明後來接受訪問時提及其中一個目的是「將家族成員的持股制度化」，並指「我們所做的

4　余義澡及 Jennifer Lee 在任時，余仁生國際主席一職兼任非執行董事，但從 2011 年起，改為主席兼任執行董事。

一切，都是為了讓余仁生再延續幾個世代，繼續為子孫後代提供優質產品」。而此行動更獲得其父親、已年屆九十歲的余經文首肯與支持。「余義明說，當淡馬錫控股決定參與收購時，他的父親第三代傳人余經文才點頭同意私有化。」（《聯合早報》，2016 年 11 月 19 日）

　　值得注意的是，在私有化之前，余義明、余義澡、余義方和余義生四房合共持有余仁生國際六成股權，余義明「擔心如果這些股份被各家後代進一步稀釋，未來仍可能因股東利益衝突爆發內部糾紛」，並重複提到「我們需要尋找一個將家族成員持股制度化的方法，這不是一個短期考量，而是為了幫助余仁生走得更遠」的問題。到底余義明口中那個「家族成員的持股制度化」是甚麼呢？《聯合早報》（2016 年 11 月 19 日）在報道中提及的結果，相信便是十分清晰的答案：「經過一番內部協商，余氏家族的股權最終由余義明和堂弟余義生集中持有。」即是說，那個又一次私有化的行動，是要再度修剪家族樹，余義澡和余義方兩房退出了，他們的股權則集中到余義明和余義生兩房手中。

　　若將以上再上市又再私有化的歷程，與余仁生控股及余仁生香港兩家公司的相同經歷作一簡單比較，則不難粗略看到一個圖像：上市與私有化機制看來成為余義明心目中能夠「將家族成員的持股制度化」的有效機制，當然亦暗示較能有效處理家族內部矛盾。當企業謀求資金發展時，將業務包裝上市以吸納資本，實在有利發展業務；當公司發展到了一個程度，出現股權較分散的情況，害怕影響家族控股地位時，則可透過管理收購（management buyout）方式將其私有化，達至控股權再次集中。在這個一進一退間，沒有參與管理、不掌握營運實情的某些家族成員及小股東，只能逆來順受了。

進入第五代傳承接班的籌劃思慮

　　余仁生國際私有化一年後的 2017 年 10 月，余義明正式退休，但行政總裁一職並非交到堂弟余義生或長子余在啟手中，而是交予曾任世界著名時裝品牌 Levi Strauss 亞太區總裁、加入余仁生國際只有三個多月的非家族專業人士梅恭明，但他本人會繼續留任董事之職，原因是要確保梅恭明完成接班、順利過渡。消息吸引不少傳媒爭相報道，着眼點放在一家百年老店竟然將領導大權交給非家族人士的重大賣點上（《聯合早報》，2017 年 7 月 8 日及 10 月 1 日；*Financial Times*, 18 July 2017; *South China Morning Post*, 13 September 2017）。

　　這便帶出一個人盡皆知且已迫在眉睫的傳承接班問題，過去因為這個問題弄得不好，股權四散，以及安排欠妥當引來的家族內部爭拗，應該給了他們很深刻的教訓。將余仁生國際私有化，顯然被視為傳承接班的重要一環，在余義明未退下火線前先處理好，尤其被看作極為重要的一步。為此，我們必須看看當時的余義明（亦包括余經文）到底碰到一個怎樣的接班問題。

　　從資料上看，余義明育有四名子女，生於 1984 年的長子余在啟，在新加坡完成小學教育升上中學之時，便被父母安排到美國升學，之後入讀商業教育重鎮百森商學院（Babson College）。2009 年，余在啟畢業，然後在年底返回新加坡。和父親一樣，他沒有立即加入家族企業，而是進入一家投資收購合併公司 M&A Associate，

左起：余義方、余義明之子余在啟、余義生、余義明、何如恩、余經文。

左起：余義明、余經文、余在啟。

此舉自然是要學習金融財技。三年後的 2013 年，余在啟轉投健康生活集團私人公司（Healthy Life Group Pty Ltd.），負責企業策略與業務發展的工作。[5] 再過兩年後的 2015 年，加入余仁生國際，投向家族生意懷抱，那時他剛年滿三十歲，更是首位進入家族企業的余氏第五代（Babson College, 2017; Linkedin, no year）。

余在啟於 2015 年進入家族企業的舉動，無疑乃正式踏上接班道路的標誌，這相信會促使余義明，甚至其父余經文深入思考下一階段的傳承接班問題。一個十分現實的問題是：在 2015 年，余義明已快要七十歲了。在以前的社會，「人生七十古來稀」，在今天的社會七十歲或者不算很老，但畢竟不能沒有傳承接班的打算，因為若然他突然有甚麼三長兩短，接班問題足以牽動家族和企業的發展大局。

事實上，他的祖父在近五十歲時已將管理大權交到其大伯余經鑄手上了；他的父親余經文在年過六十歲時委任他進入余仁生控股擔任總經理；到他快要七十歲時，兒子余在啟才過三十歲，並剛進入公司，在那個時刻，若按既行制度，他兒子絕對沒可能登上領導整個企業的寶座。

正如余義澡去世後公司主席一職雖暫時由非家族董事頂上，但最終還是落到家族的余義生手上，這種兄落弟上的傳承接班方式，在「經」字輩已運作近半個世紀。所以，若果在公司尚未私有化之

5　此公司可能乃余仁生國際旗下的公司，或是相連公司，因余仁生國際有很多推廣健康生活產品的公司。其次，在 2017 年接受訪問時，余義明談到余在啟加入余仁生國際的工作時，指他「四年前加入公司」（《聯合早報》，2017 年 10 月 1 日）。

時，安排應是行政總裁兼執行董事退下火線，可接任主席兼非執行董事，擔任一個名義高的虛位，行政總裁則由年紀較輕的家族成員接替。於是，若然余義明到年屆七十歲時要退下火線，按當時公司的運作和家族傳統，最合理的接班人自然是「義」字輩的諸位胞弟或堂弟：余義方、余義生、余義禮、余義達等。雖然余在啟乃第五代中首位進入家族企業，但在傳承接班的次序上，顯然居於很後的位置，尚有很長的距離才輪到他。

　　沿着這個角度看，公司若不私有化，家族控股權不作調整，傳承接班的軌跡亦不會有甚麼大改變，即是會沿着兄落弟上的方向前進。上文提及余義明強調「務求淡化家族企業的形象」或是「將家族成員的持股制度化」，[6] 說到底便顯露了意欲改變領導大權傳承的次序與面向。於是，當企業表現略為回落，盈利不如理想時（見上一章），立即運用其駕輕就熟的財技，將余仁生國際私有化，余義澡和余義方兩房的股份很可能大部分落入余義明和余義生兩房手中，而大部分公眾持有的股份，則可能落入淡馬錫控股及騰望資本手中；至於某些股份的行使和運用，則可能簽訂了協議，目的相信是強化余義明和余義生兩房對余仁生國際的掌控。即是說，私有化有如修剪家族樹，既減少了內部競爭，亦化解了潛在分裂，應是余義明（甚至是余經文）做好傳承接班的關鍵一步。

6　　其實，在上世紀七十年代前，余仁生一直由非家族人士經營管理，只是到了七十年代上市後，才有較多家族成員參與管理，初期亦是非家族董事成員較多。九十年代上市的余仁生香港則有較多家族成員，主要原因可能與家族其他生意先後易手賣盤，失去了分配不同家族成員領導的位置，而余仁生國際其實亦是非家族董事較多，因為那時的公司只有四房掌控。實際上，余仁生雖然招牌很傳統、形象很古老，但家族管理或任人唯親等色彩並不濃厚（參考上一章討論）。

到落實私有化之後，余義明又為本人退下火線作出另一重大安排，這便是聘任梅恭明為行政總裁，而非把該職位交到余義生手中。同年，余在啟獲擢升為余仁生香港貿易董事總經理，職位與權責同步漸見吃重。對於這一時期的傳承接班安排，余義明在接受記者訪問時經常強調兩點（《聯合早報》，2017 年 7 月 8 日及 10 月 1 日；《文匯報》，2017 年 7 月 17 日；*Financial Times*, 18 July 2017; *South China Morning Post*, 13 September 2017）：其一是公司要年輕化，其二是吸納非家族的人才。對於第一點，他曾說：「要管理一家百年老字號，絕對不是需要家長式的領導。」背後的含意自然落在「家長」這個問題上，所以便不能把領導權「兄傳弟」或「父傳子」；後者不能成為選項，因為他絕對明白，兒子年紀太輕，稚氣未消，而且加入公司不久，當時尚難擔大任。

對於第二點，他經常指出，企業應引入年輕的新一代，從而幫助集團開拓年輕人市場。「我們並不能夠改變年輕人的喜好，但公司會盡量增強社交媒體的發展，以配合他們。」又進一步提到：「中藥對於新的一代而言，不可能使用傳統的包裝及經銷手法，所以一定要重新設計包裝、市場推廣，迎合不同的消費層。」《文匯報》，2017 年 7 月 17 日）所以年紀輕輕又在美國著名商學院畢業的余在啟，便可以成為開拓年輕人市場、令公司和產品年輕化的核心人物。[7]

7　說實在的，中成藥及中式健康產品的消費者，到底有多大比例為年輕人，現時尚未有科學化的調查數據。一般情況反而以年紀較長、思想較傳統者，更以華人或熱愛中國文化者為主。若然如此，把發展焦點投向年輕人，或利用社交媒體以開拓年輕人市場，應該只屬「度身訂造」的移船就勥安排而已。

　　從這個角度來看，無論是余仁生國際的私有化，或是梅恭明獲任命為行政總裁，兩者其實均圍繞着一個重要核心——傳承接班。至於真正的接班人，自然是長子余在啟。進一步說，當余在啟逐漸積累管理經驗和領導權威，可以完全獨當一面，必然會登上領導寶座。而若然他能穩握大權時，余仁生國際應該會再一次上市。當然，余義明未必有這樣的想法，此乃筆者作出的推測。當記者詢問余義明，在經歷三次上市又除牌後，余仁生會否再次上市時，他曾笑說：「有可能，但我不知道是甚麼時候。我無法預知未來十年會發生甚麼。如果公司規模變大，業務擴張，可能還會有再次上市的機會。」（《聯合早報》，2016 年 11 月 19 日）即是說，私有化只是因應某些情況而進行的，當情況改變了，或者直白點說對自身有利時，又會考慮再次上市。當然，無論社會也好，公司也好，家族也好，發展過程其實充滿變數，前進軌跡是否能按個人部署，尚未能夠說得準，所以他亦抱着拭目以待的態度，社會大眾自然亦只能如此，畢竟時間是最好的見證者。

結　語

　　余義明由打工到投身家族企業，並在經歷家族企業落入外人之手後重奪控股權，然後統一各房在香港、新加坡及馬來西亞本來互不從屬甚至暗中競爭的業務與股權，不但令余仁生這個品牌和家族傳奇經歷更加吸引中外社會目光，亦折射一個傳統家族與一家百年老企業一路走來的迂迴曲折，進而說明華人家族要富過三代、企業要歷久長青的重重障礙，實乃任何個體與家族不能掉以輕心之事，當中的複雜與困難亦不容低估。

　　所謂「橫看成嶺側成峰」，余義明人生與事業的高低起落經歷，雖然只是他個人或自己一房的事情，但若放在家族與企業世代相傳的脈絡中看，其實頗有另一層面的「長江後浪推前浪，一代新人換舊人」意味，因為他雖被看作家族的第四代（由余廣培創立仁生號計起），在八十年代末真正染指余仁生家族生意時，只是父輩叔伯眼中的接班小夥子而已。到他接班後的連番舉動，確實又有帶領家族企業走向中興之勢。但是，到了 2017 年，他自己已年屆七十歲高齡，需要退下火線了。按道理，這應進入另一次兄落弟上的接班循環，所以很難由剛加入公司、剛過而立之年的長子余在啟擔起重任。即是說，進入千禧世紀第二個十年以來，余氏家族已經跨進了另一階段的傳承接班里程，能否擺脫「經」字輩兄落弟上一段時期的家族高峰回落宿命，跳出那個世代傳承不甚如意的怪圈，將這家百年老店推向一個新的台階，則要留待時間作證明了。

第九章

家族盛衰
的思考

在華人社會，被貼上「富不過三代」負面標籤的，除了胡文虎家族，還有余東旋家族。巧合的是，兩個家族均屬移居海外的華僑家族，均靠賣藥起家；亦同樣由第一代經營小生意而傳給第二代，並在第二代發揚光大，而第三代則急速滑落；第二代均在南洋（東南亞）出生，在家鄉接受教育，之後再在南洋接手父業；家族生意均起源於南洋，然後開拓大中華市場，並在發跡後將總部移至新加坡和香港；然後在香港買地建屋，興建名揚海內外的豪華大宅，而這些大宅最後均先後易手，賣的賣、拆的拆；大陸變天則讓其失去最大市場和投資依託，成為滑落的其中一項重大因素；至今其起落興替的故事充滿奇幻，令人嘆息。

　　歷史總有其弔詭的特質。中華民族走到十九世紀的多災多難，綜合國力滑落，屢招外敵侵擾，令無數家族破裂，人民顛沛流離，不少人更在半自願或不自願的情況下離鄉別井、飄洋海外，遠赴新舊金山及南洋等地謀生。儘管這個過程和遭遇十分艱苦，且歷盡滄桑，但那些肯捱敢搏又找對發展方向的極少數幸運兒，卻能突圍而出，取得突破，成為巨富，不但為旅居地的經濟與商業作出巨大貢獻，亦能連結起旅居地與中華大地的市場和貿易，壯大實力。更為重要的是，這些日後在海外紮根的炎黃子孫，又成為宣揚中華文化的「大使」，令中華文化毋須憑藉殖民擴張而能傳遍全球大小角落。本文所要集中討論的余東旋家族，恰恰反映了這樣的一種發展模式。

唯　心　論　述　的　註　腳

　　本書並非導人迷信地想突出風水的威力或效用，但要分析余氏家族的傳奇發展，如果不觸碰這個範疇，總會讓人覺得若有所失。在這個個案中，到底唯心論述能為我們帶來甚麼啟示？那個「風吹羅帶」的風水吉穴到底是好是壞？多個層面的問題特別值得思考：其一是家族不少成員享壽較短，更有突然去世的情況；其二是余東旋的發跡與每階段的轉換投資均甚為幸運，令其身家財富大幅飆升；其三是余廣培及余東旋一脈明顯較余廣德和余廣晉突出，顯示就算是同享祖蔭，實在亦有差別際遇；其四是余東旋諸子的際遇同樣差別不少；其五是余東旋雖曾為下一代作出了強化各層面資本的努力，提升其競爭力，但結局反而近乎家業四散和兵敗如山倒；其六是雖然家族核心投資幾乎消散，但一直只屬邊緣投資的中藥生意卻又奇跡似的有了突出發展，最後成為家族傳奇故事最深入民心，且能留傳後世的旗艦。總之，家族一步一腳印的發展進程，既有因個人努力得來的回報，亦有並非全因個人努力便能享受的果實，某些屬預料之中的收穫，亦有一些乃預料之外的賞賜，令人覺得人生真的有如荷李活著名電影《阿甘正傳》（*Forrest Gump*）的經典對白般：「人生有如一盒巧克力，你永遠不知你將拿到甚麼。」（Life was like a box of chocolates. You never know what you're gonna get.）

　　這裏有兩個問題值得討論：其一是唯心論述到底有何作用？其二是余東旋家族宣揚唯心論述的用心何在？第一個問題無疑由來已久，中外社會皆然，核心所在是因為人生其實有很多難以預料的事情，發生在任何個人、家族，甚至社會中，如何理解或是合理化那

些預料之外的事情，乃顯得十分有必要。即是說，在現實世界，大自然或是社會其實有無數人力難以轉移的變化 —— 例如個人健康不好、工作生意不順，甚至貧苦無依等等，若然沒法在這種困境與現實面前得出某種論述或因由，合理化那些困境與現實，必然會積聚巨大壓力、憂鬱與困擾，危及個人、家族及社會的健康和穩定；將問題推到命、運、風水等外在因素之上，自然可以減輕自身壓力，因而能夠活得寬容、安心，令個人、家族或社會可沿着健康穩定的方向前進。

第二個問題甚為有趣，但更值得注意的是：有關家族的風水淵源，甚至先人葬在「風吹羅帶」吉穴等實屬很私人的事情，為何會讓外人得知？是誰把這些資料向外洩露？當中是否別有用心？正如第一、二章中粗略提及，有些來自風水家族的後代，其實既不願見子孫習其學、繼其業，亦會刻意隱瞞其風水背景，余氏家族後代雖沒習其學、繼其業，卻似乎刻意宣揚了余東旋從年屆二十一歲接管家族生意後瀕於破產 —— 或者說只剩下極少資產而已，後因風水之助才能迅速致富的意味（Sharp, 2009）。雖然現時我們很難確定有關家族發財致富得力於風水的這一論調到底始於何時，但相信與仁生號名稱和組織轉變一事有一定關係，即是在進入二十世紀的第一個十年內。

在深入討論余氏家族盛衰的問題前，先打個岔，略談第一章中提及的新皇朝取得天下，往往會借助不同陰陽迷信學說，以說明其得道於天、贏得神助，原因是相關學說能讓其取得權力、獲得大位之事，有一個合理化、正名化的解釋，因而更能獲得支持者、擁戴

者，乃至於全天下的臣服。從這個角度說，一個論說的出現，不會是無緣無故的，必有其深層次的計算與圖謀在內。另一值得注意的現象是，當完成了合理化、正名化的目的後，陰陽迷信的學說便會退潮，進入的必然是由主流學術——主要是儒家，有時會兼用或在某個時期內採納道家或法家——治國的局面。

誠然，我們現時很難知悉家族中的風水傳說，尤其是將余東旋迅速致富一事渲染為得力於風水的這種論述，到底始於何時，但正如 Sharp（2009）提及，自 1893 年余東旋攜同繼母文煥章返回檳城後，終其一生再沒踏足家鄉一步。這便很讓人大惑不解：若然家族中人相信「風吹羅帶」墓穴具有巨大的風水效力，沒可能不好好愛護、時常拜祭；成為家族領軍人的余東旋，更沒可能在 1893 年走後頭也不回，不飲水思源，想想自己能夠發財與祖先蔭護有關。就算他本人不回去拜祭，也可以派子孫回去。

現實情況看來是他連子孫也沒派回去，後代似乎亦對風水之說一笑置之，其毫不重視的態度可想而知。所以當風水師文觀龍親身考察那個「風吹羅帶」墓穴時，發現「墳前墓碑遮蔽」（文觀龍，1993；亞洲電視，2012），亦進一步說明包括余東旋在內的子孫們，其實一點也不信余鶴松的風水學說。而家族先將發財致富連結上「風吹羅帶」風水助力，但後來的行為卻揭示其實一點也不信這一套，恍如古代改朝換代時總會藉陰陽學說以合理化自身的興起，但到穩抓權位後不再玩那一套，令風水之學變成一種掩眼法。我們在解讀余氏家族的起落興替時，則可視之為一個值得玩味的註腳。

中英因素的盛衰教訓和思考

　　毫無疑問，余氏家族的前進軌跡迂迴曲折，故事蕩氣迴腸，風水之說更讓其染上不少神秘色彩。簡單而言，在滿清國力滑落時，家族先輩就像無數鄉民飄洋海外，在一窮二白下經歷無數困苦，憑着敢拼肯捱的鬥心，代代相繼，最終發財致富，生意投資遍及南洋、港澳與中華大地，揭示那怕中國的綜合國力不如歐洲強國，操贏計奇並非中國傳統所重視，位處四民之末，但一有機會給予發展，其實可以大展拳腳。可是，在另一方面，當家族已經富可敵國之時，卻又未能長存下去、歷久不衰，而是出現了子孫後代四分五裂、各奔東西的情況，這似乎又揭示長期以來中華文化被指難以支持家族富過多代的缺陷或軟肋。到底余氏家族的故事有哪些可供吸取的經驗教訓呢？

　　綜合檢視余東旋家族謎一般崛起致富，又謎一般從高峰滑落，仍能維持至今的核心生意 ── 余仁生藥業，又在崎嶇曲折中得以力保不失，無疑令不少人大惑不解，亦說明為何前文提及唯心主義所強調的「得力於風水」之說，總是與這個家族的風雲色變緊密相連、揮之不去，亦大有市場。可是，當我們從科學客觀的角度，細心思考這些謎一般的發展歷程的背後時，卻可從各種蛛絲馬跡中找到不少起落興衰的問題所在，並看到很多值得思考的地方。

　　扼要地說，余東旋家族由盛而衰的轉捩點，應在四五十年代，余氏家族在採礦和種植方面的盈利明顯大不如前，戰禍和政局不靖等因素，又令其財源進一步收窄，限制其發展，這方面因素導致的家業發展逆境，自然是非戰之罪。但是，余家的逐步滑落，歸根究

柢，家族本身安排及處理的缺失應承擔最大的責任。除了前文提及風水之說的外圍因素外，另一重要外圍因素亦不容忽略，這便是大英帝國國力滑落，整體營商環境已出現方向性轉變，但余氏家族則未能察覺，仍以英國馬首是瞻。

簡單而言，余氏家族的餉碼甚至是採礦、種植等生意，與英國如日方中下批出專利經營權利有關，余東旋高度重視與英國統治者及英國人的關係，與中國大陸（家鄉）則一直採取不接觸、不交往的手法，[1] 可能亦是為了減少英國人誤會，爭取他們信任。但當大英帝國如江河日下之時，尤其二戰結束，不少前殖民地紛紛走向獨立之後，家族繼承人未能察覺這種轉變，仍然依樣葫蘆，只是一面倒地靠向大英帝國，自然會令家族企業發展失去動力。這顯示令家族發展後繼無力的另一外圍因素，其實是大英帝國的由盛而衰。

由是觀之，除了風水、政治、經濟、社會變遷外等外圍因素外，英國由盛而衰，對高度依賴該帝國的余氏家族而言，亦影響巨大：失去專利權不在話下，過去高度依賴英國關係，尤其是培養子孫「英國化」，甚至不惜「去中國化」——不少子孫已如洋人般不懂中國語言文字，沒有中國聯繫，中國文化和價值觀念薄弱，令他們失去了過往可在市場競爭中「內外中西通吃」的優勢，即是不能如過去般既掌握中國文化、語言及人脈關係，又能與英國人有效地交往

1　余東旋在家鄉直系血脈親屬不多，與余廣德及余廣晉後人甚至有一些爭拗，可能亦擔心那些親屬只向他「攤大手板」（要錢，參考第五章的討論），所以相信亦是他不願主動聯絡的原因。

溝通，因以能夠左右逢源、溝通華洋，反而在外圍環境急速轉變中處於弱勢，因為他們的思想行為等雖已完全西化（英國化），又有無數洋人朋友和網絡，但他們畢竟不是統治者（英國人），仍有華人面孔及血脈，人前人後或制度內外乃沒法排除遭到歧視，令家族發展空間大幅收窄。

從這個角度看，到余義明全力發展余仁生中藥業務時，那怕自小在西方社會成長，對中國文化和中藥只是一知半解、了解不深，但他卻敏銳地察覺到利用中國文化，或是看到中國這個外在因素的重要性，尤其明白到中國或華人這個巨大市場的潛力，所以能夠藉此「亞基米德支點」打開中藥（保健品）市場，然後取得突出成績，書寫傳奇。他的成功故事，正正折射了余東旋原來背靠英國而有了非凡成就，到失去靠山後迅速滑落的問題。由此推斷，余義明及其下一代若然希望更上層樓，做大做強余仁生，必然要繼續操作「中國因素」，大打「中國文化牌」。

當然，若從內外因素兩分法的角度看，外圍因素的轉變，很多時非個人或家族可以轉移或應對，只能隨遇而安。相反，內部因素則因有較多自我調整而值得注視，所以下文會多費筆墨分析。扼要地說，內部因素既有領導核心自余東旋和余經鑄先後離世，家族向心力即出現重大變化；亦有接班人力有不逮，家族中缺乏號召和團結家族後人能量的魅力人才。

可以這樣說，余東旋和余經鑄兩人均犯了遺產安排欠妥的巨大錯誤，生前未有做好財產轉移，去世後要支付巨大遺產稅，亦令家族辛苦積聚下來的財富，近半貢獻了政府庫房，並引發連串官司訴

訟。另外則是余東旋在遺產分配上採取過於寬鬆自由的安排，生前尤其忽視了對家族團結、親人關係、情感等的培養與維繫，結果，各房寧可選擇套現，紛紛出售家族企業、投資和物業，令龐大的家族事業在朝夕間瓦解。

　　本來，家族有機會中興，但關鍵人物余經鵬和余經緯，一人因投資過於進取，當遭遇逆境便兵敗如山倒，甚至觸動了家族內部分裂；一人則壯年突然去世，然後是眾多不利因素糾纏在一起，令一個本來富甲一方的顯赫家族在短時間內急速滑落。儘管如此，到了第四代，這個家族還是能在余義明帶領下，以余仁生藥業為核心成功令家族名聲再起，亦憑着這項本來只屬家族不甚起眼的投資為子孫帶來巨大財富，達至真正的家族中興。

　　進一步說，余氏家族由盛而衰乃至中興的問題，出現在外由與內因兩個部分上。所謂外由，是指那些促進或窒礙家族及企業發展的外部因素，例如政治環境變遷、戰爭、天災、經濟結構更改等；所謂內因，則是指左右家族和企業前進的親人關係、傳承安排、經營不善等。在外由方面，余家崛起及發跡於南洋，避過了清末至中共政府執政初期的紛擾及戰禍，而當地的管治相對穩定，法制亦較完善，投資及私有產權受到保障，令經濟活動得以蓬勃發展，是不少海外華人能發跡的重要因素。而且，作為殖民地上「次等公民」的中國人，根本不可能在政治上大有作為，既然仕途無望，要光宗耀祖或賺錢養家只有另闢蹊徑，故不少華僑都會專心拼經濟，余東旋亦是其中一個成功的例子。

　　到企業上了軌道後，仍受到外圍因素的諸多制約。舉例說，

國際市場的變化，甚至是戰爭的突然掩至等，均曾極為深刻地左右家族和企業的運行軌跡，至於中國大陸和東南亞等不少國家與地區的改朝易代、政局更替，亦無可避免地會決定任何社會個體和社會組織的走向。余東旋及其家族企業自然難以置身度外，亦必然對那些外在因素的變化感到有心無力、難以抗拒；唯一能夠做的，就是調整自身種種安排，作出適應。從以上角度看，余氏家族企業能夠崛起和壯大，其實是克服了無數外圍政經環境轉型和挑戰的結果，實在很不容易。可是，由於外圍因素實非個人與家族主觀意願和努力所能改變，這不是本文探討的方向，所以在此不作深入分析。

即是說，面對世界滾滾洪流，外部因素實在並非個人或家族能夠迴避或改變，但為何有人或企業能在風高浪急中站穩腳步，甚至乘勢而起；有人或家族卻被淹埋沒頂？當中成敗的關鍵，除了唯心主義的命數、風水和運氣外，便要從家族的內部因素找出端倪了。換個角度說，相對於同樣面對外圍時局挑戰的其他家族，余氏家族能夠突圍而出，必然有其本身內部條件的優勢，正如前文提及的發展故事，則清楚地揭示了它的與別不同。

余氏家族能夠崛起的基石，仍要追溯到余廣培飄洋海外後在馬來亞經營小規模的雜貨及中藥生意，慢慢打下一些基礎，並擁有一定的人脈關係；後來他娶了「娘惹」文煥章為妻，加上她的關係網，故能開展餉碼及錫礦開採生意，連結了本地馬來亞社會、商界與殖民地統治者，令家族在馬來亞的關係提升到了另一層次。而這種與英國人或殖民地統治者的關係，則深刻地影響了余東旋日後的人生和事業。即是說，促使余氏家族崛起的關鍵，不能不提其父母一

代 ── 甚至是余鶴松一代的謀劃與安排 ── 打下的重要基礎，以及
由他們建立的人脈關係和定下的培養子女方略。

與人脈關係緊密相連的，是文煥章積極栽培余東旋學習英語
及英國文化，為他積累極為重要的人力資本。而這些人力資本，便
是將余東旋送到當地著名英語學校就讀，讓他學好英語，並建立極
為吃重的「舊生關係網絡」。由於掌握了中英雙語，不少同窗日後
又在政經各界指點江山，投身商界、接掌父業後的余東旋雖然底子
不厚，餉碼業務亦百孔千瘡，但他卻能因為掌握中英及馬來語的優
勢，加上不同層面的人脈關係，帶來突破，在「捱」過一段辛苦日子
後迎來「黃金歲月」，無論是經營採礦、橡膠種植、匯兌、銀行，乃
至於獲委任為馬來聯邦議會議員等，無不與他擁有人力資本的優勢
有關。

與人力資本一體兩面的，看來是余東旋與生俱來、眼光銳利的
投資能力與商業觸角。最令人津津樂道的，相信是余東旋接手父業
後經歷一段頗長時間的逆境後，最終找到藏量極為豐厚的礦場，此
點雖有運氣的因素，但亦有眼光獨到的因素。開採錫礦的黃金歲月
並不很長，原因是國際錫價持續偏軟，英國公司引入先進採礦技術
又削弱了余氏企業的競爭力。這便促使商業觸角敏銳的余東旋想到
須另闢蹊徑，並有了投身橡膠種植生意的舉動。

接着則是因旗下生意聘用大量勞工，並看準了華僑匯兌業務的
潛力，將雜貨中藥店轉型為僑批館，大做匯兌生意，原來的余仁生
藥業反成了副業。再接着的，則是在國際橡膠價格大跌之前，將重
要資金投放到地產業上，並將投資大本營轉到新加坡和香港。在連

番風暴前夕已做好撤離和應變的舉動，除了常被詮釋為風水命理因素外，個人具有敏銳的商業眼光，顯然不無關係。家族因此能在商場上搶先嚐到投資甜頭，賺得盤滿砵滿。

由此可見，余氏家族傳奇，與余東旋的教育背景、個人條件和敏銳觸角等密不可分。余東旋雖說是家族的第二代，但在他接手時，按他一房的說法是：生意其實並不是很好，規模不很大，起碼不是一個能夠讓他無憂無慮坐享其成的格局。即是說，父母留下來的經濟資本，其實是所餘無幾了，人脈資本所能傳承的亦不是很多，惟重視中英雙語教育可讓他在那個時代環境下有更好的發揮。故他其實與第一代創業家般，須面對自我建立、自力更生的困難與挑戰，而早年進入中英學校學到的中英雙語，則為他帶來重大事業突破。可見有了較好的教育背景，加上一些人脈關係，還有與生俱來的企業家大膽創新精神和敏銳商業觸角，他自然能在父母一代創立的基礎上騰飛。

可是，即如前文提及，這樣的一片大好江山、大好條件，傳到余東旋的子孫手上後，卻因種種原因迅速滑落，不但未能維持原來局面，還出現四分五裂，遑論可更上層樓，這種情況自然引來中外社會高度關注、談論紛紛，中國文化因素尤其招來批評，傳統的一夫多妻（其實是一夫一妻多妾）、多子多孫與諸子均分等更被指乃亂源所在。事實是否如此？由於傳承問題牽涉傳授一代與承接一代兩個層面，下文的分析亦從這兩個方面入手。

余東旋在傳承問題上犯下的錯誤

先說余東旋在傳承問題上犯下的錯誤。毫無疑問，余東旋具有過人的商業觸角與眼光，亦擁有極為深厚的人脈及社會關係，並建立了跨地域的企業，富甲一方；可是，這個龐大家族與企業，到他去世後，子孫卻不能如他一樣在前人的基礎上更上層樓，反而急速滑落，呈現四分五裂的局面，讓不少人大感惋惜。

深入追究其原因，看來又與余東旋生前犯下不少錯誤有關。其中顯而易見且最為致命的，就是前文提及名下財產未於生前做好轉易，致使家族財產被大大削減一事，但因此點牽涉法律問題，我們且把它暫擱一旁。再說假如傳承接班安排得好，就算只留下一部分遺產給子孫，他們仍可發揚光大、富甲一方，所以討論焦點仍集中於傳承問題的好與壞、對與錯。

若單從這個層面看，一個十分實質的問題應是：他在世時只顧一己事業，沒有想到在他去世後，後代如何永續發展的問題，所以不但沒有及早綢繆計劃，亦在傳承接班與分家析產顧此失彼，未掌握長遠發展大局，日後乃出現了子孫離心、家業四散，甚至為了一己利益，不顧家族整體發展的問題，最終落得「富不過三代」的局面。

到底余東旋生前犯下哪些錯誤，導致子孫難以同心一德為光宗耀祖而奮鬥，反而四分五裂、離心強烈？這樣不但失去了傳統觀念

的守護祖業使命，亦因各有私心、各為自身利益而爭鬥，最後令家業迅速滑落。綜合而言，撇除前文提及的問題，余東旋生前所犯的錯誤，基本上可歸納為如下四方面：

（一）養而乏教。余東旋妻妾子女成群，並興建了城堡大宅讓他們居住，這乃當時華人富豪巨賈的普遍現象，無甚特別，惟他卻沒有在親人感情、家族關係等層面上作出相應的教導培育，形成了養而乏教的狀況。這種狀況凸顯在兩個問題上：其一是他安排不同妻妾及其所生子女在家族大宅的不同角落生活，並各自有家傭照料，這乃物質條件豐厚的表現，惟這樣卻出現了大家如同「天各一方」地生活，接觸不多，來往不頻，形成子女關係疏離的問題。其二是余東旋因為部分妾侍犯了他的大忌而把她們逐出家門，她們的子女全部交由廖正而教育，但所謂「專業保母始終不及親母」，那些子女難免對其他子女心存芥蒂，因而影響他們的成長，尤其會削弱親人之間的感情。其三是余東旋採取了當時較為前衛的教育方式，當子女到達十二歲左右，便會把他們送到英美等國接受西方教育。這本來乃令人艷羨的良好教育，但子女年紀太輕就到外地升學，沒有父母及親人一起生活，又進一步激化其與親人的疏離感。

余東旋將年紀尚輕的子女送到外國接受教育的舉動，可能與他本人曾有相關經歷有關。他五歲起已經與父親分居兩地，父親在新、馬打拼事業，他則留在家鄉由母親和祖父照顧，教育一項更主要由祖父負責，即祖代父職。可以這樣說，由於父親長年缺席，無法作為兒子的良好模範，故換余東旋為父為夫時，可能因此未能掌握好自己的角色。例如他在長子余經鑄十二歲時便將他送到英國交由僕人照顧，自己留在新、馬繼續發展生意，行為與余廣培如出一

轍，其他子女亦基本上採取這樣的安排，他可能覺得這樣接受西式教育，長大後便可如他般華洋兩邊通吃。可是，他童年時仍有祖父、祖母及母親在身旁照顧，所以耳濡目染傳統思想與價值；到子女一代時，則連與祖父母及母親的接觸亦少了，教育方面便落到了非家族與親人的體制中。而他自己與兒子們其實甚少接觸，日常生活有事時會以便條或書信溝通，個人接觸則極少（Sharp, 2009: 103）。

此外，余東旋與眾位妻妾的關係顯然並不密切，否則不會在打算定居香港時不攜妻帶眷，又把不少妾侍逐出家門，甚至有一妾拱手讓予邵逸夫（鍾寶賢，2009）。而當他逝世後，更沒留分毫財產給諸妾，以照顧她們的生活。在這樣妻妾眾多的家庭，家人的關係自然較淡薄疏離，一眾兒子同父異母，在子為母張的情況下，自然會因保護母親而起爭執，甚至互相敵對。故當余東旋去世後，家人散居各地，各房只關心自己的生意、專業或事業，並沒有家族共榮共辱、同舟共濟的精神。

更甚者，在出售家族物業或控股權等行動上，很多時更流露出家人互不信任，甚至暗中較勁、「互扯後腿」的問題。關於後者，第四代的余義明曾提及，家族中人私心太重，不願看到其他房有好發展，並覺得這是外人有機可乘而家族則難有發展的原因之一（Oral History Interview: Mr Richard Eu Yee Ming, 23 April to July 1999; 陳婧，2017）。

（二）傳而乏授。余東旋無疑乃極為精明的商人，不但長袖善舞，精通中英雙語，並可華洋兩方通吃，在政商和社會各界均深具影響力，可他並沒如很多華商巨賈般，很早便為傳承接班做好準備，

尤其沒把子女叫到身邊，跟隨自己學習做生意，時刻教授個人心得和秘訣，或是在日常生活中經常講授個人營商與待人接物的哲學及手法等，也極少介紹身邊的朋友、生意夥伴或政治人物等給子女認識，協助他們建立人脈關係。原則上他只顧自己的生活和事業，忽略子女教育和言教身教的口傳面授，亦未關心子女的成長與發展。

　　誠然，余東旋相對較早地把年齡遠較其他子女大的長子余經鑄，安排到準繼承人的位置上，樹立其突出身份，並很早便把他送到英國留學，惟整個過程卻缺乏他本人的經驗傳授與直接指導，簡單來說只有他者的「師教」，沒有父親的「身教言教」，所以余經鑄只是憑他本人的觀察與能耐，摸索自己的接班之路。更為嚴重的是，除了余經鑄，他沒有傳承接班上的第二選擇和相應安排，即是沒有想到其他子女，更不會想到培養第三、第四梯隊的問題，他所注視的，始終只是自己一方的看法和心之所想，然後是隨子女的興趣和際遇讓他們走各自的事業道路。後者雖算是採取了自由主義，但從另一角度看則是毫無計劃與安排，任其自生自滅。

　　即是說，余東旋生前只看到家業的傳遞，沒有看到更重要層面的個人經驗、經營秘訣和人脈關係等的傳授，所以繼承人只得到他甚為表面的經驗，難以得到他深層次的秘訣；而繼承人中又只選一不選二，沒有後備方案，所以到他和余經鑄去世後，便沒有了如他們般能夠號召各方的人物。更為嚴重的是，當余經鑄突然去世後，家族繼承問題便顯得尤其尖銳，而第三代中表現較為突出的余經鵬和余經緯等，又因際遇不及他好，如余經鵬投資失利，余經偉則英年早逝，自然令第三代的接班添加更多變數；加上「家族政治（爭鬥）好厲害」（陳婧，2017），龐大的家業自然因此由盛而衰。

（三）分而乏合。余東旋雖然深染洋風，晚年尤其重西輕中，建造城堡安享晚年便是例證之一；他安排子女接受西式教育，寧讓他們學習西方事物 —— 包括語言，而不重視中文教育，所以子孫中不乏不懂中文者，則是例證之二。可是，他在訂立遺囑及作出遺產分配時，卻表現得十分傳統。除了不傳妻妾，亦重男輕女，對諸子則基本上採取均分安排。由於他一生娶了一妻十妾，並育有十三名兒子、十一名女兒，龐大家財與事業單是均分給十三名兒子後，也難免顯得較余東旋生前一人獨有之時縮小了很多。

但是，若果分家安排得當，均分並不一定會削弱家族資本（財富）的積累，並可產生正面競爭力量，企業亦不一定會落入外人手中，關鍵是能否建立機制，防止家族失去對企業的掌控與駕馭。對於這方面的機制，自然須有周全的未雨綢繆，余東旋則明顯忽略了，沒有作出相應安排。一般來說，具敏銳觸角的企業家，必然會想到企業控股權的問題，所以一定會在分家析產的同時，為子孫後代設立防止企業控股落入外人之手的機制，例如在信託或遺囑中嚴格規定家族成員的控股權，若然想出售套現，須按市價（股價）或某些標準，出售與家族成員，或是在家族成員不願承接買入，或是沒有反對之下，才可售與外人。

由於余東旋只看到諸子均分的一面，強調公平原則，沒有想到相關機制的另一面，採取不同方法力求子孫後代同心一德、團結與合作，所以便沒在生前或遺囑信託中作出相關安排；加上子孫後代之間成長與生活各異，感情淡薄，關係疏離而互不信任，於是便很容易讓外人有機可乘，從中分化離間與誘之以利，令不少家族成員持有的物業及企業控股權先後一點一滴地轉手外人，但其他家族成

員則全不知情，直至外人已收集具決定性控股權公告天下後，他們才恍然大悟，那時已失去江山，為時已晚了。

（四）攻而乏守。由 1898 年正式接掌家族生意，到 1932 年成立余東旋有限公司的三十多年間，余東旋採取的發展策略或投資之道，基本上可說是攻而不守、以戰養戰，所以是不斷開疆闢土，生意和投資一項接一項，無論是採礦、橡膠種植、匯兌、銀行等，無不先後染指，並可十分幸運地避過不少產業危機，令余氏商業王國如水銀瀉地般迅速發展，在東南亞及大中華地區幾乎無處不在，家族財富與名聲乃節節上揚。

這套極為進取的經營與投資策略，說實在的，自有其突出和優勢所在，並為家族的不斷壯大作出很大貢獻。但是，這樣又產生了未能讓生意和投資深耕細作，令其穩固和紮根的問題。同時亦較少從家族發展大局來考慮，尤其未能安排第三、四代家族成員到相關生意中，使他們做到獨當一面，全面掌握生意發展與運作，因此容易出現實權旁落的問題。

1932 年後，余東旋雖然有了轉攻為守的籌劃與舉動，並成立了余東旋有限公司，大舉投資地產，但這家公司的投資，卻是購入土地或物業後只着眼於「收租」，甚少進行地產發展 —— 興建物業房屋以供出售。這樣的投資或生意防守策略，無疑不能跟上時代，尤其二戰結束後不同社會或經濟體均在大興土木之時，而這些物業與地皮，最終吸引了地產開發商的垂涎，並成為余氏家族企業遭外人吞噬的「肥肉」。

正因余東旋生前犯下以上四個重大錯誤，在他去世後，家業乃迅速滑落。然而，以上這些錯誤並非全是余東旋直接造成，有些只是間接導致，有些屬於疏忽，有些則是思慮不周而已。由此可見，作為創業發跡家長，儘管一生把絕大部分時間和精力都放在南征北討、打生打死以建立基業之上，從而創造了能人所不能的輝煌，但是，若然因為沒有處理好後代接班問題，令平生心血最後付諸流水，則實在極為可惜，相信不少人會心有同感。

接班世代犯下的錯誤

要科學客觀地剖析並檢視余氏家族自第三、四代接班後的迅速滑落，自然不能把所有問題推到余東旋一人身上，子孫在不同層面上其實同樣犯下不少重大錯誤，負有不能推卸的責任。這些錯誤或責任，可扼要地歸納為如下四個方面：

（一）富裕環境下成長，令後代缺乏建立事業成就的強烈動力和鬥志。一如多數巨富家族，子孫後代的成長環境自然是物質無缺，飯來張口、衣來伸手，到長大後又大多被送到歐美等發達國家留學，甚少受到貧窮困苦或失敗逆境等磨練，所以不但不會重視祖、父輩打下的江山，亦往往失去建立基業的鬥志，更不會對前人努力得來的成果心存感激，想竭盡所能保護或令其發揚光大，而是視為等閒甚至必然，覺得豐裕生活乃他們應得的。

不可不察的現實是，物質條件豐裕的境境，容易滋生不用為爭取生活保障而奮鬥的意識，亦因沒有太多擔憂和壓力，大多會形成

不能吃苦、缺乏鬥志的情況。所謂「學如逆水行舟，不進則退」，家
業生意亦是如此。「含着金湯匙出生」的余氏第三、四代，不少人明
顯因為自小生活環境優裕而缺乏打拼的精神和鬥志，只知坐享祖、
父輩的成果，因此便令家族和企業失去一股發奮向上的激情和發展
動力。

　　（二）私心太重激發內部鬥爭。由於余東旋諸子女乃不同妻妾
所生，有些更沒與生母有太多生活經歷，他們成長和生活的地方雖
同屬一個大宅，每逢大時大節或會聚首一堂，卻很少有深入接觸和
交往，反而某些接觸相處容易觸發矛盾，當中的爭風吃醋和明爭暗
鬥，乃至於利益計算等，又激化了彼此間的猜忌和怨懟。到他們長
大後，自然容易出現各為私利、各有盤算的情況，難以共同進退、
合作無間。

　　最為嚴重的，當然是因為家族內部互信不足、私心太重之故，
在經營家族企業等問題上，不能同聲同氣、共抗外敵，所以容易受
外人擺佈、挑撥，而各房之間的彼此相爭，自然會給予外人可乘之
機。余氏家族龐大家業的分崩離析，說到底，是內部不團結，出現
分裂在先。

　　（三）缺乏全局觀與光宗耀祖的使命感。一個家族之所以能夠團
結和凝聚在一起，榮辱甘苦共嘗，必然要有一股向心力和使命感；
而光宗耀祖，為整個家族謀福祉、爭光榮，則應是那股力量的源
頭。在那股力量的驅使下，打拼事業時不以一己私利為先，而會考
慮到整個家族。可是，第三、四代成員卻甚少能從家族福祉出發，
反而更多地表現出只爭自己一房的利益。

　　出現這種情況的主要原因，應是他們在成長過程中沒有被灌輸要為家族打拼的觀念。最能反映這種價值觀念的，自然是傳統社會高度重視的慎終追遠、感恩祖宗，以及孝順父母、兄友弟恭等行為，余氏第三、四代成員在這方面似乎表現得極為淡薄，原因與他們自小深染洋風，且長期在歐美等地接受教育有關。至於最能說明這種行為舉止的例子，莫如清明時節到祖先墳前掃墓。據說，就算是余東旋祖父余鶴松和那片被指讓家族得以發達的風水寶地，後人自進入二十世紀後，再沒有回去掃墓拜祭，連余東旋本人在富甲一方後亦沒有如祖父期望般衣錦還鄉，凱「旋」歸故里，踏足祖先墓前半步（Sharp, 2009）。即是說，家族變成子孫後代拿取財產資源的地方，拿得少了更會滋生怨懟，卻沒有太多子孫想到他們所享受的，乃祖輩辛勞打下的基業，既要念記感恩，給予保護，更要為其作出貢獻，以免消耗殆盡。

　　（四）不以繼承祖業為己任，寧可選擇自己的人生道路。不知是否自小在西方社會接受教育，養成了崇尚個人主義作風之故，或是物質條件豐裕下不用愁衣愁食，不少第三、四代成員對於接掌家族企業並不熱衷，一來覺得家族企業「古老迂腐」，沒有現代氣息，難有發展；二來覺得在家族企業中工作吃力不討好；三來則認為做生意並非個人喜好，寧可走專業、藝術之路，或選擇創業，又或加入外國大型跨國集團，甚至只是享受生活、樂得消遙，投身家族企業被不少家族成員視為畏途。

　　正因如此，家族企業既不能吸引有才能、有抱負的家族成員為其賣命出力，發展空間與動力乃明顯減弱、放慢，連鎖效應則是盈利下降、發展前景低迷，最後便落到了賣盤轉手的地步，而不少家

族成員又不覺得這種「出售祖業」的結局是不光彩之事，所以亦不覺得可惜，反而為着可以賣得「較好」價錢而暗暗叫好，讓自己可以及早套現，擺脫家族，走自己的道路。

　　一個不爭的事實是，祖、父輩打下的江山，得益最大的應是子孫後代，他們本身看不到這個核心，不把自身禍福與祖、父輩連成一體，自然難以從長遠與大局考慮問題，亦不願努力去維持、發展祖、父輩打下的基業。這樣的局面，當然應由他們承擔後果，與人無尤，外人除了覺得可惜，或者會有「青山依舊在，幾度夕陽紅」之嘆，其他的則愛莫能助了。

余義明中興家族的啟示

　　西方的不少研究發現，企業家族的子女可能因為自小耳濡目染的關係，往往有較強的企業家精神、營商創富意識，以及社會與商業網絡（Aldrich and Cliff, 2003; Zahra, Hayton and Salvato, 2004; Hoy and Sharma, 2009）。從這個角度看，來自商人的家族，很自然有更多創業條件和優勢，於是，我們不難發現，雖然余氏家族第三代自余經鑄去世後，先後失去了多項核心生意，多個大宅亦相繼易手，但到第四代登上商業舞台時，尤其余義明一輩在商場上打滾一段長時間、積累一定經驗後，又激發了他中興家族事業的使命感，然後在取得其他有心於恢復家族名聲的家族成員支持下，最後踏上重掌余仁生藥業的道路。

　　毫無疑問，在余氏第四代中，論才華、專業資歷、名下財富、

人脈網絡等，較余義明強者或許不少，但只有余義明有膽識、有魄力、有行動，最後走出了接手余仁生藥業的道路。這說明他其實有過人的洞察力，注意到中國文化因素 —— 或具體點說中國市場的巨大潛力；他對家族亦有一份較強的使命感，進而折射了內心深處有較強烈的企業家精神，因此能成為家族中興的重大力量，令余氏家族的名聲與傳奇故事得以更好地延續下去。

　　儘管余義明接手後的余仁生藥業論資產總額或盈利表現只屬一般，但在他的沉着應變下，總算逐步走上了擴張成長之路，這樣不但令余仁生藥業在港澳、中華大地乃至南洋的市場佔有率不斷提升，家族亦出現了中興勢頭。更為重要的一點是，余義明中興家族的例子，為其他世家大族帶來很重要的參考作用：一個大家族雖然滑落了，但若其後代子孫能以光宗耀祖 —— 或用現代社會心理學概念「自我實踐」（self-actualization）—— 為念，再次奮發圖強，其原來的各種資本與條件，仍能成為重要支持力量，亦進一步說明企業家族有助家族成員走上營商之路的有趣問題。

　　余義明中興家族的另一點重大啟示，是他能高效巧妙地利用股票市場這個機制，一來進行集資，二來則進行股權重組。前者的作用清晰明確，社會了解已不少，在此略過不表；後者因社會了解不多，值得略作解釋。簡單地說，發行股票以集資後，若然公司發展未如投資者期望，主要大股東可以因為業務發展與公司發展前景的不同看法，以「管理層收購」（management buy-out）的方法將之私有化，即是令控股權重新集中起來，藉以減少管理層的分歧或矛盾，令公司可以重上高效管治的軌道。

　　企業上市與私有化的這種過程，實在可以成為解決家族企業控股權糾紛的重要機制。簡單而言，企業上市集資雖有助開拓業務、提升管治，但家族控股權因為成員眾多而分散，不同成員又有不同看法與計算，則很容易產生控股權旁落的問題；利用私有化手段，控股家族便可在一種相對透明客觀的環境下處理家族內部矛盾，令家族和企業可以減少負面衝擊，提升健康力量。

　　若果把家族比喻為一棵樹，當其發展到一定階段之後，很可能需要作出一些修剪，才能更好地成長，因為透過修剪樹木，清除枯葉朽枝，既可促進空氣流通，防止細菌擴散，亦可讓陽光由樹冠透進整棵樹，養分則可集中於令樹木健康成長的重要作用上。從這個角度看，余義明一房帶領家族中興，並利用企業上市與私有化的手法，令家族內部的分歧與矛盾藉「修剪」分枝而消除，從而可令發展力量更集中、更好地發展下去。

結　語

　　無論從哪個角度看，余東旋家族起落興衰的故事，都充滿着傳奇與迷幻。一個風水師的後代，飄洋過海後，可在人生路不熟的殖民地中迅速崛起，甚至富甲一方，生意網絡和據點遍佈東南亞與中華大地，同時又可染指政治，獲英國殖民者吸納，其發展狀況可謂一時無兩，與很多人的想像大不相同。然而，這樣的一個顯赫家族，卻又在帶領家族企業壯大的一代領導人去世後未能持續，遑論可以更上層樓，所以特別吸引中外社會的注視，不少人更感大惑不解，所以坊間乃湧現不少解釋，唯心之說的「得力於風水」，便是其中之一。

然而，透過本研究的深入了解與檢視，則不難發現，其成敗起落實在事出有因，並非如坊間印象那麼簡單片面。至於那些重要因素，概括而言不外乎經濟資本、人力資本、網絡資本和道德資本四大層面的強弱高低問題（鄭宏泰、高皓，2017）。而出現問題或需負上責任的一方，不只是傳授交班一代，承繼接班一代同樣不容推卸。正因如此，在探討家族企業傳承問題時，不能只從某一層面或某個角度入手，而須顧及多維度的檢視和思考。

作為本文的一個最後註腳，我們反而想指出另一些值得深思細味的問題，作為日後深入探討的方向。余東旋家族的個案，和早前已分析過的胡文虎家族個案（鄭宏泰，2018），實在有很多相似之處，例如兩者的壯大，基本上都是在英國殖民統治下由他們的父輩先打基礎，再到他們一代將家族企業發揚光大，令家族名聲隨着其經銷的中藥流傳南洋與華南各地，進而創立跨國企業王國，在華洋社會可謂無出其右，極具影響力。名成利就後，他們均按《大清律例》娶有一妻多妾，子女成群，並不惜大花金錢以興建家族大宅，雖然兩個家族的建築風格喜好大為不同（余東旋喜好歐洲式城堡，胡文虎喜好中國式大宅）。可惜，自他們身故後，代際傳承即出現各種各樣的問題，令家族在不同內外矛盾與競爭的挑戰下迅速滑落敗亡，其傳奇故事更常常引來「富不過三代」的慨嘆。至於他們家族的大宅，又同樣在原主人去世後難逃易手，並被拆卸重建的命運。

且不要深究這兩個家族為何會掉進「富不過三代」的格局中，單從他們同樣因為「賣藥」聞名於世，遭遇與結局則截然不同作出一點比較文化的反思，則不難發現，華人藥業家族與歐洲或日本的那些藥業家族，呈現出巨大的差異。最簡單的是，歐美和日本的藥業

家族，很多都可富過多代、延續不斷，而他們總是擁有某些獨特的生產技術或秘方，情況就如著名鐘錶品牌擁有鐘錶製造工藝、名牌皮鞋店擁有超凡手藝，乃至於著名酒莊與醬油寶號擁有突出的釀酒或製造醬油秘方等，以上列舉的行業，工匠精神無疑被放到至高無上的位置。

可是，永安堂虎標藥業及余仁生藥業等雖然名揚一時，卻沒有把工匠精神放到崇高的位置上，亦無突出的秘方和技藝，後者尤其沒有製藥背景與經驗，他們經營藥業生產，只是當作一盤生意，更沒有高舉甚麼「工匠精神」旗幟，在製藥時強調如何盡善盡美，將家族的命運和榮辱與企業的發展連為一體。相反，他們清楚地表現了「企業去留沒太相干，賣得好價錢才最為重要」的現象，所以永安堂可以賣盤，余仁生藥業曾落入外人之手，這種情況背後反映的問題，顯然是「文化差異」之故。

儘管工匠精神和企業延續去留問題，在大多數華人家族心目中並非神聖和不可褻瀆的，反而覺得只是「身外之物」，但他們卻能展示出強烈的企業家精神 —— 更具體地說是那股為了建基立業，爭取有一番作為，從而證明自己有能力、有才幹、會力爭上游的奮鬥心，家族則成為他們奮鬥向上以改善生活或爭取榮耀的核心與目標，又是最強大的後盾，而這份以家為本的情懷，似乎又較其他文化所孕育的家族企業強烈。無論是胡文虎家族或余東旋家族，其第三、四代接班後迅速滑落的現象，明顯出現在他們失去了企業家精神的問題上，背後又揭示他們同時缺乏那份如祖、父輩般一心為家族而發奮圖強的拼勁與鬥志，可見在華人社會，家族似乎成為滋生並孕育企業家精神的溫床和沃土。

參考資料

Ahern, E. 1979. *The Cult of the Dead in a Chinese Village*, reprinted edition. Taipei: Caves Books Ltd.

Aldrich, H. and Cliff, J. 2003. "The pervasive effects of family on entrepreneurship: Toward a family embeddedness perspective", *Journal of Business Venturing*, 18: 573-596.

Babson College. 2017. "Family business conversation: Babson Connect/Worldwide 2017", 7 April 2017. https://www.youtube.com/watch?v=uyUNxIji7N4

Beauvoir, S.D. 1992. *The Second Sex*. New York: Alfred A. Knopf Inc.

Benedict, C. 1996. *Bubonic Plague in Nineteen Century China*. Stanford: Stanford University Press.

Benton, G. and Liu, H. 2018. *Dear China: Emigrant Letters and Remittances, 1820-1980.* California: University of California Press.

Butcher, J.G. 1979. *The British in Malaya, 1880-1941: The Social History of a European Community in Colonial South-East Asia.* Kuala Lumpur; New York: Oxford University Press.

Butcher, J.G. and Dick, H.W. (eds.). 1993. *The Rise and Fall of Revenue Farming: Business elites and the Emergence of the Modern State in Southeast Asia.* London: Macmillan.

Chow, A. No year. *Eu Tong Sen: Infopedia.* Singapore: National Library of Singapore.

Chung, P.Y.S. 2002. "The Birth of a Huaqiao Family: Three Generations of the Eu Tong Sen Family." *Asian Culture*, 26: 104-21.

Chung, P.Y.S. 2005. "Migration and Enterprises: three generations of the Eu Tong Sen family in Southern China and Southeast Asia, 1822-1941." *Asian Culture*, 39(3): 497-532.

Cushman, W. Jennifer. 1991. *Family and State: the Formation of a Sino-Thai Tin Mining Dynasty 1797-1932.* New York: Oxford University Press.

Eu Yan Sang (Hong Kong) Ltd. 1955. *Memorandum and articles of association of Eu Yan Sang (Hong Kong) Limited, incorporated the 7th day of April, 1955.* Hong Kong: Eu Yan Sang (Hong Kong) Ltd.

Eu Yan Sang Holdings Ltd. Various years. *Annual Report.* Singapore: The Company.

Eu Yan Sang International Ltd. Various years. *Annual Report.* Singapore: The Company.

Fukuyama, F. 1995. *Trust: The Social Virtues and the Creation of Prosperity.* New York: The Free Press.

Friedman, T.L. 2006. *The World is Flat: The Globalized World in the Twenty-First Century.* London: Penguin Books.

Freedman, M. 1979. *The Study of Chinese Society: Essays by M. Freedman.* Stanford: Stanford University Press.

Hicks, George L. 1993. *Overseas Chinese Remittances from Southeast Asia, 1920-1940.* Singapore: Select Book Pte. Ltd.

Hoy, F. and Sharma, P. 2009. *Entrepreneurial Family Firms.* New Jersey: Pearson Prentice Hall.

Johnson, N.D. 2003. *Banking on the King: The Evolution of the Tax Farm System in early modern France.* Unpublished Ph.D. Dissertation. Washington University.

Kao, R.W.Y. 19953. *Entrepreneurship: A Wealth Creation and Value-Adding Process.* Singapore: Prentice Hall.

Koh, K.W. 2000. *Eu Tong Sen: A Case Study in Business Expansion,* MSoSc thesis. Singapore: National University of Singapore.

Lee K.H. and Tan C.B. 1999. *The Chinese in Malaysia.* New York: Oxford niversity Press.

Lee L.T. 1988. *Early Chinese Immigrant Societies: Case Studies from North America and British Southeast Asia.* Singapore: Heinemann Asia.

Li, M.L. 2003. *Essays on public finance and economic development in a historical perspective: China 1840-1911.* Unpublished Ph.D. dissertation. Stanford University.

Linkedin. No year. "Richie Eu". https://hk.linkedin.com/in/richie-eu-2a07aa40?trk=pub-pbmap

Purcell, V. 1951. *The Chinese in Southeast Asia.* London: Oxford University Press.

Reid, A. 1996. *Sojourners and Settlers: Histories of Southeast Asia and the Chinese: in Honour of Jennifer Cushman.* NSW: Allen & Unwin.

Wong, L.K. 1964. "The Revenue Farms of Prince Wales Island, 1805-1830." *Journal of the South Seas Society,* 19: 56-128.

Wright, A. & Cartwright, H. A. 1908. *Twentieth Century Impressions of British Malaya: its history, people, commerce, industries and resources.* London: Lloyd's Greater Britain Publishing Company Ltd.

Wu, X.A. 2000. "Chinese Pawnbroking Business in a Pre-War Malay State: The Case of Kedah." *Asian Culture*, 24: 67-78.

Yen, C.H. 1985. *Coolies and Mandarins: China's Protection of Overseas Chinese during the Late Ch'ing Period (1851-1911)*. Singapore: Singapore University Press.

Yeung, H.W.C. 2001. "Managing traditional Chinese family firms across borders: Four generations of entrepreneurship in Eu Yan Sang", in Douw, L. Huang, C. and Ip D. (eds.). *Rethinking Chinese Traditional Enterprises: Cultural Affinity and Business Strategies*, 184-207. Surrey: Curzon.

Zahra, S.A., Hayton, J. and Salvato, C. 2004. "Entrepreneurship in family vs. non-family firms: A resource based analysis of the effect of organizational culture", *Entrepreneurship, Theory and Practice*, 28: 363-381.

Oral History Interview: Mr. Richard Eu Yee Ming, April to July 1999. Singapore: The National Archives of Singapore.

Personal Papers of the Late Mr. Eu Tong Sen. No years. Singapore: The National Archives of Singapore.

Business Time Singapore. Various years.

Financial Times. Various years.

Malaya Tribune. Various years.

South China Morning Post. Various years.

The Straits Times. Various years.

The Singapore Free Press. Various years.

王美秀。1995。《劉伯溫：時代更迭中的勇者》。台北：幼獅文化事
　　業公司。

文觀龍。1993。〈余仁生祖墳（風吹羅帶）：誰說風水師不可以先發
　　自己〉，《風水天地》，1993 年 8 月 1 日。擷取自 http://www.
　　koon-lung.com/zh-TW/displayproduct.html?proID=3322138。

王禕。1991。《青巖叢錄》。北京：中華書局有限公司。

田柏強。2017。〈史海鈎沉：新加坡晚晴園曾是同盟會的總
　　部？！〉，《新加坡眼》，2017 年 10 月 4 日。擷取自 http://
　　www.yan.sg/tontminghuidezhongbu/。

加拿大風水命理研究中心。沒年份。〈大富豪李嘉誠的風水故事介
　　紹〉，擷取自 https://cafengshuinet.com/index.php?option=com_
　　frontpage&Itemid=1

朱鳳婷。2001。《東南亞華僑的匯款網絡》，碩士論文。香港：香港
　　科技大學。

余仁生香港有限公司。沒年份。〈余仁生歷史里程碑〉。擷取自
　　http://www.euyansang.com.hk/zh/%E9%87%8C%E7%A8%8B/
　　eyshk-about-us-history-milestones.html。

余仁生香港有限公司。沒年份。《年報》。香港：該公司。

李金強。2012。《中山先生與港澳》。台北：秀威資訊科技股份有限公司。

何潔軒、李根。2014。〈東南亞家族企業接棒人〉，《星洲日報》，2014 年 12 月 29 日。

何潔軒、李根。2014。〈「風水」考釋及其詞義流變分析〉，《現代語文語言研究》，2014 年 9 月號，頁 70-71。

沈燕清。2013。〈英屬馬來亞華人餉碼制度探析〉，《東南亞研究》，2013 年第 4 期，頁 91-99。

亞洲電視。2011。《仁澤眾生余廣培家族》，電視節目錄影，收藏於香港大學圖書館。

林達。2009。《圖解中國古代測繪學：撼龍經》。西安：陝西師範大學出版社。

明報採編組。2010。《龔如心傳奇：小甜甜一輩子的追尋》。香港：明報出版社。

施志明。2016。《本土論俗：新界華人傳統風俗》。香港：中華書局（香港）有限公司。

郭廷以。1979。《近代中國史綱》。香港：香港中文大學出版社。

徐建國。2017。《興盛到衰敗：近代中國民信局 1866-1934》。北京：中國社會科學出版社。

秦家驄。2002。《香港名門：李氏家族傳奇》。香港：明報出版社。

陳婧。2017。〈接管余仁生 28 年今天卸職余義明要仁澤眾生代代相
　　傳〉,《聯合早報》,2017 年 10 月 1 日。

陳翰笙。1980-1984。《華工出國史料》（2-10 冊）。北京：中華書局
　　有限公司。

陳鴻瑜。2011。《馬來西亞史》。台北：蘭台出版社。

馬駿聲。1967。《馬來西亞的華人經濟》。香港：東南亞研究所。

畢亞軍。2016。《呂志和傳》。香港：三聯書店（香港）有限公司。

張青、郭繼光。2010。《小國繁榮之道》。香港：城市大學出版社。

黃壽祺、張善文（譯注）。2001。《周易》。上海：上海古籍出版社。

溫文保。2004。〈中國風水文化的傳承和流變〉,《長沙民政職業技術
　　學院學報》,第 11 卷第 1 期,頁 8-11。

楊彥華。2011。〈怡保志士的血色浪漫〉,《中山日報》,2011 年 6 月
　　17 日,頁 A6。擷取自中山市檔案信息網轉載 http://www.zsda.
　　cn/plus/view.php?aid=286389。

鄭宏泰。2018。《虎豹家族 —— 起落興衰的探索和思考》。香港：中
　　華書局（香港）有限公司。

鄭宏泰、高皓。2017。《可繼之道：華人家族企業發展挑戰與出
　　路》。香港：中華書局（香港）有限公司。

鄭林寬。1940。《福建華僑與閩僑匯款》。福建：福建省秘書處統
　　計室。

鄭曉江。1993。《中國神秘術大觀》。南昌：百花洲文藝出版社。

劉文榮。1988。《馬來西亞華人經濟地位之轉變》。台北：世華經濟
　　出版社。

劉沛林。1995。《風水：中國人的環境觀》。上海：三聯書店有限
　　公司。

鍾寶賢。2009。《商城故事 —— 銅鑼灣百年變遷》。香港：中華書局
　　（香港）有限公司。

鍾寶賢。2010。〈余仁生家族的創業、傳承與應變〉，載鄭宏泰、周
　　文港（編）《華人家族企業傳承研究》，頁 18-43。香港：香港
　　大學亞洲研究中心。

羅元旭。2012。《東成西就 —— 七個華人基督家族與中西交流百
　　年》。香港：三聯書店（香港）有限公司。

競爭。1923。〈郭繼梅余東雄合傳〉，載鄒魯（編）《黃花崗七十二烈
　　士事略》。沒出版社及出版地點。

《南洋商報》。各年。

《信報》。各年。

《聯合早報》。各年。

《大紀元》。2016。〈李嘉誠御用風水師臨終遺訓，揭密致富之道〉，
　　2016 年 9 月 25 日，擷取自 http://www.epochtimes.com/
　　b5/16/9/25/n8335648.htm。

《每日頭條》，2016。〈揭秘李嘉誠風水故事，辦公室擺設曾稱世界最神秘〉，2016 年 5 月 17 日，擷取自 https://kknews.cc/geomantic/rryo5o.html。

《雪花新聞》。2018。〈馬雲：別人相信風水，我迷信風水〉，2018年，7 月 18 日。

《獨家報導》。2017。〈國內外名人也瘋狂，相信風水造時勢，打造自己的富貴命〉，第 1163 期，擷取自 https://www.pubu.com.tw/magazine/88264。

《聯合新聞網》。2018。〈風水成就大富豪！國內外名人很瘋狂，無往不利的發達秘密〉，2018 年 2 月 9 日，擷取自 https://udn.com/news/story/11596/2976873。

「世家大族」系列

仁生家族
——跨國企業的前世今生

鄭宏泰　著

● **責任編輯**　張佩兒
● **封面設計**　陳佩珍
● **裝幀設計**　林曉娜
● **排　　版**　賴艷萍
● **印　　務**　劉漢舉

● 出版
中華書局（香港）有限公司
香港北角英皇道 499 號北角工業大廈 1 樓 B
電話：（852）2137 2338
傳真：（852）2713 8202
電子郵件：info@chunghwabook.com.hk
網址：http://www.chunghwabook.com.hk

● 發行
香港聯合書刊物流有限公司
香港新界大埔汀麗路 36 號
中華商務印刷大廈 3 字樓
電話：（852）2150 2100
傳真：（852）2407 3062
電子郵件：info@suplogistics.com.hk

● 印刷
美雅印刷製本有限公司
香港觀塘榮業街 6 號海濱工業大廈 4 樓 A 室

● 版次
2019 年 7 月初版
©2019 中華書局（香港）有限公司

● 規格
16 開（230mm×170mm）

● ISBN
978-988-8573-20-2